全国交通运输职业教育技工新能源汽车检测与维修专业规划教材

新能源汽车高压电安全技术

全国交通运输职业教育教学指导委员会　**组织编写**
　　　　　高窦平　高庆华　**主　编**
张小兴　黄国润　穆燕萍　**副主编**

内 容 提 要

《新能源汽车高压电安全技术》是全国交通运输职业教育技工新能源汽车检测与维修专业规划教材之一。主要内容包括安全用电基本知识、电工安全技术基础知识、电工安全技术专业知识、新能源汽车安全技术专业知识。

本书可作为技工院校新能源汽车检测与维修专业教材,也可供新能源汽车维修人员及相关技术人员参考使用。

图书在版编目(CIP)数据

新能源汽车高压电安全技术／高窦平,高庆华主编.—北京:人民交通出版社股份有限公司,2018.9(2024.12重印)
ISBN 978-7-114-14923-8

Ⅰ.①新… Ⅱ.①高…②高… Ⅲ.①新能源—汽车—高电压—安全技术—职业教育—教材 Ⅳ.①U469.7

中国版本图书馆 CIP 数据核字(2018)第 186388 号

书　　名:新能源汽车高压电安全技术
著 作 者:高窦平　高庆华
责任编辑:郭　跃
责任校对:张　贺
责任印制:刘高彤
出版发行:人民交通出版社股份有限公司
地　　址:(100011)北京市朝阳区安定门外外馆斜街 3 号
网　　址:http://www.ccpcl.com.cn
销售电话:(010)85285911
总 经 销:人民交通出版社股份有限公司发行部
经　 销:各地新华书店
印　　刷:北京市密东印刷有限公司
开　　本:787×1092　1/16
印　　张:19.5
字　　数:457 千
版　　次:2018 年 9 月　第 1 版
印　　次:2024 年 12 月　第 4 次印刷
书　　号:ISBN 978-7-114-14923-8
定　　价:48.00 元

(有印刷、装订质量问题的图书,由本公司负责调换)

全国交通运输职业教育技工新能源汽车检测与维修专业规划教材

编审委员会

主 任 委 员　王怡民

副主任委员　杨经元　陈文华

委　　　员　（按姓氏笔画排序）

王茂仁　王　征　韦军新　毕玉顺

刘海峰　刘　影　宇正鑫　字全旺

许云珍　李永吉　李宪义　宋修艳

张小兴　张则雷　陈晓东　孟彦君

赵昌涛　贺利涛　夏建武　徐　坤

高庆华　高窦平　郭志勇　韩炯刚

廖辉湘　穆燕萍

特邀专家　朱　军

前言

近年来,新能源汽车行业迅猛发展,产销量大幅增长。各职业院校根据市场需求,相继开设了新能源汽车检测与维修专业。选择适用的核心课程教材,对于院校专业建设至关重要。全国交通运输职业教育技工新能源汽车检测与维修专业规划教材是在各院校的通力合作下,在行业、企业技术专家的大力协助下编写而成。

本系列教材在编写过程中,采用职业院校大力推广的"基于工作过程的任务教学法"体例。项目规划科学,任务分解合理,利于教学过程中的讲解与实训。本系列教材依据市场主流车型进行编写,实现课堂教学与实训实习无缝对接。

电工是一种特殊工种,不仅作业技能的专业性强,而且对作业的安全保护有特殊要求。因此,对从事电工作业的人员,在上岗前,都必须进行作业技能和安全保护的专业培训,经过考核合格后,才允许上岗作业。本教材由上、下篇构成。上篇主要内容涉及三个方面,一是电工安全基本知识,二是电工安全技术基础知识,三是电工安全技术专业知识。这些内容以《低压电工作业人员安全技术培训大纲和考核标准》(2011年版)为依据,以低压电气的主要元件为主线条,以检修技术为基调,以任务驱动方式进行编写。在编写时,充分注意了知识的覆盖面,以适应对低压电工培训的需要;并且注重了教材的实用性,尽可能多介绍些实际操作方面的技能;增添了一实际操作的范例,使教材更具有实用性。下篇以电动汽车高压电的安全操进行介绍,介绍了两种车型的高压电部件识别、安全检测、安全防护用品等基础知识,每个任务以理论知识做铺垫,同时以实际操作来提高学生的操作技能。本书包含了整个电动汽车的用电知识,为电动汽车维修人员的安全操作提供了指导和依据。

本书教学大纲由全国交通运输职业教育教学指导委员会审定,由云南交通技师学院高窦平、高庆华担任主编,由张小兴、黄国润、穆燕萍担任副主编。编写分工如下:项目一任务1、2-宇正鑫,任务3-高庆华,任务4-白鹏飞;项目二任务5-黄国润,任务6-高庆华,任务7-鲁华,任务8-孟彦君;项目三任务9-毕玉顺,任务10-李润,任务11-高庆华,任务12-穆燕萍,任务13-李天华;项目四任务14-宋修艳,任务15、16-徐坤,任务17-李宪义,任务18-张小兴,任务19、20-夏建武,任务21-宇全旺。教材大纲由黄国润、张小兴编写;黄国润、刘树林、高庆华审稿;高庆华、张小兴统稿。

在本系列教材的编写过程中,得到了浙江交通技师学院、山东交通技师学院、广西交通技师学院、江苏汽车技师学院等职业院校的大力支持,在此表示感谢。限于编者水平,书中难免有疏漏和错误之处,恳请广大读者提出宝贵建议,以便进一步修改和完善。

编　者
2018年6月

目 录
CONTENTS

项目一　安全用电基本知识 ... 1
 任务1　安全生产管理 ... 2
 任务2　触电事故及现场救护 ... 13
 任务3　防触电技术 ... 22
 任务4　电气防火与防爆、防雷和防静电 ... 32

项目二　电工安全技术基础知识 ... 47
 任务5　电工基础知识 ... 48
 任务6　电工仪表及测量 ... 66
 任务7　电工安全用具与安全标识 ... 82
 任务8　电工工具及移动电气设备 ... 96

项目三　电工安全技术专业知识 ... 107
 任务9　常见低压电器 ... 108
 任务10　异步电动机的结构与工作原理 ... 127
 任务11　电气线路 ... 139
 任务12　电气照明及照明设备 ... 159
 任务13　电力电容器 ... 178

项目四　新能源汽车安全技术专业知识 ... 197
 任务14　新能源汽车认知 ... 198
 任务15　新能源汽车高低压防护用品认知 ... 212
 任务16　新能源汽车高压安全断电 ... 221
 任务17　混合动力电动汽车高压部件认知 ... 231
 任务18　纯电动汽车高压部件认知 ... 251
 任务19　高压漏电检测 ... 269
 任务20　高压互锁检测 ... 281
 任务21　新能源汽车安全充电操作 ... 293

参考文献 ... 304

项目一
安全用电基本知识

本项目的主要内容为安全生产管理,触电事故与现场救护,防触电技术,电气防火与防爆、防雷和防静电,分为4个任务:

任务1　安全生产管理

任务2　触电事故及现场救护

任务3　防触电技术

任务4　电气防火与防爆、防雷和防静电

通过4个任务的学习,熟悉我国安全生产法律、法规、方针;知道触电原因及种类,能正确进行触电现场救护;掌握防触电技术并能正确实施;知道电气火灾、静电、雷击产生的原因,能正确进行电气火灾、静电的预防与急救,能正确安装避雷装置。

任务 1 安全生产管理

学习目标

❖ **知识目标**
1. 能够说出我国的安全生产方针,并列举特种作业人员安全技术培训考核管理规定;
2. 能够简述电工作业人员的安全职责;
3. 能够叙述电气安全工作制度及相关基本措施。

建议课时

4 课时。

任务描述

电工作业属于特种作业,容易发生伤亡事故,对操作者本人、他人及周围设施、设备的安全造成重大危害。从统计资料分析,大量的事故都发生在这些作业中,而且多数都是由于直接从事这些作业的操作人员缺乏安全知识,安全操作技能差或违章作业造成的。因此,依法加强直接从事这些作业的操作人员的安全技术培训与考核非常必要。

一、理论知识

(一)安全生产方针

《中华人民共和国安全生产法》(以下简称《安全生产法》)的指导思想:以人为本的思想、预防为主的思想、落实责任的思想、加强监管的思想。安全生产方针与原则:安全第一、预防为主、综合治理的方针;谁主管、谁负责,谁审批、谁负责的原则。

(二)特种作业人员安全技术培训考核管理规定

特种作业是指容易发生人员伤亡事故,对操作者本人、他人及周围设施的安全可能造成重大危害的作业。特种作业人员是指直接从事特种作业的从业人员。电工作业属于特种作业,在操作中应该遵守《特种作业人员安全技术培训考核管理规定》。

1.总则

第一条 为了规范特种作业人员的安全技术培训考核工作,提高特种作业人员的安全技术水平,防止和减少伤亡事故,根据《安全生产法》《中华人民共和国行政许可法》等有关法律、行政法规,制定本规定。

第二条 生产经营单位特种作业人员的安全技术培训、考核、发证、复审及其监督管理工作,适用本规定。

有关法律、行政法规和国务院对有关特种作业人员管理另有规定的,从其规定。

第三条 本规定所称特种作业,是指容易发生事故,对操作者本人、他人的安全健康及设备、设施的安全可能造成重大危害的作业。特种作业的范围由特种作业目录规定。

本规定所称特种作业人员,是指直接从事特种作业的从业人员。

第四条　特种作业人员应当符合下列条件:

(1)年满18周岁,且不超过国家法定退休年龄。

(2)经社区或者县级以上医疗机构体检健康合格,并无妨碍从事相应特种作业的器质性心脏病、癫痫病、美尼尔氏症、眩晕症、癔症、震颤麻痹症、精神病、痴呆症以及其他疾病和生理缺陷。

(3)具有初中及以上文化程度。

(4)具备必要的安全技术知识与技能。

(5)相应特种作业规定的其他条件。

危险化学品特种作业人员除符合前款第(1)项、第(2)项、第(4)项和第(5)项规定的条件外,应当具备高中或者相当于高中及以上文化程度。

第五条　特种作业人员必须经专门的安全技术培训并考核合格,取得《中华人民共和国特种作业操作证》(以下简称《特种作业操作证》)后,方可上岗作业。

第六条　特种作业人员的安全技术培训、考核、发证、复审工作实行统一监管、分级实施、教考分离的原则。

第七条　国家安全生产监督管理总局(以下简称安全监管总局)指导、监督全国特种作业人员的安全技术培训、考核、发证、复审工作;省、自治区、直辖市人民政府安全生产监督管理部门指导、监督本行政区域特种作业人员的安全技术培训工作,负责本行政区域特种作业人员的考核、发证、复审工作;县级以上地方人民政府安全生产监督管理部门负责监督检查本行政区域特种作业人员的安全技术培训和持证上岗工作。

第八条　对特种作业人员安全技术培训、考核、发证、复审工作中的违法行为,任何单位和个人均有权向安全监管总局、煤矿安监局和省、自治区、直辖市及设区的市人民政府安全生产监督管理部门、负责煤矿特种作业人员考核发证工作的部门或者指定的机构举报。

2. 培训

第九条　特种作业人员应当接受与其所从事的特种作业相应的安全技术理论培训和实际操作培训。

已经取得职业高中、技工学校及中专以上学历的毕业生从事与其所学专业相应的特种作业,持学历证明经考核发证机关同意,可以免予相关专业的培训。

跨省、自治区、直辖市从业的特种作业人员,可以在户籍所在地或者从业所在地参加培训。

第十条　对特种作业人员的安全技术培训,具备安全培训条件的生产经营单位应当以自主培训为主,也可以委托具备安全培训条件的机构进行培训。

不具备安全培训条件的生产经营单位,应当委托具备安全培训条件的机构进行培训。

生产经营单位委托其他机构进行特种作业人员安全技术培训的,保证安全技术培训的责任仍由本单位负责。

第十一条　从事特种作业人员安全技术培训的机构(以下统称培训机构),应当制定相应的培训计划、教学安排,并按照安全监管总局、煤矿安监局制定的特种作业人员培训大纲和煤矿特种作业人员培训大纲进行特种作业人员的安全技术培训。

3. 考核发证

第十二条　特种作业人员的考核包括考试和审核两部分。考试由考核发证机关或其委托的单位负责；审核由考核发证机关负责。

安全监管总局、煤矿安监局分别制定特种作业人员、煤矿特种作业人员的考核标准，并建立相应的考试题库。

考核发证机关或其委托的单位应当按照安全监管总局、煤矿安监局统一制定的考核标准进行考核。

第十三条　参加特种作业操作资格考试的人员，应当填写考试申请表，由申请人或者申请人的用人单位持学历证明或者培训机构出具的培训证明向申请人户籍所在地或者从业所在地的考核发证机关或其委托的单位提出申请。

考核发证机关或其委托的单位收到申请后，应当在60日内组织考试。

特种作业操作资格考试包括安全技术理论考试和实际操作考试两部分。考试不及格的，允许补考1次。经补考仍不及格的，重新参加相应的安全技术培训。

第十四条　考核发证机关委托承担特种作业操作资格考试的单位应当具备相应的场所、设施、设备等条件，建立相应的管理制度，并公布收费标准等信息。

第十五条　考核发证机关或其委托承担特种作业操作资格考试的单位，应当在考试结束后10个工作日内公布考试成绩。

第十六条　符合本规定第四条规定并经考试合格的特种作业人员，应当向其户籍所在地或者从业所在地的考核发证机关申请办理特种作业操作证，并提交身份证复印件、学历证书复印件、体检证明、考试合格证明等材料。

第十七条　收到申请的考核发证机关应当在5个工作日内完成对特种作业人员所提交申请材料的审查，作出受理或者不予受理的决定。能够当场作出受理决定的，应当当场作出受理决定；申请材料不齐全或者不符合要求的，应当当场或者在5个工作日内一次告知申请人需要补正的全部内容，逾期不告知的，视为自收到申请材料之日起即已被受理。

第十八条　对已经受理的申请，考核发证机关应当在20个工作日内完成审核工作。符合条件的，颁发特种作业操作证；不符合条件的，应当说明理由。

第十九条　特种作业操作证有效期为6年，在全国范围内有效。

特种作业操作证由安全监管总局统一式样、标准及编号。

第二十条　特种作业操作证遗失的，应当向原考核发证机关提出书面申请，经原考核发证机关审查同意后，予以补发。

特种作业操作证所记载的信息发生变化或者损毁的，应当向原考核发证机关提出书面申请，经原考核发证机关审查确认后，予以更换或者更新。

4. 复审

第二十一条　特种作业操作证每3年复审1次。

特种作业人员在特种作业操作证有效期内，连续从事本工种10年以上，严格遵守有关安全生产法律法规的，经原考核发证机关或者从业所在地考核发证机关同意，特种作业操作证的复审时间可以延长至每6年1次。

第二十二条　特种作业操作证需要复审的,应当在期满前60日内,由申请人或者申请人的用人单位向原考核发证机关或者从业所在地考核发证机关提出申请,并提交下列材料:

(1)社区或者县级以上医疗机构出具的健康证明。

(2)从事特种作业的情况。

(3)安全培训考试合格记录。

特种作业操作证有效期届满需要延期换证的,应当按照前款的规定申请延期复审。

第二十三条　特种作业操作证申请复审或者延期复审前,特种作业人员应当参加必要的安全培训并考试合格。

安全培训时间不少于8学时,主要培训法律、法规、标准、事故案例和有关新工艺、新技术、新装备等知识。

第二十四条　申请复审的,考核发证机关应当在收到申请之日起20个工作日内完成复审工作。复审合格的,由考核发证机关签章、登记,予以确认;不合格的,说明理由。

申请延期复审的,经复审合格后,由考核发证机关重新颁发特种作业操作证。

第二十五条　特种作业人员有下列情形之一的,复审或者延期复审不予通过:

(1)健康体检不合格的。

(2)违章操作造成严重后果或者有2次以上违章行为,并经查证确实的。

(3)有安全生产违法行为,并给予行政处罚的。

(4)拒绝、阻碍安全生产监管监察部门监督检查的。

(5)未按规定参加安全培训,或者考试不合格的。

(6)具有本规定第三十条、第三十一条规定情形的。

第二十六条　特种作业操作证复审或者延期复审符合本规定第二十五条第(2)项、第(3)项、第(4)项、第(5)项情形的,按照本规定经重新安全培训考试合格后,再办理复审或者延期复审手续。再复审、延期复审仍不合格,或者未按期复审的,特种作业操作证失效。

第二十七条　申请人对复审或者延期复审有异议的,可以依法申请行政复议或者提起行政诉讼。

5.监督管理

第二十八条　考核发证机关或其委托的单位及其工作人员应当忠于职守、坚持原则、廉洁自律,按照法律、法规、规章的规定进行特种作业人员的考核、发证、复审工作,接受社会的监督。

第二十九条　考核发证机关应当加强对特种作业人员的监督检查,发现其具有本规定第三十条规定情形的,及时撤销特种作业操作证;对依法应当给予行政处罚的安全生产违法行为,按照有关规定依法对生产经营单位及其特种作业人员实施行政处罚。

考核发证机关应当建立特种作业人员管理信息系统,方便用人单位和社会公众查询;对于注销特种作业操作证的特种作业人员,应当及时向社会公告。

第三十条　有下列情形之一的,考核发证机关应当撤销特种作业操作证:

(1)超过特种作业操作证有效期未延期复审的。

(2)特种作业人员的身体条件已不适合继续从事特种作业的。

(3)对发生生产安全事故负有责任的。

(4)特种作业操作证记载虚假信息的。

(5)以欺骗、贿赂等不正当手段取得特种作业操作证的。

特种作业人员违反前款第(4)项、第(5)项规定的,3年内不得再次申请特种作业操作证。

第三十一条 有下列情形之一的,考核发证机关应当注销特种作业操作证:

(1)特种作业人员死亡的。

(2)特种作业人员提出注销申请的。

(3)特种作业操作证被依法撤销的。

第三十二条 离开特种作业岗位6个月以上的特种作业人员,应当重新进行实际操作考试,经确认合格后方可上岗作业。

第三十三条 省、自治区、直辖市人民政府安全生产监督管理部门和负责煤矿特种作业人员考核发证工作的部门或者指定的机构应当每年分别向安全监管总局、煤矿安监局报告特种作业人员的考核发证情况。

第三十四条 生产经营单位应当加强对本单位特种作业人员的管理,建立健全特种作业人员培训、复审档案,做好申报、培训、考核、复审的组织工作和日常的检查工作。

第三十五条 特种作业人员在劳动合同期满后变动工作单位的,原工作单位不得以任何理由扣押其特种作业操作证。

跨省、自治区、直辖市从业的特种作业人员应当接受从业所在地考核发证机关的监督管理。

第三十六条 生产经营单位不得印制、伪造、倒卖特种作业操作证,或者使用非法印制、伪造、倒卖的特种作业操作证。

特种作业人员不得伪造、涂改、转借、转让、冒用特种作业操作证或者使用伪造的特种作业操作证。

6.罚则

第三十七条 考核发证机关或其委托的单位及其工作人员在特种作业人员考核、发证和复审工作中滥用职权、玩忽职守、徇私舞弊的,依法给予行政处分;构成犯罪的,依法追究刑事责任。

第三十八条 生产经营单位未建立健全特种作业人员档案的,给予警告,并处1万元以下的罚款。

第三十九条 生产经营单位使用未取得特种作业操作证的特种作业人员上岗作业的,责令限期改正;可以处5万元以下的罚款;逾期未改正的,责令停产停业整顿,并处5万元以上10万元以下的罚款,对直接负责的主管人员和其他直接责任人员处1万元以上2万元以下的罚款。

第四十条 生产经营单位非法印制、伪造、倒卖特种作业操作证,或者使用非法印制、伪造、倒卖的特种作业操作证的,给予警告,并处1万元以上3万元以下的罚款;构成犯罪的,依法追究刑事责任。

第四十一条 特种作业人员伪造、涂改特种作业操作证或者使用伪造的特种作业操作证的,给予警告,并处1000元以上5000元以下的罚款。

特种作业人员转借、转让、冒用特种作业操作证的,给予警告,并处 2000 元以上 10000 元以下的罚款。

7. 附则

第四十二条 特种作业人员培训、考试的收费标准,由省、自治区、直辖市人民政府安全生产监督管理部门会同负责煤矿特种作业人员考核发证工作的部门或者指定的机构统一制定,报同级人民政府物价、财政部门批准后执行,证书工本费由考核发证机关列入同级财政预算。

(三) 电工作业人员安全职责

1. 电工作业与电工人员

《特种作业人员安全技术培训考核管理规定》明确规定了电工作业是指对电气设备进行运行、维护、安装、检修、改造、施工、调试等作业(不含电力系统进网作业)。电工作业人员是指直接从事电工作业的专业人员。包括直接从事电工作业的技术工人及生产管理人员。

2. 电工人员应具备的条件

年满 18 周岁,且不超过国家法定退休年龄。经社区或者县级以上医疗机构体检健康,并无妨碍从事相应特种作业的器质性心脏病、美尼尔氏症、眩晕症、癫症、震颤麻痹症、精神病、痴呆症以及其他疾病和生理缺陷。具有初中以上文化程度。具备必要的安全技术知识与技能。相应特种作业规定的其他条件。此外,特种作业人员必须经专门的安全技术培训并考核合格,取得《中华人民共和国特种作业操作证》后,方可上岗作业。

3. 电工作业人员的安全职责

就岗位安全职责而言,专业电工应做到以下几点。

(1) 严格执行各项安全标准、法规、制度和规程。包括各种电气标准、电气安装规范和验收规范、电气运行管理规程、电气安全操作规程及其他有关规定。

(2) 遵守劳动纪律,忠于职责,做好本职工作,认真执行电工岗位安全责任制。

(3) 正确使用各种工具和劳动保护用品,安全地完成各项生产任务。

(4) 努力学习安全规程、电气专业技术和电气安全技术;参加各项有关安全活动;宣传电气安全;参加安全检查,并提出意见和建议等。

(5) 专业电工应树立良好的职业道德。

(6) 培训和考核是提高专业电工安全技术水平,使之获得独立操作能力的基本途径。

(四) 电气安全工作制度及基本措施

1. 电气安全管理措施

(1) 上岗人员须持有电气操作资质证书及电工等级证书,并随身携带备查。严禁无资质人员上岗操作。

(2) 从事电气设备运行、维护作业,必须按规定穿戴劳动保护用品。

(3) 高压设备无论是否带电,维护人员不得单独移开或越过防护栏进行工作,若确有必要进入护栏内工作时,必须有监护人在场,并符合规定的安全净距(10kV 以下为 0.7m)。

(4) 对高压设备巡视检查应由两人进行,巡视高压设备时不得进行其他工作,巡视完毕应锁好房门。遇有雷雨天气巡视高压室外设备时,必须穿绝缘靴,并不得靠近避雷器和避雷针。

(5)高压设备发生接地故障时,为防止跨步电压,室内不得接近故障点4m以内,室外不得接近故障点8m以内,进入上述允许范围内的人员,必须穿绝缘靴,接触设备外壳和构架时,应戴绝缘手套。

(6)配电设施送电合闸与停电拉闸的操作(即倒闸操作)必须严格按以下程序进行。

①停电顺序:必须遵循先低压后高压;先馈电柜后电源总柜的顺序进行。

送电顺序:必须遵循先合上电源总柜,检查电源电压情况正常后合上相应的馈电柜。

②同一馈电线路的送电合闸必须按路母线侧刀闸(合上应检查接触深度)、负荷侧刀闸、负荷开关(空气开关)的顺序进行。

停电拉闸顺序必须按照负荷开关(空气开关)、负荷侧刀闸、母线侧刀闸的顺序进行。

③严禁带负荷拉刀闸;严禁带负荷拉、合高压熔断器(跌落式保险)。高压熔断器(跌落式保险)的操作顺序为:拉开时先拉中间相,后拉两边相;合上时先合两边相,后合中间相。

④倒闸操作必须由两人进行,由其中一人对设备较熟悉者作监护。

⑤对开关进行停电操作后,应在开关手柄位置悬挂相应的安全警示牌,并由挂牌人在恢复送电时摘除。

(7)电气设备停电后,即使是事故停电,在拉开有关刀闸和做好安全措施以前,不得触及设备或进入护栏,以防止突然来电危及人身安全。

(8)在发生人身触电事故及重大事故(如电气火灾、设备事故正在蔓延等)后,为了解救触电人和杜绝事故进一步扩大蔓延,可以未经许可自行断开有关设备的电源,但事后必须立即报告。

(9)对高压电气设备进行操作时,必须遵守以下规定。

①落实并完成保证工作人员安全的组织措施和技术措施。其中组织措施包括:工作票制度;工作许可制度;工作监护制度;工作间断转移和终结制度。技术措施是指:在全部停电或部分停电的设备上工作,必须完成停电、验电、装设接地线、悬挂标示牌和装设护栏等四项安全防护措施。

②工作票必须按规定内容要求填写后由工作票签发人、工作许可人、工作负责人三方履行签字手续方可有效。高压线路、设备操作须填写"第一种工作票";低压配电柜、配电箱(盘)、电源干线上的工作须填写"第二种工作票"。

③工作票签发后至少应由两人一起操作,在只有部分设备停电(非全部停电)时,监护人不得参与操作。

(10)严禁高压带电作业。

(11)遇有电气设备着火时,应立即将有关设备电源切断,然后进行救火,对电气设备着火应采用干式灭火器(二氧化碳灭火器、四氯化碳灭火器)灭火,严禁用泡沫灭火器和消防水管灭火。

2.保证安全的组织措施

触电事故的原因很多,实践证明,组织措施与技术措施配合不当是造成事故的根本原因。

在电气设备上工作,保证安全的组织措施有:工作票制度;工作许可制度;工作监护制度;工作间断、转移和终结制度。

1)工作票制度

在电气设备上工作,应填用工作票或按命令执行,其方式有下列三种。

(1)第一种工作票。

填用第一种工作票的工作为:高压设备上工作需要全部停电或部分停电的;高压室内的二次接线和照明等回路上的工作,需要将高压设备停电或采取安全措施的。

(2)第二种工作票。

填用第二种工作票的工作为:带电作业和在带电设备外壳上的工作;在控制盘和低压配电盘、配电箱、电源干线上的工作;在二次接线回路上的工作;无需将高压设备停电的工作;在转动中的发电机、同期调相机的励磁回路或高压电动机转子电阻回路上的工作;非当值值班人员用绝缘棒和电压互感器定相或用钳形电流表测量高压回路的电流。

在几个电气连接部分上,依次进行不停电的同一类型的工作,可以发给一张第二种工作票。若一个电气连接部分或一个配电装置全部停电,则所有不同地点的工作,可以发给一张工作票,但要详细填明主要工作内容。几个班同时进行工作时,工作票可发给一个总的负责人。若至预定时间,一部分工作尚未完成,仍须继续工作而不妨碍送电者,在送电前,应按照送电后现场设备带电情况,办理新的工作票,布置好安全措施后,方可继续工作。第一、二种工作票的有效时间,以批准的检修期为限。第一种工作票至预定时间,工作尚未完成,应由工作负责人办理延期手续。

(3)口头或电话命令。

用于第一和第二种工作票以外的其他工作。口头或电话命令,必须清楚正确,值班员应将发令人、负责人及工作任务详细记入操作记录簿中,并向发令人复诵核对一遍。

2)工作许可制度

工作票签发人由车间(分场或工区)熟悉人员技术水平、设备情况、安全工作规程的生产领导人或技术人员担任。工作票签发人的职责范围为:工作必要性,工作是否安全;工作票上所填安全措施是否正确完备;所派工作负责人和工作班人员是否适当和足够,精神状态是否良好等。工作票签发人不得兼任该项工作的工作负责人。

工作负责人(监护人)由车间(分场)或工区(所)主管生产的领导书面批准。工作负责人可以填写工作票。

工作许可人不得签发工作票。工作许可人的职责范围为:负责审查工作票所列安全措施是否正确完备,是否符合现场条件;工作现场布置的安全措施是否完善;负责检查停电设备有无突然来电的危险;对工作票所列内容即使发生很小疑问,也必须向工作票签发人询问清楚,必要时应要求作详细补充。

工作许可人(值班员)在完成施工现场的安全措施后,还应会同工作负责人到现场检查所做的安全措施,以手触试,证明检修设备确无电压,对工作负责人指明带电设备的位置和注意事项,同工作负责人分别在工作票上签名。完成上述手续后,工作班方可开始工作。

3)工作监护制度

完成工作许可手续后,工作负责人监护人应向工作班人员交代现场安全措施、带电部位和其他注意事项。工作负责人监护人必须始终在工作现场,对工作班人员的安全认真监护,及时纠正违反安全规程的操作。

全部停电时,工作负责人(监护人)可以参加工作班工作。部分停电时,只有在安全措施可靠,人员集中在一个工作地点,不致误碰带电部分的情况下,方能参加工作。工作期间,工作负责人若因故必须离开工作地点,应指定能胜任的人员临时代替,离开前应将工作现场交代清楚,并告知工作班人员。原工作负责人返回工作地点时,也应履行同样的交接手续。若工作负责人需要长时间离开现场,应由原工作票签发人变更新工作负责人,两工作负责人应做好必要的交接。

值班员如发现工作人员违反安全规程或任何危及工作人员安全的情况,应向工作负责人提出改正意见,必要时可暂时停止工作,并立即报告上级。

4)工作间断、转移和终结制度

工作间断时,工作班人员应从工作现场撤出,所有安全措施保持不动,工作票仍由工作负责人执存。每日收工,将工作票交回值班员。次日复工时,应征得值班员许可,取回工作票,工作负责人必须首先重新检查安全措施,确定符合工作票的要求后,方可工作。

全部工作完毕后,工作班人员应清扫、整理现场。工作负责人应先周密检查,待全体工作人员撤离工作地点后,再向值班人员讲清所修项目、发现的问题、试验结果和存在的问题等,并与值班人员共同检查设备状态,有无遗留物件,是否清洁等,然后在工作票上填明工作终结时间,经双方签名后,工作票方告终结。只有在同一停电系统的所有工作票结束,拆除所有接地线、临时遮栏和标示牌,恢复常设遮栏,并得到值班调度员或值班负责人的许可命令后,方可合闸送电。

已结束的工作票,保存3个月。

3. 保证安全的技术措施

在全部停电或部分停电的电气设备上工作,必须完成停电、验电、装设接地线、悬挂标示牌和装设遮栏后,方能开始工作。上述安全措施由值班员实施,无值班人员的电气设备,由断开电源人执行,并应有监护人在场。

1)停电

工作地点必须停电的设备如下。

(1)待检修的设备。

(2)工作人员在进行工作中正常活动范围的距离小于表1-1规定的设备。

(3)在44kV以下的设备上进行工作,上述安全距离虽大于表1-1的规定,但小于表1-2的规定,同时又无安全遮栏设备。

正常活动范围的安全距离　　　　表1-1

电压等级(kV)	安全距离(m)	电压等级(kV)	安全距离(m)
10及以下(13.8)	0.35	154	2.00
20~25	0.60	220	3.00
44	0.90	330	1.00
60~110	1.50		

无安全遮栏设备的安全距离　　　　　表 1-2

电压等级(kV)	安全距离(m)	电压等级(kV)	安全距离(m)
10 及以下(13.8)	0.70	154	2.00
20~35	1.00	220	3.00
44	1.20	330	4.00
60~110	1.50		

(4)带电部分在工作人员后面或两侧无可靠安全措施的设备。

将检修设备停电,必须把各方面的电源完全断开(任何运行中的星形接线设备的中性点,必须视为带电设备)。必须拉开闸刀,使各方面至少有一个明显的断开点,与停电设备有关的变压器和电压互感器,必须从高、低压两侧断开,防止向停电检修设备反送电。禁止在只经开关断开电源的设备上工作,断开开关和刀闸的操作电源,刀闸操作把手必须锁住。

2)验电

验电时,必须用电压等级合适而且合格的验电器。在检修设备的进出线两侧分别验电。验电前,应先在有电设备上进行试验,以确认验电器良好,如果在木杆、木梯或木架上验电,不接地线不能指示者,可在验电器上接地线,但必须经值班负责人许可。

高压验电必须戴绝缘手套。35kV 以上的电气设备,在没有专用验电器的特殊情况下,可以使用绝缘棒代替验电器,根据绝缘棒端有无火花和放电声来判断有无电压。

3)装设接地线

当验明确无电压后,应立即将检修设备接地并三相短路。对于可能送电至停电设备的各部位或可能产生感应电压的停电设备都要装设接地线,所装接地线与带电部分应符合规定的安全距离。装设接地线必须两人进行。若为单人值班,只允许使用接地刀闸接地,或使用绝缘棒合接地刀闸。装设接地线必须先接接地端,后接导体端,并应接触良好。拆接地线的顺序与此相反。装、拆接地线均应使用绝缘棒或戴绝缘手套。

接地线应用多股软裸铜线,其截面应符合短路电流的要求,但不得小于 $25mm^2$。接地线在每次装设以前应经过详细检查,损坏的接地线应及时修理或更换。禁止使用不符合规定的导线作接地或短路用。接地线必须用专用线夹固定在导体上,严禁用缠绕的方法进行接地或短路。

4)悬挂标示牌和装设遮栏

在工作地点、施工设备和一经合闸即可送电到工作地点或施工设备的开关和刀闸的操作把手上,均应悬挂"禁止合闸,有人工作!"的标示牌。如果线路上有人工作,应在线路开关和刀闸操作把手上悬挂:"禁止合闸,线路上有人工作!"的标示牌。标示牌的悬挂和拆除,应按调度员的命令执行。

部分停电的工作,安全距离小于表 1-1、表 1-2 中规定数值的未停电设备,应装设临时遮栏,临时遮栏与带电部分的距离,不得小于规定的数值。临时遮栏可用干燥木材、橡胶或其他坚韧绝缘材料制成,装设应牢固,并悬挂"止步,高压危险!"的标示牌。35kV 及以下设备的临时遮栏,如因特殊工作需要,可用绝缘挡板与带电部分直接接触。但此种挡板必须具有高度的绝缘性能,符合耐压试验要求。在室内高压设备上工作,应在工作地点两旁间隔和对面间隔的遮栏上和禁止通行的过道上悬挂"止步,高压危险!"的标示牌。

在室外地面高压设备上工作,应在工作地点四周用绳子做好围栏,围栏上悬挂适当数量的"止步,高压危险!"的标示牌,标示牌必须朝向围栏外面。在工作地点悬挂"在此工作!"的标示牌。在室外构架上工作,应在工作地点邻近带电部分的横梁上,悬挂"止步,高压危险!"的标示牌,此项标示牌在值班人员监护下,由工作人员悬挂。在工作人员上下用的铁架和梯子上,应悬挂"从此上下!"的标示牌,在邻近其他可能误登的构架上,应悬挂"禁止攀登,高压危险"的标示牌。严禁工作人员在工作中移动或拆除遮栏、接地线和标示牌。

二、思考与练习

(一) 填空题

1.《中华人民共和国安全生产法》的指导思想:_____的思想、_____的思想、落实责任的思想、加强监管的思想。

2. 安全生产方针与原则:_____、_____、_____的方针;谁_____、谁负责,谁_____、谁负责的原则。

3. 特种作业是指容易发生_____,对操作者本人、他人及_____的安全可能造成重大危害的作业。

4. _____属于特种作业,在操作中应该遵守特种作业人员安全技术培训考核管理规定。

5. 特种作业人员的安全技术培训、_____、_____、复审工作实行统一监管、_____、_____的原则。

(二) 单项选择题

1. 特种作业操作证有效期为( )年,在全国范围内有效。
　　A. 6 年　　　　　　B. 8 年　　　　　　C. 10 年　　　　　　D. 15 年

2. 考核发证机关或其委托承担特种作业操作资格考试的单位,应当在考试结束后( )工作日内公布考试成绩。
　　A. 5 个　　　　　　B. 10 个　　　　　　C. 2 个　　　　　　D. 15 个

3. 落实并完成保证工作人员安全的组织措施和技术措施。其中组织措施包括:( )。
　　A. 工作票制度　　B. 工作许可制度　　C. 工作监护制度　　D. 以上都是

4. 特种作业人员伪造、涂改特种作业操作证或者使用伪造的特种作业操作证的,给予警告,并处( )的罚款。
　　A. 1000 元以上 5000 元以下　　　　B. 5000 元以上 8000 元以下
　　C. 800 元以上 3000 元以下　　　　 D. 5000 元以上 1 万元以下

(三) 判断题

1. 特种作业人员应当具有中职及以上文化程度。　　　　　　　　　　　　( )

2. 特种作业操作资格考试包括安全技术理论考试和实际操作考试两部分。考试不及格的,允许补考 1 次。　　　　　　　　　　　　　　　　　　　　　　　　　　　　( )

3. 特种作业操作证有效期为 5 年,在全国范围内有效。　　　　　　　　　　( )

4. 高压验电必须戴绝缘手套,35kV 以上的电气设备,在没有专用验电器的特殊情况下,可以使用绝缘棒代替验电器。　　　　　　　　　　　　　　　　　　　　( )

5. 对电气设备着火应采用干式灭火器(二氧化碳灭火器、四氯化碳灭火器)灭火,严禁用泡沫灭火器和消防水管灭火。（ ）

(四)简答题

1. 特种作业人员应当符合什么条件?
2. 特种作业操作证需要复审的,应当在期满前60日内,由申请人或者申请人的用人单位向原考核发证机关或者从业所在地考核发证机关提出申请,申请同时应提交什么材料?
3. 特种作业人员有什么情形之一的,复审或者延期复审不予通过?
4. 有什么情形之一的,考核发证机关应当撤销特种作业操作证?

任务2　触电事故及现场救护

学习目标

❖ 知识目标

1. 能够说出电流对人体的危害;
2. 能够区分出各类触电事故。

❖ 能力目标

1. 能够对触电事故进行分析;
2. 能够进行简单的触电急救。

建议课时

8课时。

任务描述

触电事故与其他事故比较,其特点是预兆性不直观、不明显,而事故的危害性非常大。当流经人体的电流小于10mA时,人体不会产生危险的病理生理效应;流经人体的电流大于10mA时,人体将会产生危险的病理生理效应,并随着电流的增大、时间的增长将会产生心室纤维性颤动,乃至人体窒息,在瞬间或在2~3min内就会夺去人的生命。因此,在保护设施不完备的情况下,人体触电伤害极易发生。所以,应做好预防工作,发生触电事故时要正确处理,抢救伤者。

一、理论知识准备

(一)电流对人体的危害

1. 导致触电事故的原因

(1)电本身所具有的看不见、闻不到、摸不着的特性容易使人发生触电事故。

(2)如果运行中的电气设备发生绝缘老化、绝缘损坏、绝缘击穿等都有可能使原来不带电的金属外壳意外带电。

(3) 电工工作责任心不强,对安全工作认识不足、不重视。

(4) 电工作业人员对电气设备的结构、部件不熟悉;安装、检修、操作不当。

(5) 生产场所环境的安全实施没有按规定做好,安全器具、电气设备安全保护装置不完善、不符合要求。

2. 高压电对人体的伤害

1) 人体是导体

人体有一定的阻值,人体与带电体构成电流回路,不同情况下的人体电阻大小与导电流见表2-1。

不同情况下的人体电阻与导电流　　　　表2-1

测量项目	完全干燥时		出汗或潮湿时	
	电阻	电流(电压:220V)	电阻	电流(电压:220V)
手与手之间	200kΩ	1.1mA	5kΩ	44×10⁻³A
手与脚之间	300kΩ	7.3×10⁻⁴A	8kΩ	27.5×10⁻³A
手与塑料鞋底	400kΩ	5.5×10⁻⁴A	10kΩ	22×10⁻³A

2) 通过人体的电流值

通过人体的电流越大,人的生理反应和病理反应就越明显,引起心室颤动所需时间越短,致命的危险性就越大。按照人体呈现的状态,可以将人体通过的电流分为三级别:

(1) 感知电流。在一定概率下,通过人体引起人有任何感觉的最小电流(有效值),称为该概率下的感知电流,感知电流的最小值称为感知阈值。感知电流一般不会对人体构成伤害,但当电流增大时,感觉增强,反应加剧,可能导致坠落等二次事故。

(2) 摆脱电流。当通过人体的电流超过感知电流时,肌肉收缩增加、刺痛感觉增强、感觉部位扩展。当电流增大到一定程度时,由于中枢神经发射和肌肉收缩、痉挛,触电人将不能自行摆脱带电体。如图2-1所示,在一定概率下,人触电后能自行摆脱带电体的最大电流,称为该概率下的摆脱电流,摆脱电流的最小值,称为摆脱阈值。摆脱电流与人体生理特征、电极形状、电极尺寸等因素有关。对应于概率50%的摆脱电流成人男子约为16mA,成年女子约为10.5mA,对应于概率99.5%的摆脱电流则分别为9mA和6mA,儿童的摆脱阈值较小。摆脱电流是人体可以忍受但一般尚不致造成不良后果的电流。电流超过人体的摆脱电流以后,人会感到异常痛苦、恐慌和难以忍受,如时间过长,则可能昏迷、窒息,甚至死亡。因此,可以认为摆脱电流是表明有较大危险的界限。

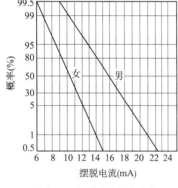

图2-1 摆脱电流概率曲线

(3) 室颤电流:通过人体引起心室发生纤维颤动的最小的电流称为室颤电流。室颤电流的最小值称为室颤阈值。室颤电流是短时间内使人致命的最小电流。室颤电流受电流的持续时间、电流途径、电流种类、人体生理特征等因素的影响。当电流的持续时间超过心脏搏动周期时,人的室颤电流为数百毫安;当电流持续时间在0.1s以下时,如电击发生在心脏易损期,500mA以上的电流可引起心室颤动。

3)电流作用于人体的时间

电流通过人体,在人体内的作用时间越长,电击的危险性越大,主要原因如下:

(1)人体电阻减小。电击持续时间越长,人体电阻由于出汗、击穿、电解而下降,电击的危险性就越大。

(2)能量增加。电流持续时间越长,体内积累外界电能越多,伤害程度增高,表现为室颤电流减小。

(3)中枢神经反射增强。电击持续时间越长,中枢神经反射越强烈,电击危险性越大。

4)人体触电后的生理反应

电气事故的危害有直接危害和间接危害两种,直接危害包括触电和电弧烧伤;间接危害包括电气故障造成的大面积停电、火灾等。电气安全技术的内容很多,人们最关心的是人体触电的生理反应、防触电措施、用电设备和电力系统安全运行等问题。

人体触电的生理反应:电流通过人体时,会产生各种反应,其中最危险的是电流通过心脏,产生心室颤动,导致死亡。反应的程度与电流种类、电流通过的路径、电流大小、电流通过的时间长短、人体状况等因素有关。

25~300Hz 的正弦交流电流引起的生理反应最严重,50Hz 工频交流电流引起的生理反应也较重;1000Hz 以上的电流引起的生理反应明显减轻;直流和冲击电流引起的生理反应小于工频交流电流。一般认为,能产生心室颤动的电流是致命电流。

电流根据对人体影响的不同程度划分了等级,同样电压也按照幅值和对人体的危害程度划分了三个等级:安全电压、低压、高压。

安全电压:指不致使人直接致死或致残的电压。一般环境条件下允许持续接触的"安全特低电压"是 36V。安全电压也指为了防止触电事故而由特定电源供电所采用的电压系列。安全电压应满足以下三个条件:

(1)标称电压不超过交流 50V(AC)、直流 120V(DC)。

(2)由安全隔离变压器供电。

(3)安全电压电路与供电及大地隔离。

(二)触电事故种类和方式

众所周知,触电事故是由电流形式的能量造成的事故,其构成方式和伤害方式有很多不同之处。总体上可划分为两类触电事故、三种触电方式。

1. 触电事故的种类

触电事故种类可分为:电击和电伤。

1)电击

电击是电流对人体内部组织的伤害,是最危险的一种伤害,绝大多数(85%以上)的触电死亡事故都是由电击造成的。

电击的主要特征有:伤害人体内部,造成心脏不断颤动导致心跳停止;外表没有显著的痕迹;致命电流较小。

电流通过人体内部造成人体器官的损伤,破坏人体内细胞的正常工作,主要表现为生物学效应。电流通过人体,会引起麻痹感、针刺感、压迫感、打击感、痉挛、疼痛、呼吸困难、血压异常、昏迷、心律不齐、窒息、心室颤动等症状。心室颤动是最小电流电击使人致命最多见和最危险的原因。发生心室颤动时,心脏每分钟颤动1000次以上,但幅值很小,而且没有规则,血液实际上已经终止循环。发生心室颤动时的心电图如图2-2所示,心室颤动是心电图上T波前半部发生的。

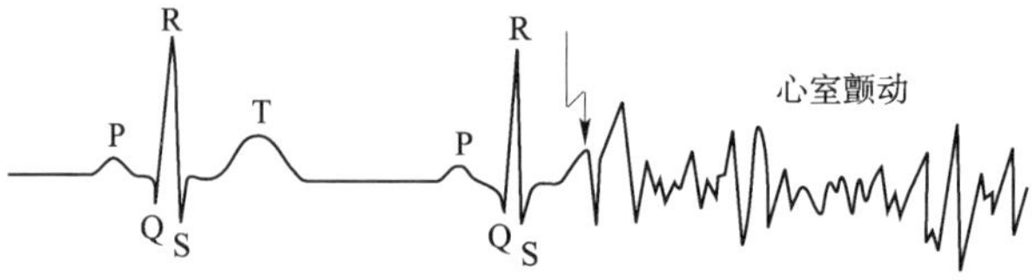

图2-2 发生心室颤动时人的心电图

当人体遭到电击时,如果有电流通过心脏,可以直接作用于心肌,引起心室颤动;如果没有电流通过心脏,亦可能中枢神经系统反射作用于心肌,引起心室颤动。

由于电流的瞬间作用而发生心室颤动时,呼吸可能持续2~3min,在其丧失知觉前,有时还能叫喊几声,有时还能走几步,但是,由于其心脏已进入心室颤动状态,血液已终止循环、大脑和全身迅速缺氧,病情将急剧恶化,如不及时抢救,很快将导致死亡。

2) 电伤

电流转换为其他形式的能量作用于人体的伤害称为电伤。电伤是由电流的热效应、化学效应、机械效应等对人造成的伤害。

(1) 电灼伤:灼伤是电流的热效应造成的伤害,分为电流灼伤和电弧烧伤两种情况。电流灼伤是人体与带电体接触,电流通过人体由电能转换成热能造成的伤害。电弧烧伤是由弧光放电造成的烧伤,分为直接电弧烧伤和间接电弧烧伤两种情况。直接电弧烧伤是带电体与人之间发生电弧,有电流流过人体的烧伤;间接电弧烧伤是电弧发生在人体附近对人体的烧伤,包括熔化了的炽热金属溅出造成的烫伤。

(2) 电烙印:人体与带电体接触的部位留下的永久性斑痕,斑痕处皮肤失去弹性,表皮坏死。

(3) 皮肤金属化:由于电流的作用使熔化和蒸发了的金属颗粒,渗入人体的皮肤,使皮肤坚硬和粗糙而呈现特殊的颜色。皮肤金属化多是在弧光放电时发生和形成的,在一般情况下,此种伤害是局部性的。

(4) 机械性损伤:电流作用于人体,由于中枢神经反射和肌肉强烈收缩等作用导致的机体组织断裂、骨折等伤害。

(5) 电光眼:当发生弧光放电时,由红外线、可见光、紫外线对眼睛的伤害,电光眼表现为角膜炎或结膜炎。

2. 触电方式的类型

触电方式可分为:单相触电、两相触电和跨步电压触电。

1) 单相触电

当人体直接碰触带电设备其中的一相时,电流通过人体流入大地,这种触电现象称为单相触电。对于高压带电体,人体虽未直接接触,但由于超过了安全距离,高电压对人体放电,造成单相接地而引起的触电,也属于单相触电,如图2-3所示。

2)两相触电

两相电压引起的人体触电,称为两相电压触电,如图 2-4 所示。

3)跨步电压触电

当电气设备发生接地故障,接地电流通过接地体向大地流散,在地面上形成电位分布时,若人在接地短路点周围行走其两脚之间的电位差,就是跨步电压;由跨步电压引起的人体触电,称为跨步电压触电,如图 2-5 所示。

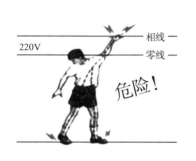
图 2-3　单相触电

图 2-4　两相触电

图 2-5　跨步电压触电

下列情况和部位可能发生跨步电压电击:带电导体特别是高压导体故障接地处;电气装置故障流过电流时;防雷装置遭雷击时;高大建筑、设备或树木遭雷击时。

4)其他触电方式

其他触电方式还有:雷击、接触电压、感应电压。

触电的危险程度除电流频率及通过人体的部位以及健康状况外,完全取决于通过人体的电流大小。

(三)触电事故的规律

1. 触电事故规律

(1)事故季节性明显(特别是 6~9 月,事故最为集中)。

(2)低压设备触电事故多。

根据触电事故的规律,一般是低压触电事故高于高压触电事故。但专业电工中,从事高压电工作业人员,高压触电事故高于低压触电事故。

根据触电事故的规律,一般是单相触电事故多于三相触电事故。

(3)携带式设备和移动式设备触电事故多。

(4)电气连接部位触电事故多。

(5)错误操作和违章作业造成的触电事故多。

(6)不同行业触电事故不同。

(7)不同年龄段的人员触电事故不同。

(8)不同地域触电事故不同。

2. 为防止发生触电事故,应该采取的主要防范措施

(1)相线必须接有开关。

(2)进行电器接线时,应考虑减小触电的可能性。

(3)合理选择照明电压,合理选用导线与熔断丝。

(4)必须保证电气设备具有一定的绝缘电阻。
(5)正确安装电气设备,尽量避免带电作业。
(6)做好电气设备的保护接地或保护接零。
(7)严格按安全工作的一系列规程、规范和制度进行电气作业。

3. 电气事故的种类

电气事故的种类包括:危害事故、雷电事故、静电事故、电磁场伤害事故等。

4. 造成触电事故的原因

缺乏电气安全知识或常识;电气安装不合乎规定要求;设备有缺陷或故障并且维修管理不善;违反操作规程或安全规定等。

5. 造成电工触电的主要原因

单凭经验工作;违章作业;绝缘能力降低或相线碰壳;环境恶劣;缺乏多方面电气知识;电气设备维护不善及其他不安全因素等。

(四)触电急救

触电急救必须分秒必争,立即就地、迅速用心肺复苏法进行抢救,并坚持不断地进行,同时及早与医疗部门联系,争取医务人员接替救治。在医务人员未接替救治前,不应放弃现场抢救,更不能只根据没有呼吸或脉搏擅自判定伤员死亡,放弃抢救。只有医生有权做出伤员死亡的诊断。

1. 发现有人触电时现场急救的具体方法

立即摆脱电源;迅速诊断;按正确的方法进行心肺复苏法(口对口人工呼吸和胸外挤压法);立即与急救中心联系。

2. 发现有人触电迅速脱离电源的方法

(1)切断开关、刀闸、拔插头等切断电源;通知拉开前级开关或短路使开关跳闸。拉线开关、墙头开关不能作为断电源的依据。
(2)用电工常用的绝缘工具切断带电导体、移开带电导体或触电者。
(3)用替代的绝缘工具移开带电体或触电者。
(4)拉触电者干燥的衣服,不要触及其肉体。触电者站立时不能触及其脚部。

3. 迅速脱离电源的注意事项

保护自己(不伤害自己);保护他人(不伤害他人);保护触电者(不伤害触电者);当10kV高压线落地,室内远离4m,室外远离8m,防止跨步电压触电,并且立即通知有关部门停电。

4. 触电者脱离电源后的处理

(1)用5s迅速进行简单诊断:用呼喊或轻轻拍打其肩部,看瞳孔是否放大,判断触电者神志是否清醒,是否丧失意识,禁止晃动头部,神志清楚应就地平躺严密观察,暂时不要站立、走动。
(2)用10s时间以"看、听、试"的办法检查触电者有无呼吸和心跳,同时看其外伤的程度。
①看:看触电者胸部和腹部有无起伏、瞳孔有无放大。

②听:用耳贴近触电者口鼻处听有无呼吸、用耳贴近触电者左胸心脏部位有无心音。
③试:试口鼻处有无呼吸,用两手指轻轻试(摸)触电者颈动脉有无脉动。
有心跳无呼吸、有呼吸无心跳、无呼吸无心跳都属假死,假死同样必须抢救。

5.心肺复苏操作步骤

心肺复苏方法很多,常用的有:口对口(鼻)吹气法和胸外心脏按压法。

(1)无呼吸有心跳,口对口(鼻)吹气法具体做法。将触电者仰卧平躺在干燥、通风、透气的地方宽衣解带(冬季注意保暖),然后将触电者头偏向一侧清除口中异物(假牙、血块、呕吐物)等,仰头抬颏、通畅气道的同时一只手捏住伤员鼻翼,另一只手微托伤员颈后保证伤员气道通畅,急救人员应深吸一口气然后用嘴紧贴伤员的嘴(鼻)大口吹气,注意防止漏气,按吹2s停3s(吹二停三)的办法,停时应立刻松开鼻子让其自由呼气,并将自己头偏向一侧,为下次吹气做准备(儿童、瘦弱者注意吹气量)。每分钟做12次,同时观察伤员胸部腹部起伏情况。

(2)胸外心脏按压法具体做法。首先正确选择按压位置、右手的食指和中指沿触电者的右侧肋弓下缘向上,找到肋骨和胸骨接合处的中点,两指并齐,中指放在切迹中点,食指平放在胸骨下部,另一只手的掌根紧挨食指上缘,置于胸骨上,即为正确按压位置。救护人员的两肩位于伤员胸骨正上方,两臂伸直,肘关节固定不屈,两手掌根相叠,手指翘起,不接触触电者胸壁,利用上身的重力,垂直将正常成人胸骨压陷3~5cm(儿童和瘦弱者酌减)。

压至要求程度后,立即全部放松,但救护人员手掌根不得离开胸壁,按压必须有效,有效的标志是按压过程中可以触及颈动脉搏动。操作频率、速度要均匀,每分钟80次左右,每次放松手及按压时间相等。

(3)如胸外心脏按压法与口对口(鼻)吹气法同时进行,其节奏为:单人抢救时,每按压15次后吹气2次(15:2),反复进行,双人抢救时,按压5次后由另一人吹气1次(5:1),反复进行。

(4)抢救过程中的再判定。
①按压吹气1min后(相当于单人抢救做4个5:2压吹循环),应用试、听、看方法在5~7s时间内完成触电者呼吸和心跳是否恢复的再判定。
②若判定颈动脉已有搏动,但无呼吸时,则暂停胸外挤压,而进行2次口对口人工呼吸,接着每5s吹气一次(即每分钟12次),继续坚持做心肺复苏。
③在抢救过程中,要每隔数分钟再判定一次,每次判定时间不得超过5~7s,在医务人员未前来接替时,不得放弃、中断抢救。

(5)抢救过程中触电者移动、转院注意事项。
①心肺复苏应在现场就地坚持,不要为方便随意移动。如确有移动必要,抢救中断时间不得超过30s。
②移动伤员或将伤员送往医院时,除应使伤员平躺在担架上外,还需在其背部垫以平硬木板。

触电伤员呼吸和心跳均停止时,应立即按照心肺复苏法支持生命的三项基本措施,正确地进行就地抢救。过程如图2-6所示。

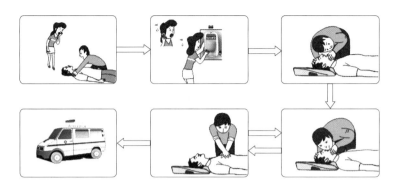

图 2-6 心肺复苏过程

二、任务实施

1. 准备工作

(1) 4 人一组进行分组。

(2) 每两组一个模拟假人。

2. 技术要求与注意事项

按照上述操作要求,根据指导教师指示完成操作。

3. 操作步骤

(1) 每组组长将所有人分为两小组,两人一小组。

(2) 两位同学实操,两位同学记录。

(3) 交换练习。

(4) 互评自评。

三、技能考核标准

技能考核标准见表2-2。

技能考核标准　　　　　　　　　　　　　表 2-2

序号	项目	操作内容	规定分	评分标准	得分
1	心肺复苏	口对口(鼻)吹气法	30分	(1) 不按规范操作流程进行视情况扣 1~10 分; (2) 操作方法不对视情况扣 1~10 分	
2	心肺复苏	胸外心脏按压法	30分	(1) 不按规范操作流程进行视情况扣 1~10 分; (2) 操作方法不对视情况扣 1~10 分	
3	心肺复苏	口对口(鼻)吹气法和胸外心脏按压法同时进行	40分	(1) 不按规范操作流程进行视情况扣 1~10 分; (2) 操作方法不对视情况扣 1~10 分	
		总分	100分		

四、思考与练习

(一) 填空题

1. 通过人体的电流越_____，人的生理反应和病理反应就越明显，引起心室颤动所需时间越短，致命的危险性就越_____。按照人体呈现的状态，可以将人体通过的电流分为三个级别：_____、_____、_____。
2. 电流在人体内的作用时间越_____，电击的危险性越_____。
3. 在一定概率下，通过人体引起人有任何感觉的最小电流(有效值)称为_____。
4. 电气事故的危害有_____、_____、_____。
5. 触电事故种类可分为_____和_____。
6. 触电方式可分为_____、_____和_____。
7. 电气事故的种类包括：_____、_____、_____和电磁场伤害事故。
8. 触电急救必须分秒必争，立即_____，迅速用_____法进行抢救，并地进行，同时及早与医疗部门联系，争取医务人员接替救治。

(二) 单项选择题

1. 当流经人体的电流小于( )时，人体不会产生危险的病理生理效应。
   A. 5mA　　　B. 10mA　　　C. 20mA　　　D. 36mA
2. 电击发生在心脏易损期，( )以上的电流可引起心室颤动。
   A. 300mA　　B. 400mA　　C. 500mA　　D. 600mA
3. 电流持续时间越长，体内积累外界电能越多，伤害程度增高，表现为室颤电流( )。
   A. 增大　　　B. 减小　　　C. 不变
4. 一般环境条件下允许持续接触的"安全特低电压"是( )。
   A. 5V　　　　B. 50V　　　　C. 80V　　　　D. 36V
5. 根据触电事故的规律，一般是单相触电事故( )三相触电事故。
   A. 多于　　　B. 少于　　　C. 等于　　　D. 100V

(三) 判断题

1. 电气事故的直接危害包括触电和电弧烧伤。　　　　　　　　　　　　(　　)
2. 一般环境条件下允许持续接触的"安全特低电压"是30V。　　　　　　(　　)
3. 根据触电事故的规律，一般是低压触电事故高于高压触电事故。但专业电工中，从事高压电工作业人员，高压触电事故高于低压触电事故。　　　　　　　　(　　)
4. 对高压系统进行操作时，一定要穿戴好个人防护用具，切记防护用具不能有破损，以免造成人身伤害。　　　　　　　　　　　　　　　　　　　　　　　　(　　)
5. 在维修电动汽车过程中，不要随身携带任何金属物品或其他导电体，以免不小心掉落而引起线路短路。　　　　　　　　　　　　　　　　　　　　　　　　(　　)
6. 装接电动汽车高压电气设备部分，必须由持证电工来完成。　　　　　(　　)
7. 在解救触电者时，可就地找根棍棒进行解救。　　　　　　　　　　　(　　)

(四) 简答题

简述发现有人触电时现场急救的具体方法。

任务3　防触电技术

学习目标

◆ 知识目标

1. 能正确叙述绝缘、屏护、间距等防止直接电击的措施；
2. 能正确说出保护接地、保护接零、加强绝缘等防止间接电击措施；
3. 能正确叙述双层绝缘、安全电压等防止电击的措施。

◆ 能力目标

1. 能正确使用接地电阻测量仪测量土壤电阻率；
2. 能正确选择与安装漏电保护装置。

建议课时

6课时。

任务描述

通过对理论知识的学习，能正确使用接地电阻测量仪测量土壤电阻率，能正确选择漏电保护装置并能够安装。

一、理论知识准备

(一)常用的绝缘材料的种类、性能及检查

1.常用绝缘材料的种类

电阻系数大于 $10^9\Omega\cdot cm$ 的材料在电工技术上称为绝缘材料。它的作用是在电气设备中把电位不同点部分隔离开来，因此绝缘材料应具有良好的介电性能，即具有较高的绝缘电阻和耐压强度，并能避免发生漏电、爬电或击穿等事故；其次耐热性能要好，其中尤其以不因长期受热作业(热老化)而产生性能变化最为重要；此外，还应具有良好的导热性、耐潮和有较高的机械强度以及加工方便等。

(1)电工绝缘材料按化学性质不同分类。电工常用的绝缘材料按其化学性质的不同，可分为无机绝缘材料、有机绝缘材料和混合绝缘材料。

①无机绝缘材料：有云母、石棉、大理石、瓷器、玻璃、硫黄等。主要做电动机、电气的绕组绝缘、开关的底板和绝缘子等。

②有机绝缘材料：有虫胶、树脂、棉纱、纸、麻、蚕丝、人造丝等。大多用于制造绝缘漆、绕组导线的初覆盖绝缘等。

③混合绝缘材料：由以上两种材料加工制成的各种成型绝缘材料，用作电器的底座、外壳等。

(2)电工绝缘材料按物质形态不同分类。
①固体绝缘材料:瓷、云母、玻璃、石棉、塑料、纤维制品等有机材料。
②液体绝缘材料:矿物油、硅油等。
③气体绝缘材料:六氟化钠、氮气等气体。

2.绝缘材料性能

(1)电性能:绝缘材料的电性能主要是电阻率和介电常数,作为绝缘结构,主要性能是绝缘电阻,耐压强度,漏电电流和介质损耗。

(2)力学性能:绝缘材料的力学性能是指强度和弹性等性能。

(3)热性能:绝缘材料的热性能是指耐热性能、耐弧性和燃烧性能。

(4)吸潮性能:吸潮性能包括吸水性能和亲水性能,木材属于吸水性材料,而玻璃为不吸水性材料,属于亲水性材料。

3.绝缘监测

绝缘监测包括试验和外观检查。

绝缘试验包括绝缘电阻试验、耐压强度试验、泄漏电流试验和介质损耗试验。

外观检查主要是绝缘结构物理性能的观察和检查,包括受潮、表面有无粉尘、纤维等污物,有无裂缝和放电痕迹,表面光泽,有无破损、弹性是否消失等。

(二)常用屏护装置的用途和使用方法

屏护是指采用专门的装置把危险的带电体同外界隔离开来,防止人体接触或过分接近带电体、防止电气设备发生短路,以及便于安全操作的安全防护措施。

屏护装置主要包括:遮栏、栅栏、护罩、护盖、箱、柜、保护网等。屏护的安全作用是防止触电、防止短路及短路火灾、防止被机械破坏和便于安全操纵。屏护装置所用的材料应有足够的机械强度和良好的耐热性能。

屏护安装应符合以下条件:

(1)屏护装置应有足够的尺寸,遮栏不低于1.7m。

(2)保证足够的安装距离:对于低压设备、遮栏与裸导体的距离不小于0.8m。

(3)屏护装置应安装牢固,凡用金属材料制成的屏护装置都应良好的接地(接零)。

(4)遮栏栅等屏护装置上应根据对象挂上"高压危险!""止步,高压危险!""禁止攀登!"等标示牌。

(5)遮栏出入口处应安装信号装置或连锁装置。

(三)安全距离的含义和规定

安全距离是指为了防止人触及或接近带电体,防止车辆或其他物体碰撞或接近带电体造成危险,在其间所保持的一定的空间距离。

1.线路距离

几种线路同杆架设时应取得有关部门同意,而且必须保证:

(1)电力线路在通信线路上方、高压线路在低压线路上方。

(2)通信线路与低压线路之间不能小于1.5m,低压线路之间不能小于0.6m。10kV接户线对地距离不应小于4m,低压接户线对地距离不应小于2.5m,低压接户线跨越同城街道时,对地距离不应小于6m,直接埋地下电缆埋没深度不应小于0.7m。

2. 检修间距

低压工作中,人体或其所携带的工具与带电体之间最小距离不应小于 1m,高压无遮栏操作中,人体或所携带的工具与带电体之间最小距离 10kV 及以下 0.7m,20~53kV 不应小于 1m。

(四)IT 系统、TT 系统、TN 系统的基本原理及应用范围

1. IT 系统防护

IT 系统就是电源系统的带电部分不接地或通过高阻抗接地,电气设备的外露导电部分接地的系统,第一个大写英文字母"I"表示配电网不接地或经过高阻抗接地,第二个英文字母"T"表示电气设备金属外壳接地。显然 IT 系统就是保护接地系统。

1)IT 系统安全保护原理

在不接地配电网中,如电气设备金属外壳未采取任何安全保护措施,则当外壳故障带电时,人体触碰到带电外壳电流通过人体经线路对地绝缘阻抗构成回路,绝缘阻抗是电网对地的绝缘电阻和分布的电容并联组合。当电网对地绝缘正常时,漏电设备对地电压很低,但长期存在。一旦电网绝缘性能显著下降,则对地电压会上升到非常危险的程度。为解决可能出现的危险性,漏电设备金属外壳采取保护接地措施,由于接地电阻和人体电阻是并联的,而且接地电阻大大小于人体电阻,只要能控制接地电阻阻值(要求 4Ω 以下)就能把漏电设备的对地电压控制在安全范围之内。这样,人体触碰带电外壳时,流过人体电流就很小了。因此,保护接地的保护原理是:限制漏电设备的对地电压。

2)保护接地应用范围

保护接地适用于中性点不接地的电网中,凡是由于绝缘破坏或其他原因,可能呈现危险电压的金属部分,除有特殊规定时,均应采取保护接地措施。

保护接地应用范围:

(1)电动机、变压器、照明灯具。

(2)配电管、屏、柜、盘,控制屏、箱、柜、盘的金属外壳。

(3)穿电线的金属管、电缆的金属外皮、电缆终端盒、接线盒的金属部分。

(4)互感器铁芯及二次线圈的一端。

(5)装有避雷线的电力线杆、塔、高频设备的屏护。

(6)电缆桥架、支架、并架。

(7)电气设备的传动设备。

(8)电除尘的构架。

2. TN 系统

TN 系统是电源系统直接接地、负载设备的外露导电部分通过保护导体连接到接地点的系统,即为保护接地(零)系统,字母"T"表示电网中性点直接接地,字母"N"表示电气设备的金属外壳接零。

1)TN 系统安全保护原理

在 TN 系统中,电气设备金属外壳通过一根阻抗很小的导线与保护零线紧密相连。在这一系统中,当某一组线直接碰壳时接地短路电流便通过保护接零线与保护零线构成回路即形成单相短路,短路电流促使线路上的短路保护装置迅速动作,在规定的时间内将故障设备

电源断开,消除了电击危险。

2)保护接零应满足的条件

(1)零线必须重复接地、接地电阻不得大于10Ω。

(2)零线不许断线、不许装设开关、熔断器。

(3)同一配电系统不许保护接零和保护接地混合使用。

3)重复接地

TN系统中,保护接零一处或多处接地装置与大地再次连接的接地,称为重复接地。

重复接地的作用:

(1)减轻PE线或PEN线断线或接触不良时接零设备上的电击危险性。

(2)降低漏电设备的对地电压。

(3)加速漏电设备短路保护动作时间、缩短漏电故障持续时间。

(4)改善架空线的防雷性能。

4)TN系统种类及应用

TN系统可分为三种类型:TN-S系统、TN-C-S系统、TN-C系统。

(1)TN-S系统。如图3-1所示,TN-S系统是有专用的保护零线即保护零线(PE线)和工作零线(N线)完全分开的系统(三相五线制配电系统)。一般用于爆炸性较大或安全要求较高的场所,有独立变电站的车间也宜采用该系统。

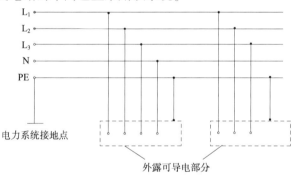

图3-1　TN-S系统

(2)TN-C-S系统。如图3-2所示,TN-C-S系统是干线部分保护零线(PE线)与工作零线(N线)前部共用(构成PEN线)后部分开的系统(三相四线制和三相五线制的组合体)。厂区没有变压站、低压进线的车间以及民用楼房可以采用TN-C-S系统。

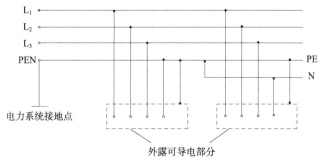

图3-2　TN-C-S系统

（3）TN-C 系统。如图 3-3 所示，TN-C 系统是干线部分保护零线（PE 线）与工作零线（N 线）完全共用的系统，主要用于无爆炸危险和安全条件较好的场所。

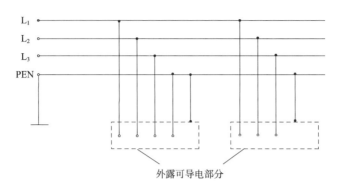

图 3-3　TN-C 系统

3. TT 系统

如图 3-4 所示，TT 系统是电源系统直接接地，设备外露导电部分的接地与电源系统接地电气上无关联的系统，字母"T"分别表示配电网中性点和电气设备金属外壳接地。在这一种系统中，当某一相线直接连接设备金属外壳时，实现速断是不可能的，因此，一般情况不能采用 TT 系统。TT 系统主要用于低压共同用户，即用于未装备变压器，从外面引进低压电源的小型用户。

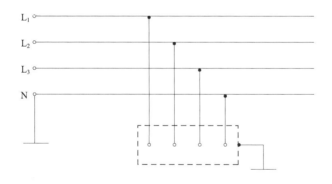

图 3-4　TT 系统

（五）接地装置的连接及测量方法

接地装置由接地体（极）和接地线组成。接地体分为自然接地体和人工接地体。

1. 自然接地体的利用

有其他用途的埋设在地下的金属管道（易燃、易爆、介质管道除外）、与大地有可靠连接的建筑物及构筑物的金属结构等均可作为自然接地体。利用自然导体作接地体和接地线不但节约钢材和施工费用，还可以降低接地电阻和等化地面及设备间的电位。如果有条件，优先选用自然接地体。

2. 人工接地装置材料选用

人工接地可采用钢管、角钢、圆钢或废旧钢材制作。角钢规格：40mm × 40mm，厚 2.5mm；钢管 ϕ48 ~ 51mm，厚壁。

3. 人工接地体的安装要求

人工接地体宜采用垂直接地体,多岩石地区可采用水平接地体。垂直接地体不应少于两根,距离地面深度不应小于 0.6m,并应在冰冻层以下。垂直接地体长度为 2~2.5m,相邻两接地体间距是长度的 2 倍。接地装置地上部分可采用螺栓紧固连接,地下部分必须焊接。

4. 接地装置检查和维护

(1) 变、配电站接地装置每年检查一次,并于干燥季节每年测量一次接地电阻。

(2) 车间电气设备的接地装置每 2 年检查一次,并于干燥季节每年测量一次接地电阻。

(3) 防雷接地装置每年雨季前测量一次,避雷针的接地装置每 5 年测量一次接地电阻。

(六) 双重绝缘、安全电压和漏电保护装置

1. 双重绝缘

双重绝缘是Ⅱ类工具采用的防止触电的防护措施。为了便于说明双重绝缘的组成及作用,现把双重绝缘和有关的名词术语描述如下:

基本绝缘——对带电部分提供防止触电的基本防护绝缘。

附加绝缘——为了在基本绝缘损坏时,防止触电而在基本绝缘之外又设置的独立的绝缘。

双重绝缘——同时具有基本绝缘和附加绝缘的绝缘。

使用双重绝缘或加强绝缘结构的Ⅱ类电器和工具有着一系列的优点,故被越来越广泛的使用:

安全可靠。当基本绝缘破坏后仍不会造成触电事故。

不依赖接地保护,使用方便。双重绝缘的特点是不需要接地保护(也不允许接地保护)因此不受使用地点有无接地保护设施的限制。也不像使用其他工具那样,在没有其他安全防护措施时(如漏电保护器、安全隔离变压器等),使用者必须戴绝缘手套,穿绝缘鞋或站在绝缘垫上,才可以使用和操作。

2. 安全电压

根据欧姆定律:电压越高,电流就越大。因此,可以把可能加在人身上的电压限制在某一范围之内,使得在这种电压下,通过人体的电流不超过允许的范围,这一电压就称为安全电压。安全电压是为了防止触电事故而采取的特定电源供电的电压系列,这个系列的上限值,在正常和故障情况下,任何两导体间或任一导体与地之间均不得超过交流(50~500Hz)有效值 50V。

1) 安全电压定义的含义

(1) 安全电压是用于防止触电事故的。

(2) 安全电压是指一个系列值,其安全电压额定值的等级为 42V、36V、24V、12V、6V。

(3) 安全电压由特定电源供电,安全电压电源必须采用独立的电源或安全隔离变压器供电。

(4) 安全电压系列有上限值,为交流 50V。

2)安全电压供电电源要求

(1)安全电压必须由特定电源供电或安全隔离变压器供电,安全隔离变压器应采用双卷变压器,严禁使用单卷变压器(自耦变压器、调压器及串联电压降压的方法供电)。

(2)采取安全隔离变压器作为安全电压供电电源时,为了防止高压窜入,变压器的铁芯应牢固接零,而变压器的输出部分不许接零或接地。

(3)工作在安全电压的电路,必须与其他电气系统和无关的可导电部分实行电气隔离。

3)安全电压的选用

安全电压的选用一般根据工作环境和使用场合而定。

(1)在比较危险的环境,如机加工车间机床上的照明灯,行灯一般采用24V或36V电压供电。

(2)在工作地点狭窄、行驶不便以及周围有大面积接地导体的环境,如金属容器内、隧道内、矿井内,行灯一般采用12V电压供电。

(3)在特别潮湿的危险环境,如水下、水中,行灯电压规定为6V电压供电。

3.漏电保护装置的选用

漏电保护装置主要用于防止间接接触电击和直接接触电击。漏电保护装置也可以用于防止漏电火灾、监测一相接地故障。

漏电保护装置种类很多,按照动作原理可分为:电压型漏电保护装置和电流型漏电保护装置。按照有无电子元件可分为:电子式漏电保护装置和电磁式漏电保护装置。按照级数分为:二级、三级和四级漏电保护装置。

1)漏电保护原理

(1)电压型漏电保护器。电压型漏电保护器以设备上的故障电压作为信号。作为检测机构的电压继电器零位参考端,接有三个相同灯泡组成辅助中性点,信号端接电动机外壳。当电动机漏电,电动机外壳对地电压达到危险数值时,继电器迅速动作,切断线路通往开关的接触器的控制回路,从而切断电源。

(2)电流型漏电保护器。电流型漏电保护器以漏电电流或触电电流为动作信号,经放大转换通过执行机构切断电源,促使线路迅速分断。

电流型漏电保护一般指零序电流型漏电保护或剩余电流型漏电保护,这种漏电保护装置采用零序电流互感器作为取得触电或漏电电流作为信号的检测主件。

(3)电磁式漏电保护器。这种保护装置以极化电磁铁作为中间机构,永久电磁铁具有极性,而且在正常情况下,永久磁铁吸力克服弹簧的拉力使衔铁保持在闭合状态位置。三根相线和一根工作零线穿过环形的零序电流继电器电气构成互感器的原边,与极化电磁铁连接的线圈构成互感器的副边。设备正常运行时,互感器原边三相电流在其铁芯中产生的磁场互相抵消,互感器副边不产生感应电动势,电磁铁无动作,当设备发生漏电或有人触电时,出现额外的零序电流,互感器副边产生感应电动势,电磁铁线圈中有电流流过,并产生变磁通,这个磁通与永久磁铁的磁通叠加,产生去磁效应,使吸力减少,衔铁被反作用弹簧拉开,电磁铁动作,并通过开关设备切断电源,实现保护作业。

2)漏电保护装置的选用

选用漏电保护装置应当考虑多方面的因素,其中首先正确选择漏电保护装置的动作电流。

在浴室、游泳池、隧道内等电击危险性很大的场合,应选用高灵敏的漏电保护装置。如果在作业场所遭受电击后,有其他人帮忙脱离电源,则漏电的动作电流可以大于摆脱电流,如快速型保护装置,动作电流可按室颤电流选取。如果作业场所无他人配合工作、动作电流不应该超过摆脱电流,建议选用 60mA 动作电流。

3) 漏电保护装置接线

漏电保护装置的接线必须正确,接线错误可能导致漏电保护器不动作。接线前,应首先分清漏电保护装置的输入端和输出端、分清相线和零线,不得反接或错接。漏电保护装置负荷侧的线路必须保持独立,即负荷的线路(包括相线和工作零线)不得与接地装置连接,不得与保护零线连接,也不得与其他电气回路连接,在保护零线路中,应将工作零线与保护零线分开,工作零线必须经过保护器,保护零线和 PEN 线不得经过保护器。

二、任务实施

1. 准备工作

(1) 掌握理论知识。

(2) 认真研读技术要求和注意事项。

(3) 按照相关实验要求,准备接地电阻测量仪。

2. 技术要求与注意事项

使用接地电阻测量仪应当注意以下事项:

(1) 测量前应将被测量接地体与其他接地体分开,以保证测量的正确性。

(2) 测量前应检查仪表、连接线是否完好。

(3) 测量前必须认真阅读并熟悉此仪器操作程序方可使用。

(4) 在测试过程中,不得随意调节其他按钮。

(5) 测试完毕后,必须使仪器处于"复位"状态,方可取下连接线。

三、技能考核标准

技能考核标准见表 3-1。

技能考核标准　　　　　　　　　　表 3-1

序号	项目	操作内容	规定分	评分标准	得分
1	连接仪器测试线	粗线接电流输出端口,细线接电阻检测端口	15 分	(1) 找不到接线端扣 10~15 分; (2) 粗细线接反扣 5~10 分	
2	电流调节	旋钮至选择的电流值 12A	20 分	(1) 不能正确接通电源进行预热扣 1~5 分; (2) 测试量程选择错误,不能正确短接线及电流调零扣 1~5 分; (3) 定时开关选择错误,不能正常"启动"仪器及调节所选择电流扣 5~10 分	

续上表

序号	项目	操作内容	规定分	评分标准	得分
3	设置报警电阻	将"预置/测试"开关置于"预置"状态,调节"报警电阻调节"电位器,预置报警电阻为500mΩ	20分	(1)报警电阻预知错误扣5~10分; (2)不能正确"复位"及电流调节扣5~10分; (3)未断开测试夹扣1~5分	
4	测试前点检	将测试夹短接,调节电流旋钮至5A,断开测试夹	20分	(1)不能正确短接测试夹及调节电流扣5~10分; (2)不能正确判断点检是否正常扣5~10分	
5	测试接地电阻	测试电阻数值	25分	(1)不能正确连接测试仪与接地点的连线扣5~10分; (2)不能正确启动仪器及调节电流扣5~10分; (3)不能正确读数及判定测试点接地电阻的合格性扣5~10分	
	总分		100分		

四、思考与练习

(一)填空题

1.电阻系数大于$10^9\Omega\cdot cm$的材料在电工技术上称为_____。

2.电工常用的绝缘材料按其化学性质不同,可分为_____、_____和_____。

3.屏护装置应有足够的尺寸,遮栏不低于_____,保证足够的安装距离;对于低压设备、遮栏与裸导体的距离不小于_____。

4.保护接地的保护原理是:_____。

5.零线必须重复接地,接地电阻不得大于_____。

6.TN系统中,保护接零一处或多处接地装置与大地再次连接的接地,称为_____。

7.TN系统可分为三种类型:_____、_____、_____。

8.TT系统主要用于_____,即用于未装备变压器,从外面引进低压电源的小型用户。

9.接地装置由_____和_____组成。接地体分为_____和_____。

10.垂直接地体不应少于两根,距离地面深度不应小于_____,并应在冰冻层以下,垂直接地体长度_____,相邻两接地体间距是_____。

11.安全电压的选用一般是根据_____和_____而定。

12.电流型漏电保护一般指_____或_____,这种漏电保护装置采用_____作为取得触电或漏电电流作为信号的_____。

13._____负荷侧的线路必须保持独立,即负荷的线路(包括相线和工作零线)不得与_____连接,不得与_____连接,也不得与_____连接。

(二)单项选择题

1. 玻璃属于( )。
   A. 有机绝缘材料　　B. 无机绝缘材料　　C. 混合绝缘材料　　D. 液体绝缘材料
2. 绝缘耐压强度又称介电强度或绝缘强度,属于绝缘材料的( )。
   A. 电性能　　　　　B. 力学性能　　　　C. 热性能　　　　　D. 吸潮性能
3. 低压工作中,人体或其所携带的工具与带电体之间最小距离不应小于( )m。
   A. 2　　　　　　　 B. 1.5　　　　　　 C. 1　　　　　　　 D. 0.7
4. TN-S 系统是有专用的保护零线即保护零线(PE 线)和工作零线(N 线)( )的系统。
   A. 完全分开　　　　　　　　　　　　B. 前部共用后部分开
   C. 完全共用　　　　　　　　　　　　D. 后部共用前部分开
5. 如果作业场所无他人配合工作、动作电流不应该超过摆脱电流,建议选用( )mA 动作电流。
   A. 30　　　　　　　B. 40　　　　　　　C. 50　　　　　　　D. 60

(三)判断题

1. 绝缘材料不具有良好的介电性能。　　　　　　　　　　　　　　　　　　( )
2. 绝缘材料按物质形态,可分为气体、液体、固体三大类。　　　　　　　　( )
3. 绝缘试验包括绝缘电阻试验、耐压强度试验、泄漏电流试验和介质损耗试验。( )
4. 遮栏只需在入口处安装信号装置或联锁装置。　　　　　　　　　　　　　( )
5. 当电网对地绝缘正常时,漏电设备对地电压很低。　　　　　　　　　　　( )
6. 干线部分保护零线(PE 线)与工作零线(N 线)完全共用的系统,主要用于无爆炸危险和安全条件较好的场所。　　　　　　　　　　　　　　　　　　　　　　( )
7. 接地装置地下部分可采用螺栓紧固连接,地上部分必须焊接。　　　　　　( )
8. 在正常和故障情况下,任何两导体间或任一导体与地之间均不得超过交流(50~500Hz)有效值 50V。　　　　　　　　　　　　　　　　　　　　　　　　　　　( )
9. 工作在安全电压的电路,不必与其他电气系统和无关的可导电部分实行电气隔离。
   　　　　　　　　　　　　　　　　　　　　　　　　　　　　　　　　　( )
10. 在工作地点狭窄、行驶不便以及周围有大面积接地导体的环境,如金属容器内、隧道内、矿井内,行灯一般采用 12V 电压供电。　　　　　　　　　　　　　　( )
11. 接线前应首先分清漏电保护装置的输入端和输出端,分清相线和零线,不得反接或错接。　　　　　　　　　　　　　　　　　　　　　　　　　　　　　　　( )
12. 漏电保护装置按照动作原理可分为:电子式和电磁式漏电保护装置。　　　( )

(四)简答题

1. 简述 IT 系统中各字母所代表的含义。
2. 简述 TN 系统安全保护原理。
3. 简述重复接地的作用。
4. 简述安全电压定义的含义。
5. 简述安全电压的选用。

任务4　电气防火与防爆、防雷和防静电

学习目标

❖ **知识目标**

1. 能正确说出电气火灾发生的原因;
2. 能正确叙述电气防火防爆预防措施;
3. 能正确叙述电气火灾的灭火原理及扑救方法;
4. 能正确说出雷电与静电的危害;
5. 能正确叙述静电产生原因和防治;
6. 能正确说出防雷装置与防雷措施。

❖ **能力目标**

1. 能正确选择与使用灭火器;
2. 能正确选择与安装避雷器;
3. 能正确选择与安装接地装置。

建议课时

6课时。

任务描述

通过学习,了解电气火灾发生的原因,知道电气防火防爆预防措施,能够正确选择与使用灭火器;了解雷电与静电的危害、产生原因和防治措施,能够安装避雷器和接地装置。

一、理论知识准备

(一)电气火灾

1. 电气火灾产生的原因

电气火灾是指由电气原因引发燃烧而造成的灾害。短路、过载、漏电等电气事故都有可能导致火灾。设备自身缺陷、施工安装不当、电气接触不良、雷击静电引起的高温、电弧和电火花是导致电气火灾的直接原因,周围存放易燃易爆物是电气火灾的环境条件。

线路安装不规范、乱拉乱接、线路和电气设备质量不合格、电气设备或导线绝缘老化损伤等原因容易造成短路。短路点产生大电流、强烈火花和电弧,进而使得温度急剧上升,大大超过允许范围,使绝缘层迅速燃烧,引燃附近的可燃物,造成火灾。

电气过载的结果将导致导线发热,超过越多,发热量越多。一般情况,过载不会立即燃烧,不易为人们所发觉。而长期过载,会促使绝缘层老化,到一定的时候就会引起火灾。

连接不牢、连接松动、若即若离,使接头接触不良,导致局部接触电阻过大,发热量也增

加,产生局部高温,有可能出现电弧、电火花,使金属变色甚至熔化,引起绝缘材料中可燃物燃烧。

2. 电气防火防爆预防措施

电气火灾的防护措施主要致力于消除隐患、提高用电安全,具体措施如下:

(1)线路、电器不得超负荷使用。

(2)按规定要求设置包括短路、过载、漏电保护设备的自动断电保护。对电气设备和线路正确设置接地、接零保护,为防雷电安装避雷器及接地装置。

(3)易发热电器与易燃物保持一定的安全距离。对正常运行条件下可能产生电热效应的设备采用隔热、散热、强迫冷却等结构,并注重耐热、防火材料的使用。

(4)在特别潮湿、高温或有腐蚀性物质的场所内,严禁绝缘导线明敷,应采用套管布线,在多尘场所,线路和绝缘子要经常打扫。

(5)检查线路上所有连接点是否牢固可靠,要求附近不得存放易燃可燃物品。加强日常维护,发现接头松动及时紧固;经常检查电气线路及设备的绝缘,发现破损老化及时更换。

(6)根据使用环境和条件正确设计选择电气设备。恶劣的自然环境和有导电尘埃的地方应选择有抗绝缘老化功能的产品,或增加相应的措施;对易燃易爆场所则必须使用防爆电气产品。

(7)严禁乱接乱拉导线,安装线路时,要根据用电设备负荷情况合理选用相应截面的导线。

(8)高功率电器使用时切勿走远、遗忘(如热得快、电暖器等)。

(9)安装电气火灾监控系统,电气火灾监控系统是监控预防电气火灾的装置,可有效预防电气火灾的发生。

(10)正确使用电气设备,保持电气设备的正常运行,防止电气火灾发生。

3. 电气火灾的灭火原理及扑救方法

发生火灾,应立即拨打119火警电话报警,向公安消防部门求助。扑救电气火灾时注意触电危险,为此要及时切断电源,请求电力部门派人到现场指导和监护扑救工作。

电气设备发生火灾时,为了防止触电事故,一般都在切断电源后才进行灭火。如果要切断整个车间或整个建筑物的电源时,可在变电所、配电室断开主开关。在自动空气开关或油断路器等主开关没有断开前,不能随便拉隔离开关,以免产生电弧发生危险。用闸刀开关切断电源时,由于闸刀开关在发生火灾时受潮或烟熏,其绝缘强度会降低,最好用绝缘的工具操作。

有时在危急情况下,如等待切断电源后再进行扑救,会有使火势蔓延扩大的危险,或者断电后会严重影响生产。此时为了取得扑救的主动权,扑救需要在带电的情况下进行,带电灭火时应注意两点:①灭火人员穿戴防护装备,如安全帽、灭火服、绝缘手套、绝缘靴等。②正确选择使用灭火器。在确保安全的前提下进行,选择不导电的灭火器,如干粉灭火器(图4-1)、二氧化碳灭火器(图4-2)、水基灭火器(图4-3)等,否则,有可能造成触电事故和更大危害,如使用普通水枪射出的直流水柱和泡沫灭火器射出的导电泡沫会破坏绝缘。

图 4-1 干粉灭火器　　　　图 4-2 二氧化碳灭火器　　　　图 4-3 水基灭火器

常用灭火器的种类、用途及使用方法见表 4-1。

常用灭火器的主要性能　　　　表 4-1

种类	二氧化碳	干粉	水基灭火器
药剂	液态二氧化碳	钾盐、钠盐	碳氢、氟碳表面活性剂,阻燃剂和助剂
导电性	无	无	无
灭火范围	电气、精密仪器、油类、图书、档案、贵重设备	石油、油漆、天然气、电气设备	固体材料起火(轮船、工厂、商店),液体材料起火(油田、油库),电气火灾
不能扑救物质	钾、钠、镁、铝等	旋转电机火灾	可燃金属起火
使用	拔出保险销,压合压把,喷嘴对准火焰根部喷射	拔出保险销,提起圈环,压合压把,喷嘴对准火焰根部喷射	拔出保险销,站在上风处,压合压把,喷嘴对准火源左右喷射
维护检查	置于方便处,注意防冻、防晒和使用期	置于干燥通风处、防潮、防晒	置于干燥通风处、防潮、防晒
	每月测量一次,低于原质量 1/10 时应充气	每年检查一次干粉是否结块	每月检查压力,低于绿区或开启后重新充注

几种电气设备不同的火灾扑救方法:

(1)发电机和电动机等电气设备都属于旋转电机类,这类设备的特点是绝缘材料比较少(和其他电气设备相比较而言),而且有比较坚固的外壳,如果附近没有其他可燃易燃物质,且扑救及时,就可防止火灾扩大蔓延。由于可燃物质数量比较少,可用二氧化碳灭火器扑救。大型旋转电机燃烧猛烈时,可用水蒸气和喷雾水扑救。实践证明,用喷雾水扑救的效果更好。对于旋转电机有一个共同的特点,就是不要用砂土扑救,以防硬性杂质落入电机内,使电机的绝缘和轴承等受到损坏而造成严重后果。

(2)变压器和油断路器等充油电气设备发生燃烧时,切断电源后的扑救方法与扑救可燃液体火灾相同。如果油箱没有破损,可以用干粉、二氧化碳灭火器等进行扑救。如果油箱已经破裂,大量变压器的油燃烧,火势凶猛时,切断电源后可用喷雾水或泡沫扑救。流散的油火,可用喷雾水或泡沫扑救。流散的油量不多时,也可用砂土压埋。

(3)变配电设备有许多瓷质绝缘套管,这些套管在高温状态遇急冷或不均匀冷却时,容易爆裂而损坏设备,还可能使火势进一步扩大蔓延。所以遇这种情况最好用喷雾水灭火,并注意均匀冷却设备。

(4)封闭式电烘箱内的被烘干物质燃烧时,切断电源后,烘箱内的空气不足,燃烧不能继续,温度下降,燃烧会逐渐被窒息。因此,发现电烘箱冒烟时,应立即切断烘干箱的电源,并且不要打开烘箱。不然,由于进入空气,反而会使火势扩大,如果错误地往烘箱内泼水,会使电炉丝、隔热板等遭受损坏而造成不应有的损失。

(二)静电

1. 静电的产生

静电现象是一种常见的带电现象,是两种不同性质的物体相互摩擦或接触时,在物体间发生电子转移,一种物质把电子传给另一种物质而带正电,另一种物质得到电子而带负电,在与大地绝缘情况下,电荷无法泄漏而停留在物体内部或表面呈相对静止状态,这种不流动的电荷称为静电,如图4-4所示。常见的静电现象有:摩擦带电、流动带电、喷出带电、冲撞带电、破裂带电、飞沫带电等。据资料显示可达几千伏甚至上万伏,其影响不容忽视。

静电的产生与空气中的相对湿度有着密切的关系。这是因为相对湿度高,物体表面吸附的水分子也多,水是一种良导体,物体表面吸附的水分子越多,其电阻率越低,静电荷就可由高电位传到低电位而聚集不起来,产生的静电电压就越低。在不同的相对湿度条件下,进行各种活动时人体身上的静电电压也不同,见表4-2。

图4-4 静电现象

在各种活动中人体的静电电压(kV)　　　　表4-2

活动类型	相对湿度10%~20%	相对湿度65%~90%
在地毯上走动	85000	1500
在聚乙烯地板上走动	12000	250
在工作台上工作	6000	100
在泡沫垫椅上坐	18000	1500

据资料统计显示,在相同环境的条件下,人体带电情况与所穿衣服、鞋的不同,其静电电压也不同,见表4-3、表4-4。

穿不同布料时人体带点电压(kV)　　　　表4-3

上身	下身					
	木 棉	毛	丙 烯	聚 酯	尼 龙	维尼龙/棉
棉布100%	1.2	0.9	11.7	14.7	1.5	1.8
维尼龙/棉 55/45	0.6	4.5	12.3	12.3	4.8	0.3
聚酯/人造丝 65/35	4.2	8.4	19.2	17.1	4.8	1.2
聚酯/棉 65/35	14.1	15.3	13.3	7.5	14.7	13.8

穿不同鞋质时人体的带点电压（kV）　　　　　　表4-4

鞋 材 质	地毯材质		
	聚 丙 烯	尼 龙	羊 毛
牛皮鞋	5.5	5.5	4.2
合成橡胶底	5.5	6	2.4
尼龙鞋	6.0	4.5	3.6
橡胶拖鞋	4.8	5.8	3.5

2. 静电的危害

2010年1月27日喀什地区泽普县一家私人加油站因静电原因致使该加油站发生爆炸，因抢救及时未造成人员伤亡的重大安全事故。因此一般加油站都设有静电释放器，如图4-5所示。

图4-5　加油站防静电标识

由静电引起的危害是多方面的，涉及面广，它不像雷电造成的破坏能够显而易见，静电所造成的危害有时是随机性的，不经意间发生，一旦遭到损失是极其惨重的。静电放电不仅可以造成电气装置和易燃、易爆气体意外地燃烧、爆炸，而且可以使电子设备受到干扰，酿成事故。对计算机等电子信息系统产生危害。随着现代信息技术的迅速发展，大量半导体器件被广泛运用到计算机、电子通信及其他电子设备之中，这些元器件对静电非常敏感，轻则会引起计算机误动作或运算错误，导致计算机程序紊乱，静电电压过高会导致元器件的损坏，MOS电路击穿。

在石油、化工行业，人体静电足以引爆一些原材料的爆炸性混合物。

不仅如此，人体静电对人们的身体健康也有着很大的负面作用。人体带有静电当达到一定能量且存在电位差时，人和人之间、人和物之间就会产生放电现象，给人以触电似的感觉，当人体受到静电电击后有时会造成精神紧张、心脏颤动，身体其他部位不适等，给人造成精神负担。静电还会加重心血管系统、呼吸系统疾病，导致皮肤瘙痒，引发红斑。过高的静电还常常使人焦躁不安、头痛、胸闷、呼吸困难、咳嗽。

3. 静电的防治

静电的产生和来源可以说在当今生活中无处不在，要想完全消除静电，不让静电产生是很困难的，只能尽量减少或降低静电的产生，预防静电所造成的危害，减少因静电原因对人们工作和生活的影响。预防和减少静电的方法主要有以下几种。

1) 接地与屏蔽

要求金属物体做好接地，这样当静电带电体触及金属物体及电子通信机壳表面放电时，静电就能够通过接地系统漏泄入地，给静电提供一个放电通道。静电接地要求其接地电阻小于100Ω，在现实中静电接地一般是和设备接地及其他接地共用，接地电阻取最小值。除此之外，做好屏蔽是切断静电噪声及雷电电磁脉冲产生的静电感应等侵入的通路，以保护计算机等电子设备免受其影响的最好办法。

2) 使用产生静电小的设施

家具应尽量选择产生静电小的材料。电视机不能摆放在卧室,荧屏周围会产生静电微粒,这些微粒又大量吸附空中的飘尘,这些带电飘尘对人体及皮肤有不良影响。人们看电视时,应同电视机保持 2~3m 距离,看完之后要洗脸、洗手,消除静电。

在计算机、通信机房工作的人员最好穿着不产生静电的衣料,如纯棉制品的静电服,电阻在 $10^3 \sim 10^5 \Omega$ 的抗静电鞋,这样人体所带静电可能通过静电鞋和地板漏泄至地,从而减少人体所带静电,有效防止静电的产生及放电。旅游鞋的底一般都是绝缘的,身体上的静电无法由脚底排除而积蓄。

3) 使用产生静电少的地板

地板是室内产生静电的主要来源,保证从地板表面到接地系统的电阻值低于 $10^9 \Omega$ 时,地板与其他材料在合适的湿度下,产生的静电只有几十伏到几百伏,对人和设备的影响微乎其微。

4) 控制好室内湿度

在室内避免产生静电的方法就是采用空调等恒温设备控制屋内湿度的大小。一般当空气的相对湿度低于 30% 时,就容易摩擦产生静电。在有暖气的房间里,使用加湿器调节空气湿度或在家里洒些水,不便弄湿地板的地方,放置一两盆清水,使室内空气的相对湿度达 45% 以上,就不易产生静电。

5) 养成除静电的行为习惯

为避免静电击打,尽量少穿化纤类衣物,可用小金属器件(如钥匙)、棉抹布等先碰触大门、门把、水龙头、椅背、床栏等消除静电,再用手触及。勤洗澡、勤换衣服,能有效消除人体表面积聚的静电。多饮水,同时补充钙质和维生素 C,减轻静电对人带来的影响。

6) 使用静电消除剂和静电消除器

静电消除剂是一种导电溶剂,在静电发生较高的地方喷洒该类溶剂可消除静电,并能保持一定时期,此剂的缺点是需要定期喷洒。还有就是采用静电消除器来减少静电,抗静电剂从添加方式方面,分为外部涂覆和内部添加两种。

(三) 雷电

1. 雷电的危害

雷是一种大气中的放电现象,雷云在形成过程中会不断地积累正电荷或负电荷,不同电荷的雷云之间就有电场存在。随着电荷的积累,电场强度达到 25~30kV/cm 时,就产生强烈的放电。这种放电,时间一般仅 50~100μs,电流可达 200~300kA,温度可达 20000℃,并伴随强烈的闪光和轰鸣声,如图 4-6 所示。

雷电会对煤矿企业的建筑、设备、供电线路等造成巨大的危害;它可导致人员伤亡,按其破坏因素可归纳为三类。

图 4-6 雷电现象

1) 电性质破坏

雷电产生高达数万伏甚至数十万伏的冲击电压,可毁坏发电机、变压器、断路器、绝缘子等电气设备的绝缘,烧断电线或劈裂电杆,造成大规模停电;绝缘损坏可引起短路,导致火灾或爆炸事故;二次放电的电火花也可能引起火灾或爆炸,二次放电也能造成电击;绝缘损坏后,可能导致高压窜入低压,在大范围内带来触电的危险;数十至百千安的雷电流流入地下,会在雷击点及其连接的金属部分产生极高的对地电压,可能直接导致接触电压电击和跨步电压触电事故;雷电的电磁效应对弱电系统的电子装置会形成永久性损坏或形成电磁干扰,造成系统的误动作乃至酿成事故;输电线路遭雷击时,足以破坏计算机系统的运行机能。

雷击电流迅速通过人体,可立即使呼吸中枢麻痹,心室纤颤或心跳骤停,以致使脑组织及一些主要脏器受到严重损害,出现休克或突然死亡,雷击时产生的电火花,还可使人遭到不同程度的烧伤。

2) 热力性质破坏

闪电击中地面的物体,雷电流产生的热效应具有很强的破坏作用,强大电流通过导体时,在极短的时间内将转换成大量热能,可导致金属熔化、飞溅,从而引起火灾或爆炸。

3) 机械性质破坏

强大的雷电通过被击物时,被击物体中木材纤维缝隙和其他结构缝隙中的空气剧烈膨胀,同时使水分及其他物质分解为气体,因而在被雷击物体内部出现很大的压力,致使被击物遭受严重破坏或造成爆炸。闪电的回击通道其瞬时功率很高,能够形成爆炸式的冲击波。

2. 防雷装置和防雷措施

现代防雷是一项系统工程,由于雷电的危害无孔不入,在整个空间范围内侵袭电子设备,因此现代防雷强调全方位的防护,综合治理,层层设防。

1) 防雷装置

防雷装置是指接闪器、引下线、接地装置、电涌保护器(SPD)及其他连接导体的总称。

一般将建筑物的防雷装置分为两大类:外部防雷装置和内部防雷装置。外部防雷装置由接闪器、引下线和接地装置组成,即传统的防雷装置。内部防雷装置主要用来减小建筑物内部的雷电流及其电磁效应,如采用电磁屏蔽、等电位连接和装设电涌保护器(SPD)等措施,防止雷击电磁脉冲可能造成的危害。

(1) 接闪器。

避雷针、避雷线、避雷网和避雷带都是接闪器,如图4-7、图4-8所示。它们都是利用其高出被保护物的突出地位,把雷电引向自身,然后通过引下线和接地装置,把雷电流泄入大地,以此保护被保护物免受雷击。接闪器所用材料应能满足机械强度和耐腐蚀的要求,还应有足够的热稳定性,以能承受雷电流的热破坏作用。

图4-7 避雷针

图4-8 避雷带

避雷带和避雷网普遍用来保护较高的建筑物免受雷击。避雷带一般沿屋顶周围装设,高出屋面 100~150mm,支持卡间距离 1~1.5m。避雷网除沿屋顶周围装设外,需要时屋顶上面还用圆钢或扁钢纵横连接成网。避雷带和避雷网必须经引下线与接地装置可靠地连接。

(2)引下线。

防雷装置的引下线应满足机械强度、耐腐蚀和热稳定的要求,如图 4-9 所示。引下线一般采用圆钢或扁钢,宜优先采用圆钢。圆钢直径不应小于 8mm;扁钢截面不应小于 48mm²。引下线应沿建筑物外墙敷设,并经最短途径接地。建筑艺术要求较高者可暗敷,但圆钢直径不应小于 10mm;扁钢截面不应小于 80mm²。建筑物的消防梯、钢柱等金属构件宜作为引下线,但其各部件之间均应连成电气通路。

图 4-9 引下线

(3)接地装置。

接地装置是防雷装置的重要组成部分,如图 4-10 所示。接地装置向大地泄放雷电流,限制防雷装置对地电压不致过高。除独立避雷针外,在接地电阻满足要求的前提下,防雷接地装置可以和其他接地装置共用。

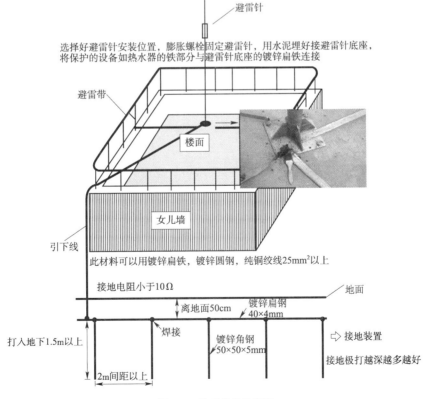

图 4-10 防雷接地示意图

(4)电力避雷器。

避雷器是电力系统中普遍使用的防雷保护装置,如图4-11所示。在发电厂、变电所、高压输电线路上,装设有各种类型的避雷器,用来保护电力系统中的电气设备和电气线路,也作为防止高电压侵入室内的安全措施。避雷器是一种过电压保护设备,用来防止雷电所产生的大气过电压沿架空线路侵入变电所或其他建筑物内。避雷器也可以限制内部过电压。避雷器一般与被保护设备并联,且位于电源侧,其放电电压低于被保护设备的绝缘耐压值。当过电压沿线路侵入时,将首先使避雷器击穿并对地放电,从而保护后面的设备。

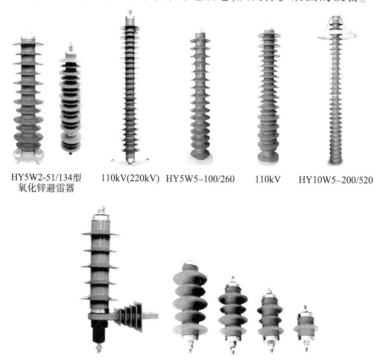

图4-11 避雷器

2)建筑物防雷保护措施

(1)建筑物上按照标准装设避雷网(带)或避雷针或由其混合组成的接闪器。

(2)引下线不应少于两根,并应沿建筑物四周均匀或对称布置,当仅利用建筑物四周的钢柱或柱子钢筋作为引下线时,可按跨度设置引下线,但引下线的平均间距不应大于18m。

(3)每根引下线的冲击接地电阻不应大于10Ω。

(4)防直击雷接地宜和防雷电感应、电气设备、信息系统等接地共用同一接地装置,并宜与埋地金属管道相连;当不共用时,两者间在地中的距离不应小于2m。

(5)共用接地装置与埋地金属管道相连时,接地装置宜围绕建筑物敷设成环形接地体。

(6)防止雷电冲击波沿高压线路侵入变电所,对电力变压器造成危害,在变配电所每段母线上装设避雷器,并应尽量靠近变压器。

(7)对非金属屋面应敷设避雷网,室内一切金属管道和设备,均应良好接地并且不得有开口环路,以防止感应过电压。

(8)低压线路采用全电缆直接埋地敷设;架空线路采用电缆入户,电缆金属外皮与电气设备接地相连;对低压架空进出线,在进出处装设避雷器。架空金属管道、埋地或地沟内的金属管道,在进出建筑物处,应与防雷接地装置相连。

二、任务实施

(一)干粉灭火器的使用

1. 准备工作

(1)准备工具设备:干粉灭火器、泡沫灭火器、火源(燃油或其他易燃品)、防护服装。

(2)检查灭火器是否正常。

(3)讲解灭火器的使用和注意事项。

2. 技术要求与注意事项

(1)干粉储存容器应符合国家现行标准《压力容器安全技术监察规程》的规定;驱动气体储瓶及其充装系数应符合国家现行标准《气瓶安全监察规程》的规定。

(2)每月检查一次灭火器,发现压力指针低于绿区应充装。

(3)灭火器一经开启,已不再密封,须经专业维修部门重新充装。

3. 操作步骤

选择灭火器类型——干粉灭火器;将灭火器提到距火源适当位置后,先上下颠倒几次,使筒内的干粉松动;拔去保险销;握住喷枪中部,将喷嘴对准火焰根部;压下压把,灭火剂便会喷出灭火;左右移动喷射;保持监控,确保熄灭;现场5S管理。

(二)避雷器的选择与安装

1. 准备工作

(1)准备工具设备:避雷针、安装工具、防护服装。

(2)检查设备工具是否正常。

(3)穿戴防护设备。

(4)讲解避雷器安装注意事项。

(5)演示避雷器安装。

2. 技术要求与注意事项

(1)合理选用防雷装置,防雷装置应有足够的机械强度和载流能力,能够承受雷电流通过时的机械破坏作用和热破坏作用,而不至于损毁。

(2)引下线沿建筑物应以最短路径接至接地体,在易受机械损伤的地方,引下线在地面以上1.4m段需用钢管等加以防护。

(3)防雷装置的各部铁件均应做镀锌防腐处理,当接地装置埋设在腐蚀性较大的土壤中时,应加大接地装置的截面。

(4)独立避雷针与线宜设独立的接地装置。有困难时,也可与主接地网连接,但连接点至主接地网的地下连接点,沿接地体的长度不得小于15m。

(5)防雷装置各部接点应牢固可靠。钢筋与钢筋的连接或扁钢与扁钢的连接均应焊接。

3. 操作步骤

根据被保护对象选用不同型号的避雷器;选择避雷器安装位置;正确安装避雷器;按照标准连接线路;检查安装情况;避雷器测试、验收。

(三) 接地装置选择与安装

1. 准备工作

(1) 准备工具设备：接地线，接地体，施工时所用的工具(如电焊机、冲击钻)。

(2) 接地材料验收，清点接地体。

(3) 穿戴防护设备。

(4) 讲解接地装置的安装注意事项。

(5) 演示接地装置安装方法。

2. 技术要求与注意事项

(1) 接地装置的规格：角钢的厚度应不小于4mm；钢管管壁厚度不小于3.5mm；圆钢直径不小于8mm；扁钢厚度不小于4mm，其截面积不小于48mm^2。

(2) 避雷针和避雷线单独使用时的接地电阻小于10Ω；配电变压器低压侧中性点接地电阻应在0.5~10Ω；保护接地的接地电阻应不大于4Ω。多个设备共用一副接地装置，接地电阻应以要求最高的为准。

(3) 垂直安装接地体时，用角钢或钢管制成，长度一般2~3m，但不能小于2m，下端要加工成尖形。垂直打入地下，不可歪斜，有效深度应不小于2m。

(4) 接地体水平安装时，用于土层浅的地方；安装采用挖沟填埋法，接地体埋入地面0.6m以下的土壤中。

(5) 10kV避雷器的接地支线宜采用多股铜芯或铝芯的绝缘电线或裸线；接地线可用铜芯或铝芯的绝缘电线或裸线，也可以选用扁钢、圆钢或镀锌铁丝绞线，截面积应不小于16mm^2。

(6) 接地体四周土壤是否夯实，接地线支持是否牢固，应穿管保护的地方有无遗漏。

3. 操作步骤

选择合适的接地装置。施工区域定位标记。挖沟开槽。安装接地体。接地线的安装：焊接、防腐、回填。接地装置的质量检验、测试、验收。

三、技能考核标准

1. 干粉灭火器使用考核标准

干粉灭火器使用考核标准见表4-5。

干粉灭火器使用考核标准　　　　表4-5

序号	项目	操作内容	规定分	评分标准	得分
1	准备工作	(1) 准备设备工具； (2) 检查灭火器； (3) 穿戴防护用品	20分	(1) 准备设备工具(5分)； (2) 检查灭火器(5分)； (3) 穿戴防护用品(10分)	
2	操作步骤	(1) 松动筒内的干粉； (2) 拔去保险销； (3) 喷嘴对准火焰根部； (4) 压下压把喷出灭火剂； (5) 左右移动喷射； (6) 保持监控，确保熄灭	60分	每项操作到位得10分，根据操作情况酌情扣分	

续上表

序号	项 目	操作内容	规定分	评分标准	得分
3	5S 管理	(1)个人防护； (2)安全操作； (3)设备工具整理； (4)地面清洁	20 分	每项 5 分,根据操作情况酌情扣分	
		总分	100 分		

2. 避雷器的选择与安装考核标准

避雷器的选择与安装考核标准见表 4-6。

避雷器的选择与安装考核标准　　　　表 4-6

序号	项 目	操作内容	规定分	评分标准	得分
1	准备工作	(1)准备设备工具； (2)检查避雷器； (3)穿戴防护用品	20 分	(1)准备设备工具(5 分)； (2)检查避雷器(5 分)； (3)穿戴防护用品(10 分)	
2	操作步骤	(1)选择避雷器； (2)选定安装位置； (3)安装避雷器； (4)连接线路； (5)检查安装情况； (6)避雷器测试、验收	60 分	每项操作到位得 10 分,根据操作情况酌情扣分	
3	5S 管理	(1)个人防护； (2)安全操作； (3)设备工具整理； (4)地面清洁	20 分	每项 5 分,根据操作情况酌情扣分	
		总分	100 分		

3. 接地装置选择与安装考核标准

接地装置选择与安装考核标准见表 4-7。

接地装置选择与安装考核标准　　　　表 4-7

序号	项 目	操作内容	规定分	评分标准	得分
1	准备工作	(1)准备设备工具； (2)检查灭火器； (3)穿戴防护用品	20 分	(1)准备设备工具(5 分)； (2)检查灭火器(5 分)； (3)穿戴防护用品(10 分)	
2	操作步骤	(1)选择接地装置； (2)施工区域定位标志； (3)挖沟开槽； (4)安装接地体； (5)接地线的安装：焊接、防腐、回填； (6)接地装置的质量检验、测试、验收	60 分	每项操作到位得 10 分,根据操作情况酌情扣分	

续上表

序号	项目	操作内容	规定分	评分标准	得分
3	5S 管理	(1)个人防护； (2)安全操作； (3)设备工具整理； (4)地面清洁	20 分	每项 5 分,根据操作情况酌情扣分	
		总分	100 分		

四、思考与练习

(一) 填空题

1. _____、_____、_____等电气事故都有可能导致火灾。

2. 电气设备发生火灾时,为了防止触电事故,一般都在_____后才进行灭火。

3. 常见的静电现象有:_____、_____、_____、冲撞带电、破裂带电、飞沫带电等。

4. 防雷装置是指_____、_____、_____、电涌保护器及其他连接导体的总称。

5. _____、_____、_____和避雷带都是接闪器。

6. 每月检查一次灭火器,发现压力指针低于_____应充装。

(二) 单项选择题

1. 导致电气火灾的直接原因不包括( )。
   A. 设备自身缺陷 B. 施工安装不当 C. 电弧和电火花 D. 长时间工作

2. 正确选用保护装置,防止电气火灾发生的措施不包括( )。
   A. 大容量的断路器 B. 自动断电装置 C. 防爆电气产品 D. 隔热、散热装置

3. 接头接触不良,会导致局部接触电阻( ),发热量也( )。
   A. 过大;减小 B. 过大;增加 C. 变小;减小 D. 都不变

4. 扑救未确定断电的电气火灾时应选用( )方式灭火。
   A. 泡沫灭火器 B. 水 C. 干粉灭火器 D. 高压水枪

5. 相对湿度低,人体身上产生的静电电压( )。
   A. 低 B. 高 C. 可高,可低 D. 不影响

6. 预防和减少静电的方法不包括( )。
   A. 接地与屏蔽 B. 控制好湿度
   C. 穿人造丝的衣服 D. 使用静电小的设施

7. 建筑物内部防雷装置主要( )。
   A. 接闪器 B. 电磁屏蔽 C. 引下线 D. 接地装置

(三) 判断题

1. 接触电阻越小,越容易产生火灾。 ( )
2. 发电机和电动机等电气设备火灾可以用砂土扑救。 ( )
3. 据资料显示,静电可达几千伏甚至上万伏,其影响不容忽视。 ( )

4. 相对湿度高,产生的静电电压就越高。 （   ）
5. 使室内空气的相对湿度达45%以上,就不易产生静电了。 （   ）
6. 灭火器开启后,只要里面还有灭火剂,就还可以使用。 （   ）
7. 雷雨中若手中持有金属雨伞、高尔夫球棍、斧头等物,一定要扔掉或让这些物体低于人体。 （   ）

(四) 简答题

1. 简述电气火灾产生的原因。
2. 预防和减少静电的方法主要有哪些？
3. 简述雷电的危害。
4. 简述干粉灭火器的使用步骤。

项目二
电工安全技术基础知识

本项目的主要内容为低压电工操作员的电工电子基础知识,电工仪表与测量,电工安全用具与安全标识,电工工具与移动电气设备,分为4个任务:

任务5　电工基础知识

任务6　电工仪表及测量

任务7　电工安全用具与安全标识

任务8　电工工具及移动电气设备

通过4个任务的学习,掌握低压电工操作员必具备的电工电子基础知识;知道电工仪表的结构与种类,能正确使用各种电工仪表;熟悉多种电工安全用具与安全标识的种类、性能及用途,并能正确操作;熟悉常用电工工具的种类、规格及用途,能熟练操作常用电工工具与移动电气设备。

任务 5　电工基础知识

学习目标

❖ **知识目标**

1. 能正确说出电路的组成、状态、物理量；
2. 能正确识别常用电路图形符号及正确绘制电路图；
3. 能正确叙述磁场、电磁感应的产生；
4. 能正确说出交流电的基本物理量、三相交流电路的产生及输送；
5. 能正确叙述二极管、三极管的结构、符号、特性、分类、用途、检测等。

❖ **能力目标**

能正确检测二极管与三极管的好坏与管脚。

建议课时

10 课时。

任务描述

电工基础知识是作为一个维修电工必备的基本知识，本任务主要阐述：电路基础知识、电磁感应、交流电路基础知识、电子技术常识；能用数字式万用表检测二极管、三极管的好坏及判断极性。

一、理论知识准备

(一) 电路基础知识

1. 电路和电路图

1) 电路的构成及作用

电路是指电流流过的路径。完整的电路由电源、用电器及负载、控制和保护装置、连接导线四个基本要素组成，如图 5-1 所示。

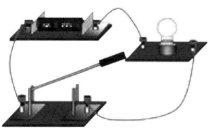

图 5-1　简单的完整电路实物图

(1) 电源是指把化学能、机械能等非电能转化成电能的装置，如汽车上的铅蓄电池、发电机等。

(2) 用电器或称负载是指将电能转化为其他形式能的元件或设备，如汽车上的各种照明灯、信号灯、电动机、点烟器、火花塞、扬声器、电喇叭、显示器等。

(3) 控制和保护装置是指在电路中既不会产生电，也不会消耗电(一般指消耗的电能可以忽略不计)的开关、熔断器、继电器、测量仪表、变压器、电子放大或控制器等,是一些仅对电能起传递、控制、变换、监测、保护及报警的装置。

(4)导线的作用是将电源、负载、控制和保护装置连成闭合回路,输送和分配电能。

2)电路图形符号

将电路中的实物用简单符号绘制的图称为电路图,如图5-2所示。

3)电路分类

根据电源特性,电路分直流电路与交流电路两类。汽车上采用直流电路,日常生活及社会生产则大多数采用交流电路。

电源和用电器之间是用两根导线构成的回路的,这种连接方式称双线制。在机动车(如汽车)上,为了节省导线和便于安装、维修,通常只用一根导线将电源的正极与负载一端相连,电路的负极端则由车架、发动机等金属机体替代而构成回路,这种电路称"单线制"电路,其正极端引线常称为"电源线",负极端引线称"搭铁线",如图5-3所示。

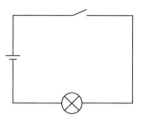

图5-2 简单电路图

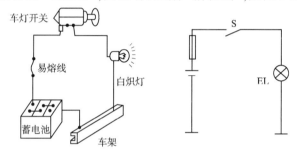

图5-3 汽车电路单线制

2.电路状态

电路通常有通路、断路、短路及接触不良四种状态。

1)通路状态

通路是指电路按规定路径处处连通的状态。通路也称"闭路",此时电路中有工作电流通过。

2)断路状态

断路是指电路中有支路被断开的状态。断路也称"开路",此时该支路不能形成电流。

3)短路状态

短路指电流未经过规定的路径通过,而在中途相搭接的地方通过的状态,如图5-4所示。图中实线箭头 + 与 – 之间短路。由于这时回路中的电阻近似为零,因此电路中的短路电流比正常时电流大几十或几百倍。这样大的短路电流通过的电路将产生大量的热量,使导线温度迅速升高,不仅损坏导线、电源和其他电气设备,严重时还会引起火灾。所以,一般电路上都加电路保护装置,如图中的熔断器FU。

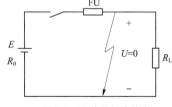

图5-4 电路的短路状态

汽车电路中具有一定电位的部位与金属机体相碰时发生的短路现象称"搭铁"故障。

短路在一般的使用场合下是不允许的,但在实际工作中,常需要短路电位中的电位差别不大的两点,我们把这种短路称为短接。如检查诊断汽车线路是否断路或短路、用于特定的位置的测量时,用跨接线(也称 SST,是一段多股导线,它的两端分别接有鲤鱼夹或不同形式的插头)起一个旁通电路的作用来进行检测。例如,某一电器不工作,首先将跨接线连接在被测部件接线"−"端子与车身搭铁之间,若此时部件工作,说明其搭铁线路断路;如搭铁线良好,将跨接线连接在蓄电池"+"极与被测部件的"+"端子之间,若此时部件工作,说明部件电源电路有故障(断路或短路);如部件仍不工作,说明部件本身有故障,应予以更换。

4)接触不良

接触不良是指电路在导体接触部位因接触面有氧化层、脏污、接触压力不足或接触面过小造成的电阻过大的现象。严重接触不良会造成电路断路。

3. 电路物理量

1)电流

电荷的定向运动称为电流。在金属导体中,电流是电子在外电场力作用下的定向运动而形成的,规定正电荷定向运动的方向为电路中电流的实际方向。

在分析电路时,电流的实际方向往往难以判断,此时可以先假定一个方向作为电流的参考方向,用带箭头的实线表示。若参考方向与实际方向一致,电流值为正值;若参考方向与实际方向相反,电流值为负值,如图 5-5 所示,电流的参考方向与实际方向相反。

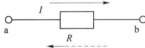

图 5-5 电流方向的判断

计量电流大小的物理量称为电流强度,简称电流。电流强度的定义为:单位时间内通过导体横截面的电量,用字母 I 表示。如果 t 秒内流经导体横截面的电量为 Q,电流不随时间的变化而变化,则电流的定义为:

$$I = \frac{Q}{t}$$

在国际单位制中,电流的单位为安培,简称安,用字母 A 表示。电流的常用单位还有千安(kA),毫安(mA),微安(μA),其换算关系为 1kA = 1000A;1A = 1000mA;1mA = 1000μA。

电流既表示一种物理现象,即电荷的定向移动;又代表一个物理量,即单位时间内穿过导体横截面的电量。

实际中的电流可分为两类:一类是大小和方向不随时间变化的电流,称为直流电流;另一类是大小和方向随时间而变化的电流,称为交流电流,如图 5-6 所示。

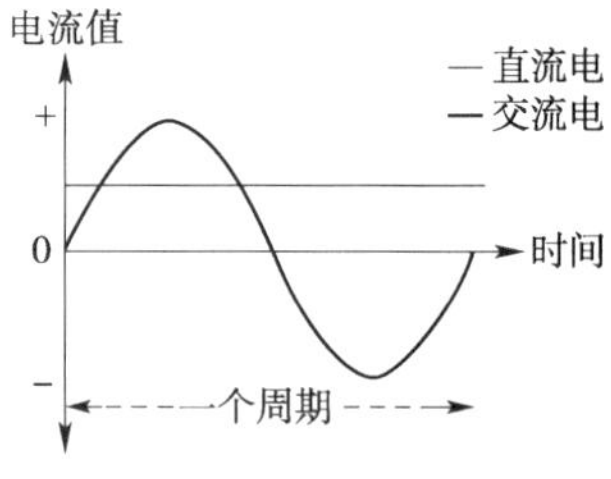

2)电压

电压是衡量电场力做功本领大小的物理量。a、b 两点之间的电压 U_{ab},在数值上就等于电场力将单位正电荷从 a 点移到 b 点所做的功,其定义为:a、b 两点间的电压 U_{ab},在数值上等于把电位正电荷从 a 点移到 b 点电场力所做的功,用公式表示为:

图 5-6 交流电和直流电

$$U_{ab} = \frac{W_{ab}}{q}$$

式中:W_{ab}——电场力所做的功,J;

q——被移动电荷的电量，C；

U_{ab}——a、b 两点间的电压，V。

在国际单位制中，电压的单位为伏特（V），简称伏。把一库仑（C）的正电荷从 a 点移到 b 点，电场力所做的功为 1 焦耳（J），则 a、b 两点间的电压为 1 伏（V）。电压的实际方向为高电位指向低电位。实际中，电压常用的单位有千伏（kV）、毫伏（mV）和微伏（μV），它们的换算关系为：1kV = 1000V；1V = 1000mV；1mV = 1000μV。

3）电位

实际中，人们为了分析和研究方便，通常需要选定某一点作为参考点，假定其电位为零，此时电路中其他各点的电位都是较参考点而言的；或者说，电路中某点的电位就是这一点和参考点之间的电压。

参考点又称零电位点。当某点的电位大于零时，表示该点电位大于参考点电位；当某点电位小于零时，表示该点电位低于参考点电位。有了电位的概念以后，我们来讨论电压与电位的关系。

电场力做功，则电压为正，电场力做负功，则电压为负。即 $U_{ab} = -U_{ba}$

如图 5-7 所示，将单位正电荷自 a 点移动到参考点 o 电场力所做的功应等于 a 点到 b 点电场力所做的功与 b 点到 o 点电场力所做功之和，即 $U_{ao} = U_{ab} + U_{bo}$，a、b 两点间的电压就是这两点间的电位差。所以电压又称电位差或电压降。

$$U_{ab} = U_{ao} - U_{bo}$$

原则上，参考点可以任意选择，但为了统一，工程上常选大地为参考点。以机壳搭铁的设备，就可以把机壳作为参考点，凡是与机壳直接相连接的各点电位均为

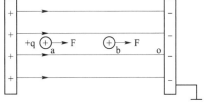

图 5-7 电场力做功

零。有些电子设备，机壳虽然不搭铁，但许多元件都接到一条公共线，通常就把这条公共线选作参考点。因此参考点也称为"搭铁"，在电路图中用符号"⊥"表示。在汽车上常以车身为参考点，称为"搭铁"。在进行电路分析时，用电位会将烦琐和复杂的问题变得简单明了。

4）电动势

电源是将其他形式的能转换为电能，维持电路两端电位差（电压）的装置。不同的电源转换电能的本领不同，我们用电动势来衡量。所谓电动势，就是电源内部电源力（外力）把单位正电荷从负极移到正极所做的功。如果移动的电量是 Q，电源力所做的功是 W，则根据定义有：

$$E = \frac{W}{Q}$$

式中：W——外力对电荷所做的功，J；

Q——外力移动的电量，C；

E——电源的电动势，V。

电动势的大小只取决于电源本身的性质，对给定的电源，W/Q 为定值，与外电路无关。

例如,干电池的电动势为1.5V,汽车蓄电池组的电动势有6V和12V两种。电动势的方向规定为从电源的负极指向正极,即电位升高的方向,与电压的方向相反。

(二)电磁知识

1. 磁的概念

磁是物质运动的基本形式之一。物体能吸引铁、镍、钴等金属或它们合金的性质称为磁性。具有磁性的物体称为磁体,磁体上磁性最强的部位称为磁极,磁体的两端磁性最强,中间最弱,所以磁体有两个磁极,分别是南极和北极,南极用S表示,北极用N表示。常见的人造磁体如图5-8所示。

图5-8 常见的人造磁体

磁极间的相互作用力称为磁力,磁极间的相互作用规律是:同名磁极相互排斥,异名磁极相互吸引。使原来没有表现出磁性的物体获得磁性的过程称为磁化,被磁化的铁磁物质远离磁体后仍保留一定的磁性,称为剩磁。

磁体周围存在磁力作用的空间,当另一磁体置入该空间时,就要受到磁力的作用,人们通常把这个磁力空间称为磁场。磁场具有力和能的性质,因而它是一种物质。为了形象地描述磁场,人们想象出磁感应线。所谓磁感应线,就是一条条从磁体北极沿磁体周围空间到磁铁南极,然后再通过磁体内部回到北极的闭合曲线。曲线上每一点的切线方向(即小磁针N极在该点的指向)就表示该点的磁场方向,曲线在某处的疏密程度就表示该处的磁场强弱,如图5-9所示。

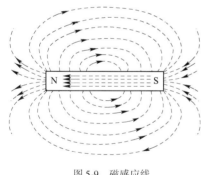

图5-9 磁感应线

用磁感应线描述磁场时,要注意:

(1)磁感应线是假想的曲线,实际上是不存在的,而磁场是真实存在的。

(2)磁感应线不能中断,不能相交。

(3)磁感应线在磁体外部从N极指向S极,在磁体内部从S极指向N极。

(4)磁感应线上任意一点的切线方向,就是该点的磁场方向(即小磁针N极的指向)。

2. 电流磁场

1)通电直导体的磁场

让一根直导体通入电流,导体的周围就产生磁场,其磁感应线的分布是以导体为中心的一组同心圆,如图5-10a)所示。图中箭头方向为小磁针北极所指方向,即磁场方向。

(1)磁场强弱。通电直导体周围各点磁场的强弱与导体中的电流大小成正比。与该点距导体的垂直距离成反比。

(2)磁场方向。磁场的方向与电流的方向有关,可用右手螺旋定则确定:右手握住导体,用大拇指指向电流方向,则四指弯曲的方向就是磁场方向,如图5-10b)所示。

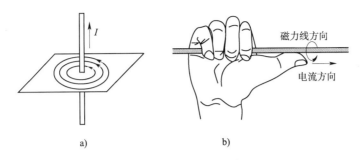

图 5-10 通电直导体的磁场

2）通电线圈的磁场

把直导体线绕成螺线管线圈,并通入电流,结果通电线圈产生类似条形磁铁的磁场,如图 5-11a)所示,在线圈外部,磁感应线从 N 极出来进入 S 极,线圈内部的磁感应线方向由 S 极指向 N 极,并和外部的磁感应线连接形成闭合曲线。

（1）磁场强弱。通电线圈磁场的强弱,不仅与线圈的电流大小有关,而且还与线圈的匝数有关,即与线圈的电流和匝数的乘积成正比。

（2）磁场方向。通电线圈的磁场方向,可用右手螺旋定则确定:右手握住线圈,用弯曲的四指表示电流方向,则拇指所指的方向就是磁场方向,如图 5-11b)所示。

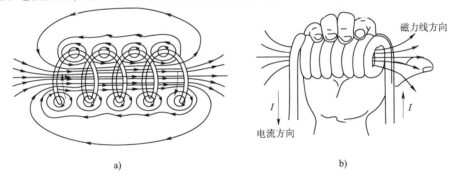

图 5-11 通电直导体的磁场

3．电磁感应

电流可以产生磁场,磁场是否可以产生电流呢？早在 1831 年,英国科学家法拉第在大量实验的基础上,证明了磁在一定条件下能够使导体产生电流,把这一类电磁现象归结为电磁感应。

当导体相对于磁场而作切割磁感应线运动或通过线圈的磁通量发生变化时,在导体或线圈中就会产生电动势,若导体或线圈是闭合电路的一部分,在导体或线圈中将会产生电流;这种由导体相对运动切割磁感应线或变化磁场在线圈中磁通量发生变化而产生电动势的现象称为电磁感应现象,而由电磁感应引起的电动势称为感应电动势,由感应电动势引起的电流称为感应电流。

1）直导体中的感应电动势

法拉第电磁感应实验一:如图 5-12 所示,当闭合回路中一部分导体作切割磁感线运动时,电流表指针发生偏转,说明导体中有电流产生。

（1）感应电动势的方向。

作切割磁感应线运动的导体,所产生的感应电动势方向可用右手定则来判断。

右手定则:如图 5-13 所示,平伸右手,拇指与四指垂直,并都跟手掌在一个平面内,让磁感应线垂直穿过掌心,拇指指向导体运动方向,四指所指方向就是感应电动势方向(或感应电流的方向)。

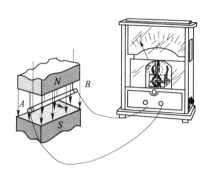
图 5-12　部分导体切割磁感线运动时电磁感应现象

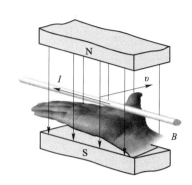
图 5-13　右手定则

(2)感应电动势的大小。

在均匀磁场中,作切割磁感应线运动的直导体,其感应电动势 E 的大小与磁感应强度 B,导体的有效长度 L,导体的运动速度 v,以及导体运动方向与磁感应线之间夹角 α 的正弦值成正比,即

$$E = BLv\sin\alpha$$

式中:E——感应电动势,V;
　　　B——磁感应强度,T;
　　　v——导体运动的速度,m/s;
　　　L——导体有效长度,m。

2)线圈中的感应电动势

法拉第电磁感应实验二:如图 5-14 所示,当磁铁插入或拔出线圈时,检流计指针发生左右偏转,说明线圈中产生了两次方向不同的电流;加快磁铁插入拔出运动速度,微安表指针偏转弧度增大;磁铁相对线圈静止时,指针没有发生偏转,说明没有电流产生。

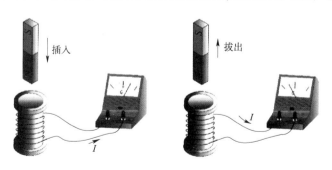

图 5-14　磁铁相对线圈运动时电磁感应现象

(1)感应电动势的方向。

线圈中感应电动势的方向由楞次定律和右手螺旋定则来确定。

楞次定律:感应电流产生的磁通总是企图阻碍原磁通的变化。

当磁铁插入线圈时,原磁通在增加,线圈所产生的感应电流的磁通方向总是与原磁通方向相反,即感应电流的磁通总是阻碍原磁通的增加。

当磁铁拔出线圈时,原磁通在减少,线圈所产生的感应电流的磁通方向总是与原磁通方向相同,即感应电流的磁通总是阻碍原磁通的减少。

(2)感应电动势的大小。

法拉第电磁感应定律:线圈中感应电动势的大小与线圈中磁通量的变化快慢(即变化率)和线圈的匝数 N 的乘积成正比,通常把这个规律称为法拉第电磁感应定律,其数学表达式为

$$E = \left| -N \frac{\Delta \Phi}{\Delta t} \right| = \left| -N \frac{\Phi_2 - \Phi_1}{\Delta t} \right|$$

式中:N——线圈的匝数;

$\Delta \Phi$——一匝线圈的磁通变化量,Wb;

Δt——磁通变化所需要的时间,s;

E——感应电动势的平均值,V。

上式中,负号表示感应电流所产生的磁通总是企图阻止原来磁通的变化,感应电动势的方向总是和磁通变化的趋势相反。

(三)交流电基础知识

1. 交流电概述

直流电路的电压、电流和电动势的大小和方向都不随时间的变化而变化,如图5-15a)所示。交流电是指大小和方向都随时间作周期性变化的电动势(或电压、电流),或说交流电是交变电动势、交变电压和交变电流的总称,如图5-15b)所示。

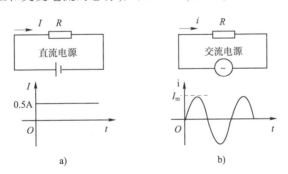

图 5-15 交流电与直流电的区别

按交流电的变化规律可分为正弦交流电和非正弦交流电,如图5-16所示,图5-16a)、c)为非正弦交流电,图5-16b)为正弦交流电。

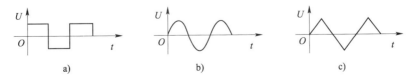

图 5-16 交流电的波形图

2. 正弦交流电的产生

正弦交流电由正弦交流发电机产生，图 5-17 是单相交流发电机的示意图，这种特定的结构形式，使电枢表面任意点的磁感应强度按正弦规律分布，当电枢在磁极中旋转时就产生按正弦规律变化的交流电。

在图中若从线圈平面与中性面成一夹角开始计时，则

$$e = E_m \sin(\omega t + \varphi_0)$$

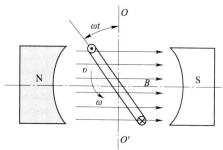

图 5-17 单相交流发电机的示意图

3. 正弦交流电的三要素

描述正弦交流电的三个基本量称为正弦交流电的三要素，以下根据交流电的瞬时表达式分别说明如下。

1) 最大值

最大值是用来表示正弦交流电瞬时值变化范围的物理量，用字母 E_m、U_m、I_m 表示。正弦交流电在其变化过程中，对给定任意时刻 t 就有与其对应的电动势、电压或电流的数值，称为瞬时值，用小写字母 e、u、i 表示。最大值就是瞬时值中最大的数值，又称振幅或峰值，如图 5-18 中 u 的最大值 U_m 是 10V。

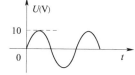

图 5-18 交流电压的最大值是 10V

2) 频率、周期和角频率

频率、周期和角频率都是描述正弦交流电变化快慢的物理量。

频率是指交流电每秒变化的次数，用 f 表示，频率的单位是赫兹，简称赫，单位符号是 Hz。实际应用中还有千赫（kHz）、兆赫（MHz）。它们之间的换算关系是：

$$1\text{kHz} = 10^3 \text{Hz}$$
$$1\text{MHz} = 10^3 \text{kHz} = 10^6 \text{Hz}$$

我国和世界上大多数国家的电力工业的标准频率（通常简称为工频）都是 50Hz，也有少数国家（如美国和日本）的工频采用 60Hz。

周期是指交流电变化一周所用的时间，用 T 表示，单位是秒（s），如图 5-19 所示，交流电流的周期是 0.02s。周期与频率的关系为：

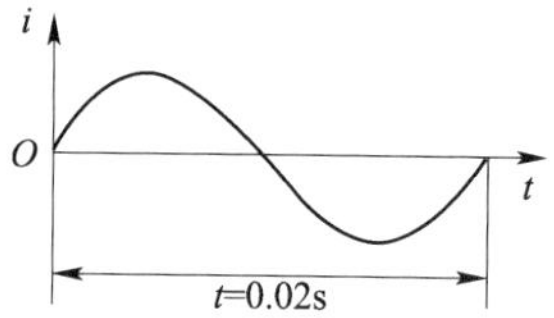

$$f = \frac{1}{T}$$

图 5-19 交流电流的周期是 0.02s

角频率是指交流电每秒变化的角度，用 ω 表示，单位是弧度/秒，单位符号是 rad/s。由于交流电每变化一周所经历的电角度为 2πrad，角频率和频率之间有如下关系：

$$\omega = 2\pi f = \frac{2\pi}{T}$$

3) 初相角

在公式 $e = E_m \sin(\omega t + \varphi_0)$ 中，角度（$\omega t + \varphi_0$）称为相位角，简称相位，是决定正弦交流电压在某一时刻所处状态的物理量。

$t = 0$ 时的相位角 φ_0，称为初相角，又称初相位或初相。初相反映了正弦交流电计时起点

的状态。在正弦量的解析式中,通常规定初相不得超过±180°。

4. 有效值

交流电的最大值不能正确反应交流电做功能力,因此引入有效值这一物理量。交流电的有效值是根据其热效应来确定的。如果在数值相等的两个电阻中,分别通过交流电和直流电如图5-20所示,在相同的时间里,它们各自产生的热量相等,则把直流电电流的数值称为该交流电流的有效值。用大写字母 I 表示。同理,可以把在数值相等的电阻上产生热效应相等的直流电压、直流电动势分别称为交流电压、交流电动势的有效值,用大写字母 U、E 表示。

平常所说的交流电流、电压和电动势的大小,各种交流电气设备铭牌所标的额定值,均是它们的有效值,如电度表所标的容量"220V,10A"就是指交流电压和电流的有效值。用电压表所测量的电压、电流数值也是交流电的有效值。理论和实验都可以证明,正弦交流电的有效值和最大值有下列关系:

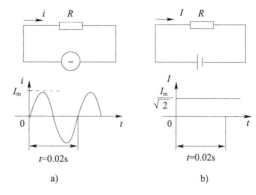

图5-20 交流电的有效值

$$I = \frac{I_m}{\sqrt{2}} = 0.707 I_m \quad U = \frac{U_m}{\sqrt{2}} = 0.707 U_m \quad E = \frac{E_m}{\sqrt{2}} = 0.707 E_m$$

5. 三相交流电

(1) 三相交流电一般是由三相交流发电机产生的,图5-21所示为三相交流发电机的示意图。三相交流发电机由定子和转子两部分组成,当转子在三相对称定子绕组中作切割磁力线运动时,根据电磁感应原理就会在三相对称定子绕组中产生三相对称电动势:

$$\begin{cases} e_U = E_m \sin(\omega t + 0°) \text{ V} \\ e_V = E_m \sin(\omega t - 120°) \text{ V} \\ e_W = E_m \sin(\omega t + 120°) \text{ V} \end{cases}$$

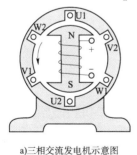

a) 三相交流发电机示意图

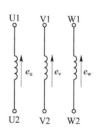

b) 电枢绕组

c) 三相绕组及其电动势

图5-21 三相交流发电机

(2) 三相对称电动势的特征:频率相同、幅值相等、相位互差120°。与此对应的波形图、向量图如图5-22所示。

(3) 三相交流电压出现正幅值(或相应零值)的顺序称为相序。在此相序为 U-V-W-U 称为顺相序。

在电力系统中一般用黄、绿、红区别 U、V、W 三相。

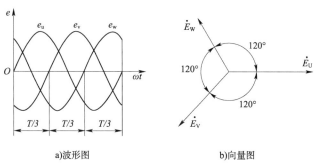

a)波形图   b)向量图

图5-22　三相交流电的波形图和向量图

(4)三相电源的连接。三相电源的连接分星形(Y)联结和三角形(△)联结两种。

①三相电源的星形(Y)联结。

把发电机三相绕组的末端 U2、V2、W2 联结成一点。由这一点及始端 U1、V1、W1 作为与外电路相联结的端点。这种联结方式称为电源的星形联结,如图5-23所示。

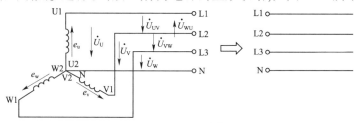

图5-23　三相四线制

三相绕组末端相连的一点称中点或零点,一般用"N"表示。从中点引出的线称为中性线(简称中线),由于中线一般与大地相连,通常又称为地线(或零线)。从首端 U1、V1、W1 引出的三根导线称相线(或端线)。由于它与大地之间有一定的电位差,一般统称火线。

由三根火线和一根地线所组成的输电方式称三相四线制。

三相四线制供电方式能提供两种电压,即:线电压和相电压。

线电压——端线与端线之间的电压。

相电压——端线与中线之间的电压。

线电压和相电压的数量关系:

$$U_{线} = \sqrt{3} U_{相}$$

目前,我国供电系统线电压380V,相电压220V。

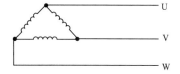

图5-24　三相电源的三角形(△)联结

②三相电源的三角形(△)联结。

发电机三相绕组依次首尾相联,引出三条线,称为三角形联结,如图5-24所示。

三相电源三角形(△)联结时线电压与相电压相等,即:

$$U_l = U_p$$

(四)电子技术常识

1.半导体的基本知识

1)导体、半导体和绝缘体

自然界中很容易导电的物质称为导体,金属一般都是导体。有的物质几乎不导电,称为绝缘体,如橡胶、陶瓷、塑料。另有一类物质的导电特性处于导体和绝缘体之间,称为半导体,如锗、硅、砷化镓和一些硫化物、氧化物等。

2)半导体的特性

半导体的导电机理不同于其他物质,所以它具有不同于其他物质的特点。比如:热敏性、光敏性、掺杂性、多子性等。

(1)当受外界热和光的作用时,它的导电能力明显变化。

(2)往纯净的半导体中掺入某些杂质,会使它的导电能力明显改变。

(3)半导体中存在着两种导电载流子,即自由电子和空穴。

3)半导体的分类

半导体按含杂质与否分为本征半导体和杂质半导体。杂质半导体又分为P型半导体和N型半导体。

(1)本征半导体:不加杂质的纯净半导体晶体。如本征硅或本征锗。本征半导体电导率低。

(2)杂质半导体:为了提高半导体的导电性能,在本征半导体(4价)中掺入硼或磷等杂质所形成的半导体。

(3)P型半导体:本征硅(或锗)中掺入少量硼元素(3价)所形成的半导体,如P型硅。多数载流子为空穴,少数载流子为电子。

(4)N型半导体:在本征硅(或锗)中掺入少量磷元素(5价)所形成的半导体,如N型硅。其中,多数载流子为电子,少数载流子为空穴。

4)PN结

在同一片半导体基片上,分别制造P型半导体和N型半导体,经过载流子的扩散,在它们的交界面处就形成了一层空间电荷阻挡区,称为PN结。PN结是各种半导体器件的核心,如图5-25所示。

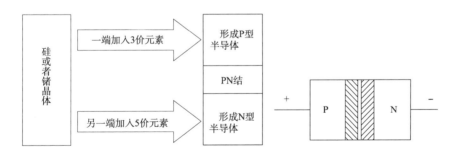

图 5-25 PN 结的形成

5)PN结的单向导电特性

当PN结的P区接电源的正极,N区接电源的负极,称为PN结加正向电压,又称正偏。如图5-26a)所示,此时PN结导通,呈低阻性,灯亮。

当PN结的P区接电源的负极,N区接电源的正极,称为PN结加反向电压,又称反偏。如图5-26b)所示,此时PN结截止,呈高阻性,灯不亮。

PN结加正向电压时导通,加反向电压时截止的性质称为PN结的单向导电特性。

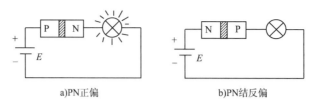

图 5-26　PN 结的单向导电特性

2. 晶体二极管结构

晶体二极管(简称二极管)是由一个 PN 结加上相应的电极引线和管壳做成的,如图 5-27a)所示,从 P 区引出的电极引线为正极(也称阳极),从 N 区引出的电极引线为负极(也称阴极),二极管的电路符号如图 5-27b)所示。

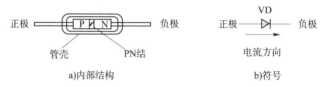

图 5-27　晶体二极管的结构和符号

二极管其实就是一个 PN 结,所以二极管的性质和 PN 结的性质相同,即单向导电特性。二极管正极接电源正极,二极管负极接电源负极,称为二极管加正向电压,又称正偏。如图 5-28a)所示,此时二极管导通,呈低阻性,灯亮。二极管正极接电源负极,二极管负极接电源正极,称为二极管加反向电压,又称反偏,如图 5-28b)所示,此时二极管截止,呈高阻性,灯不亮。

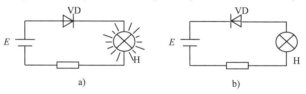

图 5-28　二极管单向导电性

3. 二极管的分类

(1) 按材料分:硅管、锗管。

(2) 按 PN 结面积分:点接触型(电流小,高频应用)、面接触型(电流大,用于整流)、平面型(用于高频整流和开关电路中),如图 5-29 所示。

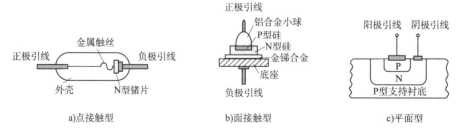

图 5-29　二极管按结构分类

(3) 按用途分:整流二极管、稳压二极管、发光二极管、光电二极管、变容二极管等。

①整流二极管:利用单向导电性把交流电变成直流电的二极管。

②稳压二极管:利用反向击穿特性进行稳压的二极管。

③发光二极管:利用磷化镓把电能转变成光能的二极管。
④光电二极管:将光信号转变为电信号的二极管。
⑤变容二极管:利用反向偏压改变 PN 结电容量的二极管。

4. 数字式万用表检测二极管

1) 二极管好坏的判别

通常用万用二极管挡来测试二极管的正、反向值进行判断。把万用表的量程调到二极管挡,将两表笔分别正接或反接在被测二极管的两端,即可测得一大一小两个值,其中小的值是二极管的导通电压,以毫伏显示的表,硅管在 500~800,锗管在 100~350(以伏显示的表,硅管在 0.5~0.8,锗管在 0.1~0.35);大的值是无穷大,说明二极管是良好。如果测得正、反向值均为无穷大,说明二极管内部已经断路,如果测得正反向值都很小或为零,说明二极管内部已经短路。后两种情况都说明二极管已经损坏,不能继续使用。归纳判断方法见表 5-1。

表 5-1 用数字万用表判断二极管

正 向 值	反 向 值	二极管好坏
硅管 500~800	无穷大∞(靠左显示1)	良好
锗管 100~350		
≈0	≈0	短路(击穿)损坏
无穷大∞(靠左显示1)	无穷大∞(靠左显示1)	断路损坏

2) 二极管极性的判断

当测得正向值(硅管在 500~800mV,锗管在 100~350mV)时,则红表笔所接的一端是二极管的正极,黑表笔所接的一端是二极管的负极,当测得二极管反向值(无穷大)时,则黑表笔所接的一端是二极管的正极,红表笔所接的一端是二极管的负极。

5. 晶体三极管结构

三极管的结构、图形符号如图 5-30 所示。三极管是由两个 PN 结构成的一种半导体器件。根据 PN 结的组合方式不同,三极管可分为 PNP 型和 NPN 型两种类型。由图 5-30 可见,三极管有两个结、三个区和三个引出电极。中间为基区,两边分别为发射区和集电区。从这三个区引出相应的电极,称为基极、发射极和集电极,简称 b 极、e 极和 c 极。在三个区的交界处形成了两个 PN 结,发射区与基区分界处的 PN 结称为发射结,集电区与基区分界处 PN 结称为集电结。三极管是两个反向串联的 PN 结。但不能用两只二极管来代替三极管。图形符号中的箭头表示发射结在正向电压下的电流方向,对于 PNP 型三极管发射箭头向里,NPN 型三极管的发射极箭头则向外。

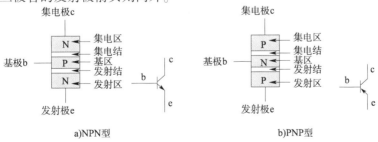

图 5-30 三极管的结构和图形符号

6.三极管的分类

按制作三极管的基片材料,三极管可分为硅三极管和锗三极管两大类,两者相比,硅管受温度影响小,工作相对稳定,故在自动控制设备中常用硅管。

按三极管内部结构,三极管可分为 PNP 型和 NPN 型两类,目前我国制造的硅管多为 NPN 型,锗管多为 PNP 型。

按三极管工作频率,三极管可分为低频管和高频管两种:低频三极管,主要用于工作频率比较低的地方;高频三极管,主要用于工作频率比较高的地方。

按三极管的功率,三极管分为小功率三极管、中功率三极管和大功率三极管三种:小功率三极管,它的输出功率小些;中功率三极管,它的输出功率大些;大功率三极管,它的输出功率可以很大,主要用于大功率输出场合。

按三极管的用途,三极管分为放大管和开关管。就使用而言主要有普通三极管和光敏三极管等。

三极管类型和管脚可根据外壳上的标记判别,也可根据三极管的型号从手册中查到。但如果三极管标记不清或找不到手册时,则判别方法主要有目测法和万用表检测法,实际工作中优先采用目测法,在目测不能做出准确判断时,再使用万用表进行检测。

7.三极管的检测

1)目测法

(1)管型的判别。

根据三极管型号的命名方法确定,国内常见的三极管还有一些是以数字命名的,如9011~9018,其中9011、9013、9014、9016~9018 为 NPN 型硅管,9012、9015 为 PNP 型硅管。

(2)管脚的判别。

小功率管如图 5-31b)所示,金属圆壳封装:管脚向上,它们组成半圆位于上部,按顺时针方向依次为 EBC。塑料半圆柱封装:头在上,平面向自己,左起依次为 EBC。

大功率管如图 5-31c)所示,电极靠近孔,左起依次为 ECB,其中 C 为金属外壳。

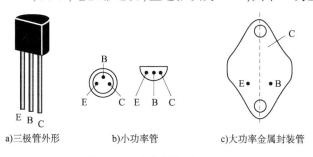

a)三极管外形　　b)小功率管　　c)大功率金属封装管

图 5-31　三极管的外形与极性

2)数字万用表测三极管极性、类型和好坏

(1)用数字万用表的二极管挡位判断三极管的基极和类型。

判断时可将三极管看成是两个背靠背的 PN 结,按照判断二极管的方法,可以判断出其中一极为公共正极或公共负极,此极即为基极 b,对 NPN 型管,基极是公共正极,如图 5-32 所示;对 PNP 型管则是公共负极,如图 5-33 所示。因此,判断出基极是公共正极还是公共负极,即可知道被测三极管是 NPN 或 PNP 型三极管。

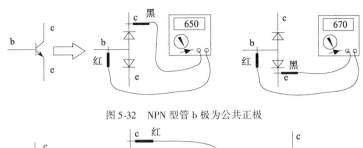

图 5-32　NPN 型管 b 极为公共正极

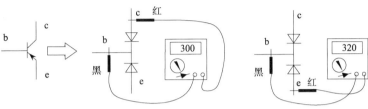

图 5-33　NPN 型管 b 极为公共负极

(2) 射极 e 和集电极 c 的判断。

利用万用表二极管挡(或电阻 20MΩ 挡),分别测量三极管两个 PN 结的正向电压值,一般三极管的两个 PN 结中,发射结的正向电压稍大于集电结的正向电压,利用这个特点,可判断三极管的发射极 e 和集电极 c。

具体判断过程:万用表调到二极管挡,对于 NPN 管,令红表笔接其 b 极,黑表笔分别接另两个脚上,两次测得的极间电压中,电压微高的那一极为 e 极,电压低一些的那极为 c 极,如图 5-34 所示。如果是 PNP 管,则令黑表笔接 b 集,红表笔分别接另两个脚上,判断方法和 NPN 管一样。

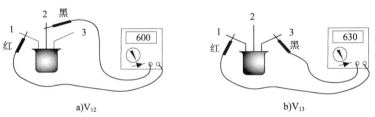

图 5-34　V_{13} 略大于 V_{12},3 脚是 e 极,2 脚是 c 极

(3) 判别三极管的好坏。

测试时用万用表的二极管的挡位分别测试三极管发射结、集电结的正、反偏是否正常,正常的三极管是好的,否则三极管已损坏。如果在测量中找不到公共 b 极,该三极管也为坏管子。在实际应用中、小功率三极管多直接焊接在印制电路板上,由于元件的安装密度大,拆卸比较麻烦,所以在检测时常常通过用万用表直流电压挡,去测量被测三极管各引脚的电压值,来推断其工作是否正常,进而判断其好坏。

二、任务实施

1. 准备工作

(1) 6 人一组进行分组。

(2) 每组数字式万用表 1 块、二极管好坏各 1 个、NPN 型三极管好坏各 1 个、PNP 型三极管好坏各 1 个。

2. 技术要求与注意事项

(1) 数字万用表正极使用红色线,负极使用黑色线。
(2) 禁止有万用表的电阻挡和二极管挡去测量带电的元件。
(3) 万用表暂时不用时,请关断电源。

3. 操作步骤

(1) 每组清点工具与器材。
(2) 每位同学用万用表二极管挡检测出二极管好坏。
(3) 每位同学用万用表二极管挡检测出完好二极管极性。
(4) 每位同学用万用表二极管挡检测出三极管好坏。
(5) 每位同学用万用表二极管挡检测出完好三极管的类型(NPN 或 PNP 型)及基极 b。
(6) 每位同学用万用表二极管挡或电阻 20MΩ 挡检测出完好三极管的发射极 e 和集电极 c。
(7) 每组清洁整理现场。

三、技能考核标准

技能考核标准见表 5-2。

技能考核标准　　　　　　　　　　　　　表 5-2

序号	项目	操作内容	规定分	评分标准	得分
1	准备工作	清点万用表、二极管、三极管数量	5 分	清点不正确一件扣 2 分	
2	检测二极管好坏	用万用表二极管挡检测出所给几只二极管好坏	15 分	(1) 不能选择万用表挡位扣 5 分; (2) 不能正确检测出二极管好坏扣 10 分	
3	检测完好二极管极性	用万用表二极管挡检测出完好二极管正负极性	15 分	(1) 不能选择万用表挡位扣 5 分; (2) 不能正确检测出完好二极管正负极扣 10 分	
4	检测三极管好坏	用万用表二极管挡检测出三极管好坏	20 分	(1) 不能选择万用表挡位扣 5 分; (2) 不能正确检测出三极管好坏扣 15 分	
5	判断三极管类型及基极	用万用表二极管挡检测出完好三极管的类型(NPN 或 PNP 型)及基极 b	20 分	(1) 不能选择万用表挡位扣 5 分; (2) 不能正确检测出三极管的类型扣 10 分; (3) 不能正确检测出三极管的基极 b 扣 5 分	
6	判断完好三极管的发射极与集电极	用万用表二极管挡或电阻 20MΩ 挡检测出完好三极管的发射极 e 和集电极 c	20 分	(1) 不能选择万用表挡位扣 5 分; (2) 不能正确检测出三极管的发射极 e 和集电极 c 扣 15 分	
7	清洁整理现场	按要求关闭万用表,把元件摆放整齐,清洁现场	5 分	不清理现场,整理工具扣 5 分	
		总分	100 分		

四、思考与练习

(一) 填空题

1. 电路是由_____、_____、_____、_____组成的。
2. 电路通常有_____、_____、_____和_____四种状态。
3. 电压是描述电路中电场力_____的物理量。规定电压的正方向从_____指向

_____,对负载来说,电流流入端为_____端,电流流出端为_____端。

4. 磁体的磁极分_____极和_____极,分别用字母_____和_____表示。

5. 磁极间相互作用的规律是_____,_____。

6. 交流电按变化规律可分为_____交流电和_____交流电两大类。

7. 正弦交流电的三要素是指_____、_____和_____。

8. 三相发电机的三个绕组向外供电时的联结方式有_____形联结和_____形联结两种联结方式。

9. 三个电动势的_____相等,_____相同,_____互差120°,就称对称三相电动势。

10. 按基片材料二极管可分为_____二极管和_____二极管;按结构二极管可分为点接触型、_____接触型和_____型三类。

11. 按制作三极管的基片材料分,三极管可分为_____管和_____管两大类,而按结构,两种管又都有_____型和_____型。

12. 三极管从集电区引出的电极称为_____极,从发射区引出的电极称为_____极,从基区引出的电极称为_____极。

(二)单项选择题

1. 汽车起动机属于(　　)。
   A. 电源　　　　B. 负载　　　　C. 导线　　　　D. 控制和保护装置

2. 在导电液体中形成电流的原因是(　　)。
   A. 电子的定向运动　　　　B. 电解质流动
   C. 质子的定向运动　　　　D. 离子的定向运动

3. 电路中任意两点的电位之差称为(　　)。
   A. 电动势　　　B. 电位　　　　C. 电压　　　　D. 电势

4. 下列物质中,能被磁体吸引的是(　　)。
   A. 铁　　　　　B. 木　　　　　C. 塑料　　　　D. 橡胶

5. 一根条形磁铁有(　　)个磁极。
   A. 2　　　　　B. 3　　　　　C. 4　　　　　D. 5

6. 某交流电动势 $e = 220\sqrt{2}\sin\left(314t + \dfrac{\pi}{6}\right)$ V,则电动势的角频率 ω 为(　　)。

   A. 220 rad/s　　B. 314 rad/s　　C. $\dfrac{\pi}{6}$　　　　D. 100 rad/s

7. 我国电力工频为50 Hz,则周期是(　　)。
   A. 10 s　　　　B. 20 s　　　　C. 0.02 s　　　D. 50 s

8. 某正弦交流电压有效值为10 V,则其最大值是(　　)。
   A. $10\sqrt{2}$ V　　B. 20 V　　　　C. 30 V　　　　D. 50 V

9. 用数字式万用表判别二极管好坏时,应选用(　　)。
   A. 电压挡　　　B. 电流挡　　　C. 二极管挡　　D. 电容挡

10. 整流电路的整流二极管应选用(　　)。
    A. 点接触型　　B. 面接触型　　C. 平面型　　　D. 发光型

(三) 判断题

1. 导体中的电流由电子流形成,所以习惯上规定电子流的方向就是电流的方向。（ ）
2. 让一根导体通入电流,导体的周围就产生磁场。（ ）
3. 电流能产生磁场,磁场在一定条件下也能产生电流。（ ）
4. 二极管是由二块 PN 结构成的半导体器件。（ ）
5. 用万用表不可能判断二极管的好坏。（ ）
6. 二极管具有单向导电特性。（ ）
7. 三极管是由三个 PN 结构成的一种半导体器件。（ ）
8. 三极管由两个 PN 结组成,所以可以用两只二极管构成三极管。（ ）
9. 用数字万用表的二极管挡可以测量二极管,不能用来测量三极管。（ ）
10. 用万用表不可能判断三极管的基极和类型。（ ）

(四) 简答题

1. 什么叫短路？为什么要避免短路？
2. 用数字万用表如何判断二极管的好坏、极性？
3. 如何判别三极管的好坏？

任务 6 电工仪表及测量

学习目标

❖ 知识目标

1. 能正确说出电工仪表分类及使用要求；
2. 能正确叙述电压表、电流表、钳形电流表、绝缘电阻表、接地电阻测试仪、电能表、直流单臂电桥、指针式万用表、数字万用表等电工仪表的使用方法及注意事项；
3. 能正确说出电压、电流、电阻、电能的测量方法。

❖ 能力目标

1. 能正确使用接地电阻测试仪测量接地装置的接地电阻；
2. 能正确使用绝缘电阻表测量绝缘电阻；
3. 能正确进行电能表的安装与接线；
4. 能正确测量电压、电流、电阻等参数。

建议课时

12 课时。

任务描述

通过对理论知识学习,能正确使用电流表、电压表、钳形电流表、绝缘电阻表、接地电阻测试仪、电能表、直流单臂电桥、指针式万用表、数字万用表等电工仪表。

一、理论知识准备

(一)电工仪表分类及技术要求

电气设备的安装、调试及检修过程中,要借助各种电工仪器仪表对电流、电压、电阻、电能、电功率等进行测量,称为电工测量。进行电量或磁量测量所需的仪器仪表,统称电工仪表。

1. 电工仪表分类

电工仪表种类繁多,分类方法也各有不同。按照电工仪表结构和用途,大体可分为以下五类。

(1)指示仪表类:直接从仪表指示的读数来确定被测量的大小。

(2)比较仪表类:需要在测量过程中将被测量与某一标准比较后才能确定其大小。

(3)数字式仪表类:直接以数字形式显示测量结果。如万用表。

(4)记录仪和示波器类:如 X-Y 记录仪、光线示波器。

(5)扩大量程装置和变换器:如分流器、附加电阻。

电工专业领域中经常接触到的电工仪表是电工指示类仪表。常用的指示类仪表可按以下方法分类。

(1)按仪表的工作原理分类:主要有电磁式、电动式、磁电式、感应式、静电式、热电式、整流式、电子式等。各类仪表的特点及用途见表6-1。

各类仪表的特点及用途　　　　　　　表 6-1

工 作 原 理	仪表类型	优 缺 点	应 用
载流线圈在永久磁铁磁场中受到力的作用	磁电式	(1)灵敏度和精确度较高,刻度盘分度均匀; (2)加整流器才能用于交流测量,且过载能力较小	多用来制作携带式电压表、电流表等表计
利用通电流的固定线圈产生磁场,使铁芯磁化。然后利用线圈与铁芯(吸引型)或铁芯与铁芯(排斥型)相互作用产生转动力矩,带动指针偏转	电磁式	(1)精度较低,刻度盘分布不均匀,容易受外磁场干扰; (2)过载能力强,直接用于直流和交流测量	多用来制作配电柜用电压表、电流表等表计
两个通电线圈的相互作用,可转动线圈受力带动指针偏转	电动式	可直接用于直流和交流测量,精度较高	常用来制作功率表、功率因数表等表计
电磁铁线圈中流过电流时,铝盘产生涡流,涡流与磁场相互作用使铝盘受力转动,计数器计数	感应式		用于计量交流电能

(2)按测量对象的种类分类:可分为电流表、电压表、功率表、电能表、功率因数表、频率表、绝缘电阻表(又称兆欧表)及万用表等。

(3)按被测电流种类分类:可分为直流仪表、交流仪表及交直流两用仪表。

(4)按使用方式分类:可分为安装式仪表、便携式仪表。

(5)按仪表的准确度分类:0.1、0.2、0.5、1.0、1.5、2.5、5.0 七个等级。

(6)按使用环境条件分类:可分为 A、A1、B、B1、C5 个组。其中 C 组环境条件最差。

(7)按防御外界电场或磁场的性能分类:可分为Ⅰ、Ⅱ、Ⅲ、Ⅳ4个等级。

2.电工仪表的误差及准确度

在电工测量中,无论哪种电工仪表,也不论其质量多高,它的测量结果与被测量的实际值之间总会存在一定的差值,这个差值称为误差,准确度是指仪表的测量结果与实际值的接近程度。可见,仪表的准确度越高,误差越小越好。误差值的大小可以用来反映仪表本身的准确程度。

3.电工仪表的技术要求

选用电工测量指示仪表时,对仪表主要有以下几个方面的技术要求:有足够的准确度、有合适的灵敏度、仪表的功耗要小、有良好的读数装置。

(二)电流和电压的测量

1.电流的测量

电流表是用来测量电路中的电流值的。按所测电流性质可分为直流电流表、交流电流表和交直流两用电流表。就其测量范围而言,电流表又分为微安表、毫安表和安培表。

1)电流的测量

在测量较高电压电路的电流时,电流表应串联在被测电路中的低电位端,以保证操作人员的安全。电流表如果错接成并联会造成电路短路,并烧毁电流表,因此应严格禁止。图6-1所示为直流电流的测量接线方法(直流电流表的接线和带有分流器的直流电流表接线);图6-2所示 为交流电流的测量接线图(交流电流表的接线和交流电流表通过互感器接线)。

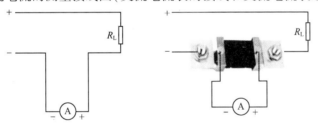

图6-1 直流电流的测量接线图

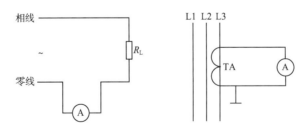

图6-2 交流电流的测量接线图

2)电流表

(1)电流表的工作原理。

电流表有磁电式、电磁式、电动式等类型,它们被串接在被测电路中使用。仪表线圈通过被测电路的电流使仪表指针发生偏转,用指针偏转的角度来反映被测电流的大小。并联电阻起分流作用,称为分流电阻或分流器。如图6-3所示为1T1-A型电磁式电流表和直流电流表的组成图。

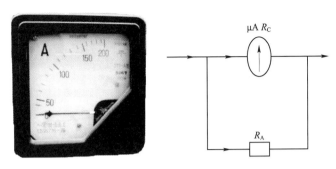

图 6-3　1T1-A 型电磁式电流表和直流电流表的组成图

（2）电流表的选择。

测量直流电流可使用磁电式、电磁式或电动式仪表，其中磁电式仪表使用较为普遍。

（3）电流表的使用。

测量时要注意电流接线端的"＋""－"极性标记，不可接错，以免指针反转，损坏仪表。对于有两个量程的电流表，具有三个接线端，使用时要看清楚接线端量程标记，根据被测电流大小选择合适的量程。将公共接线端一个量程接线端串联在被测电路中。

3）钳形电流表

采用钳形电流表测量电流不必把线路断开，把电流表串联在电路中，而是将钳口夹住待测导线就可以直接测量负载电流的大小。但钳形电流表准确度不高，只有 2.5 和 5.0 两级。

（1）钳形电流表的分类。

钳形电流表分为指针式钳形电流表和数字式钳形电流表，指针式钳形电流表又分为电磁式钳形电流表和互感器式钳形电流表。

（2）钳形电流表的工作原理。

互感器式钳形电流表如图 6-4 所示，由电流互感器和整流式电流表组成。电流互感器的铁芯呈钳口形，当紧握钳形电流表的把手时，其铁芯张开，将通有被测电流的导线放入钳口中。松开把手后铁芯闭合，通有被测电流的导线相当于电流互感器的一次侧，于是在二次侧就会产生感应电流，并送入整流式电流表测出电流数值。互感器式钳形电流表只能测量交流电流。

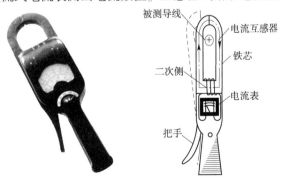

图 6-4　互感器式钳形电流表

（3）电磁式钳形电流表。

电磁式钳形电流表如图 6-5 所示。由于电磁式仪表可动部分的偏转方向与电流极性无关，因此它可以交、直流两用。

(4)数字式钳形电流表。

数字式钳形电流表外观如图 6-6 所示,可以交、直流两用。

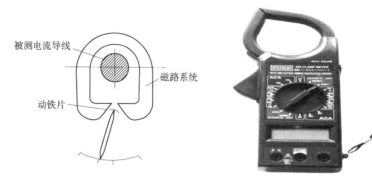

图 6-5　电磁式钳形电流表　　　　图 6-6　数字式钳形电流表

(5)钳形电流表的使用步骤。

测量前,先机械调零;估计被测电流大小,选择合适量程;若无法估计,从最大量程开始测量,逐步变换;测量时,将被测支路导线置于钳口中央;当指针稳定时,进行读数。

钳形电流表操作如图 6-7 所示。测量时将被测导线置于钳口中央。钳口要结合紧密,有污物要及时清洗。测量完毕,一定要将仪表的量程开关置于最大位置上。根据电路电流计算公式读数:电路电流 = 选择量程÷满刻度数×指针读数。绕几圈测量的读数计算时还要除以圈数。

图 6-7　钳形电流表的使用

2. 电压的测量

电压表如图 6-8 所示,用来测量电路中的电压值。根据所测电压的性质分为直流电压表、交流电压表和交直两用电压表。就其测量范围而言,电压表又分为毫伏表、伏特表。

1)电压的测量

电压表需并联测量,如果将电压表错接成串联,会因其内阻太大,使测量电路呈开路状态,电压表也无法正常工作。如图 6-9 所示为电压表的接线图,图 6-9a)所示为电压表接线,图 6-9b)所示为电压表通过互感器接线)。

图 6-8　电压表

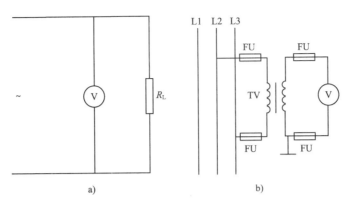

图 6-9 电压表的接线图

2) 电压表工作原理及使用

(1) 电压表的工作原理。

电压表被并接在被测电路中使用。仪表线圈通过被测电路的电压使仪表指针发生偏转,用指针偏转的角度来反映被测电压的大小。如图 6-10 为电压表的组成图(直流电压表和双量程电磁式电压表)。

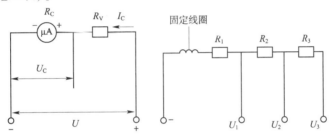

图 6-10 电压表的组成

(2) 电压表的选择。

电压表有磁电式、电磁式、电动式等类型。电压表的选择原则和方法与电流表的选择相同,主要从测量对象、测量范围、要求精度和仪表价格等方面考虑。

(3) 电压表的使用注意事项。

用电压表测量电路电压时,一定要使电压表与被测电压的两端并联,电压表指针所示为被测电路两点间的电压。

电压表及其量程的选择方法与电流表相同,量程和仪表的等级要合适。直流电压表还要注意仪表的极性,表头的"+"端接高电位,"-"端接低电位。电压互感器的二次侧绝对不允许短路,二次侧必须接地。

(三) 电阻的测量

测量电阻可用万用表法、伏安法、绝缘电阻表法、单臂电桥法、双臂电桥法、接地电阻表法等。万用表法适用测量中电阻,直接读数,使用方便,测量误差较大。伏安法适用测量中电阻,能测量工作状态下元器件的电阻值,尤其适用于对非线性元件(如二极管)电阻的测量,测量误差较大,测量结果需计算。绝缘电阻表法适用测量大电阻,直接读数,使用方便,测量误差较大。单臂电桥法适用测量中电阻,准确度高,操作麻烦。双臂电桥法适用测量小电阻,准确度高,操作麻烦。接地电阻表法适用测量接地电阻,准确度较高,操作麻烦。

1. 伏安法

把被测电阻接上直流电源，然后用电压表和电流表分别测得电阻两端的电压 U_X 和通过电阻的电流 I_X，再根据欧姆定律计算出被测电阻的方法，称为伏安法。

2. 绝缘电阻表法

绝缘电阻表是一种专门用来测量电气设备绝缘电阻的便携式仪表。电气设备的绝缘性能通常通过测量其绝缘电阻的大小来判断。绝缘电阻是指用绝缘材料隔开的两部分导体之间的电阻。为了保证人身安全和电气设备运行的安全，对不同相导电体之间或导电体与设备外壳之间的绝缘电阻都有一个最低的要求。室内低压电气线路中对绝缘电阻的要求是：相线对大地或对中性线之间不应小于 0.22MΩ，相线与相线之间不应小于 0.38MΩ。对家用电器则规定：基本绝缘电阻为 2MΩ，加强绝缘电阻为 7MΩ。对低压电机规定应不低于 0.5MΩ，对高压电机规定每千伏工作电压不低于 1MΩ。一般的绝缘电阻表主要由手摇直流发电机、磁电式比率表以及测量线路组成。手摇直流发电机的额定电压主要有 500V、1000V、2500V 等几种。

使用绝缘电阻表之前，要先通过开路和短路试验来检查绝缘电阻表的好坏，如图 6-11 所示。

图 6-11　绝缘电阻表的开路试验和绝缘电阻表的短路试验

绝缘电阻表有三个接线端钮，分别标有 L（线路）、E（接地）和 G（屏蔽），使用时应按测量对象的不同来选用。当测量电气设备对地的绝缘电阻时，应将 L 接到被测设备上，E 可靠接地即可。屏蔽端钮 G 的作用是屏蔽绝缘体表面的漏电电流，如图 6-12 所示。由于加接屏蔽 G 后的测量结果只反映绝缘电阻的大小，因而大大提高了测量的准确度。

操作者一手固定绝缘电阻表，一手摇动绝缘电阻表手柄，如图 6-12 所示。摇动绝缘电阻表手柄时应由慢渐快至额定转速 120r/min。测量时，绝缘电阻值随着测量时间的长短而不同，一般采用 1min 以后的读数为准。测量电气设备的绝缘电阻时，应记下测量时的温度、湿度、被测设备的状况等，以便于分析测量结果。在绝缘电阻表未停止转动和被测设备未放电之前，不得用手触及被测设备的测量部分，也不得进行拆除导线的工作，以免发生触电事故。测量具有大电容设备的绝缘电阻，测量后不能立

图 6-12　测量时绝缘电阻表的操作方法

即停止摇动绝缘电阻表,以防已充电的设备放电而损坏绝缘电阻表。应在读数后一边降低手柄转速,一边拆去接地线,最后再停止转动绝缘电阻表手柄。

3. 接地电阻法

接地电阻表又称为接地电阻测试仪,主要用于测量电气设备接地装置以及避雷装置的接地电阻。由于其外形与摇表(绝缘电阻表)相似,故俗称接地摇表。

常用接地电阻的最低合格值:电力系统中工作接地不得大于 4Ω;保护接地不得大于 4Ω;重复接地不得大于 10Ω;防雷保护时,独立避雷针不得大于 10Ω;变配电所阀型避雷器不得大于 5Ω。

使用接地电阻表测量电阻时需要电阻表的同时还需要三根连接线、电流和电位探针,如图 6-13 所示。

图 6-13　ZC-8 型接地电阻表外形及三根连接线、电流和电位探针

用接地电阻表测量接地电阻的步骤如下。

拆开接地干线与接地体的连接点。接地电阻表接线。将仪表放平,检查检流计指针是否指在中心线上。正确接线:图 6-14 所示为测量变压器接地装置的接地电阻;图 6-15 所示为电阻测量接线图(三端钮测量仪的接线、四端钮测量仪的接线、测量小电阻的接线)。将倍率开关置于最大倍数上,缓慢摇动发电机手柄,同时转动"测量标度盘",使检流计指针处于中心线位置上。当检流计接近平衡时,要加快摇动手柄,使发电机转速升至额定转速 120r/min,同时调节"测量标度盘",使检流计指针稳定指在中心线位置。此时即可读取 R_S 的数值。接地电阻 = 倍率 × 测量标度盘读数(R_S)。每次测量完毕后,将探针拔出后擦干净,导线整理好以便下次使用。将仪表存放于干燥、避光、无振动的场合。

4. 直流单臂电桥法

直流单臂电桥又称惠斯登电桥,是一种专门用来测量中电阻的精密测量仪器。直流单臂电桥外观如图 6-16 所示,是一种常用的比较式电工仪表。直流单臂电桥的准确度很高。

1) 直流单臂电桥的结构

直流单臂电桥是由 R_X、R_2、R_3、R_4 组成电桥的四个臂,其中 R_X 称为被测臂,R_2、R_3 合在一起称为比例臂,R_4 称为比较臂。实际中,电阻 R_2、R_3、R_4 都做成可调的,便于测量时调整和读数,如图 6-17 所示。

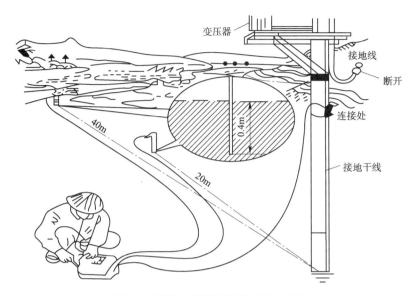

图 6-14 测量变压器接地装置的接地电阻

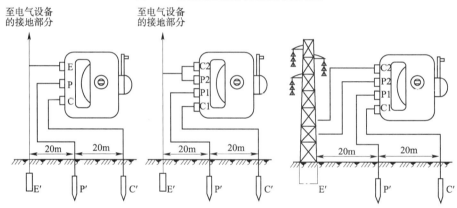

图 6-15 接地电阻表的接线

图 6-16 直流单臂电桥

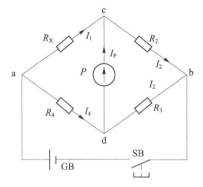

图 6-17 直流单臂电桥的结构

2）直流单臂电桥的使用方法

（1）电桥调试。

使用前先将检流计的锁扣打开，调节调零器使指针指在零位，如图 6-18 所示。发现电桥电池电压不足应及时更换,否则将影响电桥的灵敏度。当采用外接电源时,必须注意电源的极性。将电源的正、负极分别接到"＋""－"端钮,且不要使外接电源电压超过电桥说明书上的规定值。

(2)估测被测电阻,选择比例臂。

用万用表欧姆挡估计被测电阻的大致数值,如图 6-19 所示。选择适当的比例臂,使比较臂的四挡电阻都能被充分利用,以获得四位有效数字的读数。若估测电阻值为几千欧时,比例臂应选 ×1 挡;估测电阻值为几十欧时,比例臂选 ×0.01 挡;估测电阻值为几欧时,比例臂选 ×0.001 挡。

图 6-18　电桥调试图

图 6-19　万用表欧姆挡估计被测电阻

(3)接入被测电阻。

测量中在接入被测电阻时,应采用较粗较短的导线,并将接头拧紧,以减小接线电阻和接触电阻,如图 6-20 所示。

(4)接通电路,调节电桥比例臂使之平衡。

当测量电感线圈的直流电阻时,应先按下电源按钮,再按下检流计按钮;测量完毕,应先松开检流计按钮,后松开电源按钮,如图 6-21 所示。以免被测线圈产生自感电动势损坏检流计。

图 6-20　接入被测电阻

图 6-21　调节电桥比例臂使之平衡

(5)计算阻值。

调节比较臂电阻如图 6-22 所示。电桥电路接通后,若检流计指针向"＋"方向偏转,应增大比较臂电阻;反之,若检流计指针向"－"方向偏转,应减小比较臂电阻。直至检流计指针指零为止。此时,被测电阻 = 比例臂读数 × 比较臂电阻。

(6)关闭电桥。

电桥使用完毕,应先切断电源,然后拆除被测电阻,最后将检流计锁扣锁上。对于没有机械锁扣的检流计,应将按钮"G"按下并锁住。

(四)万用表

万用表如图6-23所示,又称多用表、复用电表,它是一种可测量多种电量的多量程便携式仪表。由于它具有测量种类多、测量范围宽、使用和携带方便、价格低等优点,因而常用来检验电源或仪器的好坏、检查线路的故障、判别元器件的好坏及数值等,应用十分广泛。万用表分为指针式和数字式两种。

图6-22 调节比较臂电阻

图6-23 万用表

1. 指针式万用表

指针式万用表有直流电流挡、直流电压挡、交流电压挡、直流电阻挡等。

指针式万用表的使用方法:测量前应检查表笔位置,红表棒接"＋"端,黑表棒接"－"端;根据测量对象,将转换开关拨到相应挡位;选量程时,应尽可能使被测量值达到表头量程的1/2或2/3以上;读数时,要根据测量的对象在相应的标尺读取数据。

1)测量电压、电流时注意事项

(1)测量电压时,应并联接入被测电路;测量电流时,应串联接入被测电路。在测量直流电流、电压时,红表笔接正极,黑表笔接负极。

(2)测量时人身不得触及表笔的金属部分,以保证测量的准确性和安全。

(3)测量高电压或大电流时,在测量中不得拨动转换开关,若不知被测量有多大时,应将量限置于最高挡,然后逐步向低量限挡转换。

(4)注意被测量的极性,以免损坏。

2)测量电阻时应注意以下事项

(1)选择适当的倍率挡,使指针尽量接近标度尺的中心部分,保证读数的准确性。

(2)测量电阻之前,或调换不同倍率挡后,都应调零,测量完毕,应将转换开关拨到交流电压最高挡上或空挡上。

(3)不能带电测量电阻。

(4)用万用表测量半导体元件的正、反向电阻时,应用 R×100 挡,不能用高阻挡。

(5)严禁用万用表的电阻挡直接测量微安表、检流计、标准电池等类仪器仪表的内阻。

(6)每次使用完后,应将转换开关拨到空挡或交流电压最高挡,以免造成仪表损坏。

2. 数字式万用表

数字式万用表用于测量电阻、二极管、hFE、交直流电压和电流、电容量。

数字式万用表使用的注意事项：

(1) 使用数字式万用表前,应先估计一下被测量值的范围,尽可能选用接近满刻度的量程,这样可提高测量精度。

(2) 数字式万用表在刚测量时显示屏的数值会有跳数现象,这是正常的,类似指针式表的表针摆动,应当待显示数值稳定后(不超过 1~2s)才能读数。

(3) 测量 10Ω 以下的精密小电阻时,先将两表笔短接,测出表笔线电阻,约为 0.2Ω,然后在测量中减去这一数值。

(4) 尽管数字式万用表内部有比较完善的各种保护电路,使用时仍应力求避免误操作,如用电阻挡去测 220V 交流电压等,以免带来不必要的损失。

(5) 为了节省用电,数字式万用表设置了 15min 自动断电电路,自动断电后若要重新开启电源,可连续按动电源开关两次。

二、任务实施

(一) 电流表的使用

1. 准备工作

两节干电池(或其他电源),一只电流表,两个小灯泡,一个开关,导线若干条。

2. 操作步骤

根据图 6-24 串联电路的电路图和实验的需要,检查器材是否完好、够用。

分清电源的正负极,将开关断开,按电路连接顺序,对照串联电路图连接好电路。用电流表的最大量程把电流表接在电路的 a 处并记录。

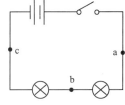

图 6-24 串联电路

接好电路后,对照电路图认真检查,无误后,这时要估计一下待测电流的大小情况,如果不能预先估计到,要先拿电路的一个线头迅速试触电流表的接线柱,看看指针的偏转情况,合理换用量程。合上开关,测出 a 处的电流值,并将电流值记录下来。把电流表先后改接在电路中的 b、c 处,分别测出电流,做好记录。

(二) 电压表的使用

1. 准备工作

每组三节干电池,一只学生电压表,开关一个,导线若干。

2. 操作步骤

先取三节干电池,分别测出每节干电池的电压。再将这三节干电串联成电池组,测出串联电池组的电压,并记录。

(三) 直流电阻的测量

1. 准备工作

(1) MF47 万用表:1 块。

(2) 电阻:100Ω 1 个、75Ω 1 个。

(3) QJ23 型直流单臂电桥:1 台。

(4) ZC25-3 绝缘电阻表:1 台。

(5) 接地电阻测试仪:1 台。

(6) 直流稳压电源:1 台。

2. 操作步骤

(1) 练习使用万用表测量电阻。

① 将万用表的转换开关置于测量电阻的适当挡位上,红色测试棒(俗称表笔)的插头插入万用表"+"插孔,黑色测试棒的插头插入"-"插孔。

② 用万用表测量电阻值:100Ω1 个、75Ω1 个,将测量值记入表 6-2。

电阻检测记录表   表 6-2

被测电阻值	万用表实测结果	被测电阻值	万用表实测结果
100Ω		75Ω	

(2) 练习使用直流单臂电桥测量电阻。做实验前仔细阅读直流单臂电桥使用说明。用万用表欧姆挡、直流单臂电桥测量 4 个中值电阻,将测量结果记入表 6-3。

直流单臂电桥测电阻记录表   表 6-3

被测电阻	万用表粗测(Ω)	直流单臂电桥		
		比率臂比率	比较臂读数	实测结果
R_1				
R_2				
R_3				
R_4				

(3) 用绝缘电阻表测量变压器高压线圈对低压线圈绝缘电阻,以及高压线圈和低压线圈分别对机壳(或铁芯)的绝缘电阻,并将测量结果记入表 6-4。

绝缘电阻表测量记录表   表 6-4

被测绝缘电阻	高压线圈对低压线圈	高压线圈对机壳	低压线圈对机壳
测量结果(MΩ)			

(4) 用接地电阻测量仪测量接地电阻。

① 将"倍率标度"置于最大倍率上,缓缓摇动发电机手柄,调节"测量标度盘",使检流计的指针处于中心线的位置上(即检流计电流趋近于零)。

② 如果"测量标度"的读数小于 1 时,应将倍率置于较小的一挡重新测量。

③ 当检流计指针接近平衡时,加快发电机手柄转速,使其达到 120r/min,再旋动"标度盘",使指针稳定在中心线上。这时:接地电阻 = 倍率 × 测量度盘读数。

将接地电阻测量仪测量结果记入表 6-5。

接地电阻测量仪测量记录表   表 6-5

ZS-8 型接地电阻测量仪	避雷针接地电阻(Ω)	是否符合要求(小于10Ω)
倍率挡选择		
标度盘读数		

(四)万用表的使用

1. 准备工作

(1)指针式万用表(或数字式万用表):1台。

(2)三相交流调压器(带电压表):1台。

(3)直流稳压电源:1台。

(4)测试用电阻(含低值与高值电阻):若干个。

(5)电烙铁、小功率变压器、220V灯泡和小容量三相异步电动机:各1个(台)。

(6)测试直流电流与电压用线路板:1块。

(7)螺钉旋具:1把。

2. 操作步骤

(1)用万用表测量交流电压、直流电压与电流。

①将万用表置交流电压500V以上挡,测量三相交流电的线电压与相电压,并记录测量数据。

②用交流调压器分别调出100V、36V和12V的电压值,根据不同电压值选择合适的交流电压量程来测量,并记录测量数据。

③将测试板电源接在直流稳压源(12~24V)的输出端子上,用万用表分别测出标出的电压值,并记录测量数据。

④用万用表测量各段线路的电流值。

(2)用万用表测量电阻。

①用万用表测量5个电阻的阻值,并记录测量数据。注意,要根据阻值大小调整量程,每次调整量程后都要重新调零。

②用万用表分别测量下列电器元件的电阻值,并记录测量数据:电烙铁发热丝,变压器初级和次级线圈,220V灯泡钨丝,交流电动机定子绕组线圈(先将电动机接线盒内的绕组各线头连接线拆出,再根据线头标志分别测量(U1,U2)、(V1,V2)和(W1,W2)3对线头的电阻值)。

(3)数字式万用表的使用。训练内容与指针式万用表相同,并可根据需要增加交流电流和电路通断的测量。

(五)钳形电流表的使用

1. 准备工作

(1)钳形电流表:1台(型号不限)。

(2)三相异步电动机:1台。

(3)大电流的单相用电设备(如1000W以上的电热器具):1台。

(4)220V灯泡与灯座各:1只。

(5)交流三相四线电源板(应设三相与单相控制开关与漏电保护装置:1块。

2. 操作步骤

(1)使用钳形电流表测量三相电动机的起动电流和空载电流。

(2)使用钳形电流表测量单相用电设备的电流。

三、技能考核标准

技能考核标准见表6-6。

技 能 考 核 标 准

表6-6

序号	项目	操作内容	规定分	评分标准	得分
1	电阻的测量	(1) 使用万用表测量中值电阻(1Ω~0.1MΩ); (2) 直流单臂电桥测量中值电阻; (3) 绝缘电阻表测量大电阻(大于0.1MΩ); (4) 接地电阻测试仪测量接地电阻	40分	每个操作内容10分,酌情减分	
2	万用表的使用	(1) 了解万用表的面板结构与旋转开关的挡位功能; (2) 了解万用表表盘标度尺的意义并进行读数练习; (3) 用万用表测量交流电压、直流电压与电流; (4) 用万用表测量电阻	40分	每个操作内容10分,酌情减分	
3	钳形电流表的使用	(1) 使用钳形电流表测量三相电动机的起动电流和空载电流; (2) 使用钳形电流表测量单相用电设备的电流	20分	每个操作内容10分,酌情减分	
		总分	100分		

四、思考与练习

(一) 填空题

1. 接地电阻测试仪的测量单位是_____。
2. 测量各种电量和各种磁量的仪表统称_____。
3. 选用电工测量指示仪表时,对仪表主要有以下几个方面的技术要求:有足够的_____、有合适的_____、_____、有良好的_____。
4. 仪表的_____越高,_____越小越好。

(二) 单项选择题

1. 两个通电线圈的相互作用,可转动线圈受力带动指针偏转的仪表属于( )仪表。
　　A. 磁电式　　　　B. 电磁式　　　　C. 电动式　　　　D. 感应式
2. 下列哪一个不属于环境条件分类( )。
　　A. A1　　　　　B. B1　　　　　　C. C1　　　　　　D. A
3. 如果将电压表错接成( )联,则会因其内阻太( ),使测量电路呈开路状态,电压表也无法正常工作。
　　A. 串;大　　　　B. 串;小　　　　C. 并;大　　　　D. 并;小
4. 互感器式钳形电流表能测量( )电流。
　　A. 直流　　　　　B. 交流　　　　　C. 交、直流　　　D. 中性

5. 对家用电器绝缘电阻的规定:基本绝缘电阻为( )MΩ,加强绝缘电阻为7MΩ。
  A. 0.22   B. 0.38   C. 0.5   D. 2

6. 摇动绝缘电阻表手柄时应由慢渐快至额定转速120r/min。测量时,绝缘电阻值随着测量时间的长短而不同,一般采用( )min以后的读数为准。
  A. 1   B. 2   C. 3   D. 5

7. 常用接地电阻的最低合格值:保护接地不得大于( )Ω;重复接地不得大于10Ω;防雷保护时,独立避雷针不得大于10Ω;变配电所阀型避雷器不得大于5Ω。
  A. 1   B. 2   C. 3   D. 4

(三) 判断题

1. 电工仪表的精度等级分0.1级、0.2级、0.5级、1级、2.5级、5级等共七个等级。(　　)
2. 用电压表测量电压时,将电压表串在负载线路中。(　　)
3. 交流电能测量仪表都采用感应式结构。(　　)
4. 单臂电桥的工作原理是建立在电流互感器工作原理基础上,用于测量电压不超过500V的负荷电流。(　　)
5. 单臂电桥比率臂数值×比较臂数值就是被测电阻的数值。(　　)
6. 测量各种电量和各种磁量的仪表统称为电工测量仪表。(　　)
7. 单臂电桥属于比较式仪表。(　　)
8. 万用表又称万能表,是一种多用途的电表,所以交流频率和功率因数都可以测出。(　　)
9. 钳形电流表的工作原理是建立在电流互感器工作原理基础上,用于测量电压不超过500V的负荷电流。(　　)
10. 绝缘电阻表有三个接线柱,能测量接地极与大地之间的接触电阻。(　　)
11. 绝缘电阻表的三个接线柱,在测量时可以任意接线。(　　)
12. 接地电阻测试仪用来测量接地极与大地之间的接触电阻。(　　)
13. 使用单臂电桥进行测量时,应先接通检流计按钮,然后接通电源按钮。测量结束后,应先断开电源按钮,再断开检流计按钮。(　　)
14. 使用万用表计量电阻时,首先要机械调零和电阻调零。(　　)
15. 使用钳形电流表可以测量直流电流。(　　)
16. 可以使用绝缘电阻表测量线路的断线。(　　)
17. 用绝缘电阻表测量电缆的绝缘电阻时,仪表G端应当接短路环(屏蔽环)。(　　)

(四) 简答题

1. 按被测量分类,电工仪表有哪几种?
2. 按工作原理分类,电工仪表有哪几种?
3. 使用万用指针式表测电阻时应注意哪些事项?
4. 简述绝缘电阻表的使用方法和注意事项。
5. 简述用接地电阻表测量接地电阻的步骤。
6. 简述直流单臂电桥的使用方法。

任务7　电工安全用具与安全标识

学习目标

❖ **知识目标**
1. 能正确说出电气安全用具的种类、性能及用途；
2. 能正确说出登高安全用具种类、用途及使用方法；
3. 能正确叙述临时接地线、遮栏、标识牌等检修安全用具的作用；
4. 能正确说出各种安全标志的使用规定。

❖ **能力目标**
1. 能正确检查与使用绝缘棒、绝缘夹钳、绝缘台、验电器、临时接地线等；
2. 能正确检查与使用登高安全用具并登高作业。

建议课时
8课时。

任务描述
通过对理论知识的学习，正确检查与使用绝缘棒、绝缘夹钳、绝缘台、验电器、临时接地线等，正确检查登高用具，正确登高作业。

一、理论知识准备

(一) 电气安全用具

电气安全用具是指保护电气作业人员，以避免触电事故、弧光灼伤事故或高空坠落等伤害事故所必备的工器具和用具。电气安全用具的作用是防止工作人员直接触电。在使用安全用具时要注意必须使用合格的安全用具并做到正确使用安全用具。

1. 基本绝缘安全用具

基本绝缘安全用具可长时间承受电气设备运行电压，直接接触电源。

1) 绝缘杆（绝缘棒）

如图7-1所示，绝缘杆（棒）工作部分为金属钩。绝缘部分和握手部位材料为沾过漆的硬木、硬塑料、玻璃钢，中间用护环分开。应用于断开和闭合高压刀闸，跌落式熔断器的分合，临时接地线的安装、拆除、测量、试验，进行正常的带电测量和试验等。

使用中应注意：在使用前，必须核对绝缘棒的电压等级与所操作的电气设备的电压等级是否相同。下雨、雾或潮湿天气，在室外使用绝缘杆时，应装有防雨的伞形罩，下部保持干燥；绝缘杆要有足够的强度，使用中要穿戴好绝缘手套和绝缘靴；使用中要防止碰撞，以避免损坏表面的绝缘层；绝缘杆要定期进行电气试验，试验项目见表7-2。平日要妥善保管并应防潮。

2)绝缘夹钳

绝缘夹钳结构如图7-2所示,主要用于拆卸35kV以下的电力系统中的高压熔断器等项工作。绝缘夹钳的最小长度见表7-1。

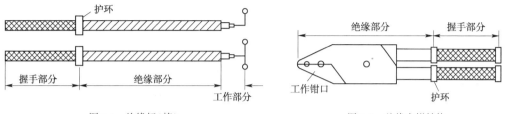

图7-1 绝缘杆(棒)　　　　　　　图7-2 绝缘夹钳结构

绝缘夹钳的最小长度(m)　　　　　　　　　　　表7-1

电压(kV)	户内设备使用		户外设备使用	
	绝缘部分	握手部分	绝缘部分	握手部分
10	0.45	0.15	075	0.20
35	0.75	0.20	1.20	0.20

绝缘夹钳在使用及保存时需要注意:使用时绝缘夹钳不允许装接地线;在潮湿天气只能使用专用的防雨绝缘夹钳;绝缘夹钳应保存在特制的箱子内,以防受潮;绝缘夹钳应定期进行试验,试验项目见表7-2。

常用电气绝缘工具试验一览　　　　　　　　　　　表7-2

序号	名称	电压等级(kV)	周期	交流耐压(kV)	时间(min)	泄漏电流(mA)	附注
1	绝缘棒	6~10	每年一次	44	5		
		35~154		四倍相电压			
		220		三倍相电压			
2	绝缘夹钳	35及以下	每年一次	三倍相电压	5		
		110		260			
		220		400			
3	验电笔	6~10	每六个月一次	40	5		发光电压不高于额定电压的25%
		20~35		105			
4	绝缘手套	高压	每六个月一次	8	1	≤9	
		低压		2.5		≤2.5	
5	橡胶绝缘靴	高压	每六个月一次	15	1	≤7.5	
6	核相器电阻管	6	每六个月一次	6	1	1.7~2.4	
		10		10			
7	绝缘绳	高压	每六个月一次	105/0.5mm	5	1.4~1.7	
8	绝缘挡板	6~10	每年一次	30	5		
		20~44		80			

3) 验电器及试电笔

验电器是测试电气设备是否带电的一种安全用具,如图7-3所示。使用时应注意:验电时必须选用电压等级合适而且合格的验电器,并在电源和设备进出线两侧各相分别验电;验电前应在有电设备上进行试验,确证验电器良好;验电器要保持清洁干燥,按规定进行电气试验,试验内容见表7-2;高压验电要戴绝缘手套。使用验电笔时,注意人的手指不要碰到金属部分,以防止触电。高压验电器使用方法如图7-4所示。

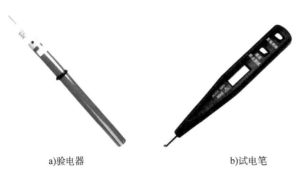

图7-3 验电器及试电笔　　　　　图7-4 高压验电器的使用

(1) 高压验电器(High-pressureelectroscope)特点。

高压验电器是由电子集成电路制成的声光报警装置。适用于220～500V、6kV、10kV、35kV、110kV、220kV、500kV交流输配电线路和设备的验电,白天或夜晚、室内变电所站或室外架空线上,都能正确、可靠地使用。

(2) 高压验电器种类。

① 6kV、10kV 高压验电器。有效绝缘长度:840mm;手柄长度:120mm;节数:5;护环直径:55mm;接触电极长度:40mm。

② 35kV 高压验电器。有效绝缘长度:1870mm;手柄长度:120mm;节数:5;护环直径:57mm;接触电极长度:50mm。

③ 110kV 高压验电器。适用电压等级:110kV;回态长度60cm;伸态长度200cm。

④ 220kV 高压验电器。适用电压等级:220kV;回态长度80cm;伸态长度300cm。

⑤ 500kV 高压验电器。适用电压等级:500kV;回态长度160cm;伸态长度720cm。

(3) 交流高压验电器的使用方法及注意事项。

高压验电器在使用时应注意其频率应为50Hz(我国与部分国家规定家庭电路的电压使用标准为220V50Hz,其中220V是交流电的标志,频率为50Hz,波形为标准正弦波)。

高压验电器的高压电极由金属球体构成,在1m的空间范围内不应放置其他物体,将验电器的接触电极与一极接地的交流电压的高压电极相接触,逐渐升高高压电极的电压,当验电器发出"电压存在"信号,如"声光"指示时,记录此时的起动电压,如该电压在0.15～0.4倍额定电压之间,则认为通过。

① 用高压验电器进行测试时,必须戴上符合要求的绝缘手套;不可一个人单独测试,身旁必须有人监护;测试时,要防止发生相间或对地短路事故;人体与带电体应保持足够的安全距离,10kV高压的安全距离为0.7m以上。室外使用时,天气必须良好,雨、雪、雾及湿度较大的天气中不宜使用普通绝缘杆的类型,以防发生危险。

②使用前,要按所测设备(线路)的电压等级,将绝缘棒拉伸至规定长度,选用合适型号的指示器和绝缘棒,并对指示器进行检查,投入使用的高压验电器必须是经电气试验合格的。

③对回转式高压验电器,使用前应把检验过的指示器旋接在绝缘棒上固定,并用绸布将其表面擦拭干净,然后转动至所需角度,以便使用时观察方便。

④对电容式高压验电器,绝缘棒上标有红线,红线以上部分表示内有电容元件,且属带电部分,该部分要按《电业安全工作规程》的要求与邻近导体或接地体保持必要的安全距离。

⑤使用时,应特别注意手握部位不得超过护环。

⑥用回转式高压验电器时,指示器的金属触头应逐渐靠近被测设备(或导线),一旦指示器叶片开始正常回转,则说明该设备有电,应随即离开被测设备。叶片不能长期回转,以保证验电器的使用寿命。当电缆或电容上存在残余电荷电压时,指示器叶片会短时缓慢转几圈,而后自行停转,因此它可以准确鉴别设备是否停电。

⑦对线路的验电应逐相进行,对联络用的断路器或隔离开关或其他检修设备验电时,应在其进出线两侧各相分别验电。对同杆塔架设的多层电力线路进行验电时,先验低压、后验高压,先验下层、后验上层。

⑧在电容器组上验电应待其放电完毕后再进行。

⑨每次使用完毕,在收缩绝缘棒及取下回转指示器放入包装袋之前,应将表面尘埃擦拭干净,并存放在干燥通风的地方,以免受潮。回转指示器应妥善保管,不得强烈振动或冲击,也不准擅自调整拆装。

⑩为保证使用安全,验电器应每半年进行一次预防性电气试验。验电器应定期做绝缘耐压试验、起动试验。潮湿地方三个月,干燥地方半年。如发现该产品不可靠应停止使用。

(4)试电笔。

试电笔又称测电笔,简称"电笔"。是一种电工工具,用来测试电线中是否带电,它是用来检验对地电压在250V及以下的低压电气设备用的。

螺丝刀式试电笔:形状为一字螺丝刀,可以兼职试电笔和一字螺丝刀用。如图7-5所示。

图7-5 螺丝刀式试电笔

感应式试电笔:采用感应式测试,无须物理接触,可检查控制线、导体和插座上的电压或沿导线检查断路位置。能极大保障维护人员的人身安全。

试电笔一般由笔尖金属体、电阻、氖管、笔筒(小窗)、弹簧和笔尾的金属体组成。当试电笔测试带电体时,只要带电体、电笔和人体、大地构成通路,并且带电体与大地之间的电位差超过一定数值(例如60V),试电笔之中的氖管就会发光(其电位不论是交流还是直流),这就告诉人们,被测物体带电,并且超过了一定的电压强度。

使用试电笔时,人手接触电笔的部位一定在试电笔顶端的金属,而绝对不是试电笔前端的金属探头。使用试电笔要使氖管小窗背光,以便看清它测出带电体带电时发出的红光。笔握好以后,一般用大拇指和食指触摸顶端金属,用笔尖去接触测试点,并同时观察氖管是否发光。如果试电笔氖管发光微弱,切不可就断定带电体电压不够高,也许是试电笔或带电体测试点有污垢,也可能测试的是带电体的地线,这时必须擦干净测电笔或者重新选测试点。反复测试后,氖管仍然不亮或者微亮,才能最后确定测试体确实不带电。

试电笔的使用方法极为重要,用错误的握笔方法去测试带电体,会造成触电事故,因此必须特别留心。

2. 辅助绝缘安全用具

辅助绝缘安全用具绝缘强度较低,不能长时间承受电气设备运行电压,不可直接接触电源。高压作业采用绝缘靴、手套和绝缘垫、绝缘台等配合基本绝缘安全用具工作,加强其保护作用。在低压带电设备上,绝缘靴、手套和绝缘垫、绝缘台等可作为基本绝缘安全用具使用。

1) 绝缘手套

绝缘手套如图7-6所示,在低压操作中是基本安全用具,但在高压操作中只能作为辅助安全用具使用。使用前要进行外观检查。戴绝缘手套的长度至少应超过手腕10cm,要戴到外衣衣袖的外面。严禁用医疗或化学用的手套代替绝缘手套使用,并要按规定做电气试验,试验项目见表7-2。

a) 绝缘手套　　　　b) 绝缘鞋

图7-6　绝缘手套及绝缘鞋

2) 绝缘鞋、靴

防止跨步电压所用的绝缘鞋如图7-6所示。普通的或医疗的、化学的胶靴不能代替绝缘靴使用,并应将绝缘靴放在专用的柜子里,温度一般在5～20℃,湿度在50%～70%较合适。使用前要进行外观检查,并要定期进行电气试验,试验要求见表7-2。

3) 绝缘垫、绝缘站台

绝缘垫是一种辅助安全用具,用橡胶制成,铺在配电装置的地面上,以便在进行操作时增强人员的对地绝缘,防止接触电压与跨步电压对人体的伤害,如图7-7所示。绝缘垫厚度不应小于5mm,若有破损应禁止使用。要按表7-2的要求做电气试验。绝缘地毯铺设在高、低压开关柜前。

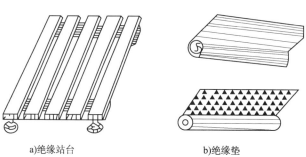

a) 绝缘站台　　　　b) 绝缘垫

图7-7　绝缘站台绝缘垫

绝缘站台用于室内外一切电气设备,如图7-7所示。绝缘站台用干燥坚固的方木条制作,间距小于25mm,四角用瓷瓶作为支撑物,从地面到方木条底面的距离不应小于10cm。绝缘台要放在干燥的地方,经常保持清洁,一旦发现木条松脱或瓷瓶破裂,应立即停止使用。绝缘台要求做电气试验,内容见表7-2。

4) 遮栏

遮栏分为固定遮栏和临时遮栏两种,其作用是把带电体同外界隔离开来。装设遮栏应牢固,并悬挂各种不同的警告标示牌,遮栏高度不应低于1.7m,如图7-8所示。

a) 遮栏　　　　b) 安全帽

图7-8　遮栏及安全帽

5) 安全帽

作为保护使用者头部免受外来伤害的个人防护用具。在使用时要注意帽壳完整无裂纹或损伤,无明显变形;帽衬组件(包括帽箍、顶衬、后箍、下颚带等)齐全、牢固;帽舌伸出长度为10~50mm,倾斜度为30°~60°;永久性标志清楚,如图7-8所示。

6) 临时接地线

临时接地线如图7-9所示。用以防止相邻高压线路或设备对停电线路或设备产生感应电压对人体造成危害,或停电检修设备或线路可能产生感应电压对人体造成的危害。应将停电检修线路或设备的有关部位用接地线临时接地。

在停电后的设备上作业时,应用接地线将设备上的剩余电荷用临时接地线放掉,也就是放电。

使用临时接地线前,应检查地线的完好性及卡子接触的可靠性,同时准备绝缘杆。

在架空线路或设备上挂临时接地线时,应确定是否已经停电,方可挂临时接地线。

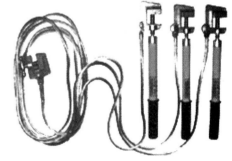

图7-9　临时接地线

临时接地线用完后必须拆除,并经验证后,方可送电。

在使用时要注意挂接地线时要先将接地端接好,然后再将接地线挂在导线上,拆接地线的顺序与此相反。还应检查接地铜线和三根短接铜线的连接是否牢固,一般应由螺栓紧固后,再加焊锡焊牢,以防因接触不良而熔断。装设接地线必须由两人进行,装拆接地线均应使用绝缘棒和戴绝缘手套。

(二) 登高安全用具

登高作业安全用具包括梯子、高凳、安全腰带、脚扣、登高板等用具。登高安全用具试验标准见表7-3。

登高安全工具试验标准表　　　　　　　表7-3

名　称	试验静拉力(N)	试验周期	外表检查周期	试验时间(min)
安全带大皮带 小皮带	2205 1470	半年一次	每月一次	5
安全绳	2205	半年一次	每月一次	5
升降板	2205	半年一次	每月一次	5
脚扣	980	半年一次	每月一次	5
竹(木梯)	试验荷重 1765N(180kg)	半年一次	每月一次	5

1. 梯子和高凳

梯子和高凳可用木材制作,也可用竹料制作,但不应用金属材料制作,如图7-10所示。梯子和高凳应坚固可靠,应能承受工作人员及其所携带工具的总质量。梯子分人字梯和靠梯两种。为了防滑,在光滑坚硬的地面上使用的梯子的梯脚应加橡胶套或橡胶垫。在泥土地面上使用的梯子的梯脚应加铁尖。在梯子上工作时,梯顶一般不应低于工作人员的腰部,或者说工作人员应站在距离梯顶不小于1m的踏板上工作。切忌站在梯子或高凳最高处或最上面一二级踏板上工作。

a)梯子　　　　　　b)高凳

图7-10　梯子及高凳

使用梯子登高时,登高前,应检查梯子是否有虫蛀、折裂等现象,两脚是否绑扎有防滑材料,人字梯中间有无绑扎安全绳。放置直梯时,为防止其翻倒,梯脚与墙之间距离不应少于梯长的1/4;为防止滑落,其间距离又不应大于梯长的1/2;梯子的倾向为60°～75°;梯子的安放应与带电部分保持安全距离;扶梯人应戴好安全帽;梯子不准放置在箱子或桶等不稳固的物体上。

在梯子上作业时,身体要站稳,动作要轻松自然,不要来回晃动;在人字梯上作业时,切不可采取骑马式的方式站立,以防人字梯两脚自动分开时,造成严重工伤事故,应采用一脚跨过一档用脚勾住下一档。

2.脚扣和安全腰带

1）脚扣

脚扣是登杆用具,其主要部分用钢材制成,如图 7-11 所示。木杆用脚扣的半圆环和根部均有凸起的小齿,以刺入木杆起防滑作用。水泥杆用脚扣的半圆环和根部装有橡胶套或橡胶垫起防滑作用。脚扣有大小号之分,以适应电杆粗细不同之需要。登高板也是登杆用具,主要由坚硬的木板和结实的绳子组成。

（1）脚扣使用步骤和要领。

①登杆前对脚扣进行冲击试验,试验时根据杆根的直径,调整好合适的脚扣节距,使脚扣能牢固地扣住电杆,以防止下滑或脱落到杆下,先登一步电杆,然后使整个人体重力以冲击的速度加在一只脚扣上,若无问题再试另一只脚扣。当试验证明两只脚扣都完好时方可进行登杆作业。

②根据杆根的直径,调整好合适的脚扣节距,使脚扣能牢固地扣住电杆,以防止下滑或脱落到杆下。两手扶杆,用一只脚扣稳稳地扣住电杆,另一只脚扣准备提升,若左脚向上跨时,则左手应同时向上扶住电杆,接着右脚向上跨扣,踩稳,右手应同时向上扶住电杆,这时再提起左脚向上攀登。

③两只脚交替上升,步子不宜过大,并注意防止两只脚扣互碰。身体上身前倾,臀部后坐,双手扶住围杆带切,忌搂抱电杆。等到一定高度适当收缩脚扣节距,使其适合变细的杆径。快到顶时,要防止横担碰头,待双手快到杆顶时要选择好合适的工作位置,系好安全带下杆时,要手脚配合向下移动身体,动作与登杆时相反。

④脚扣节距调整要领:若调节左脚脚扣时,右脚踩稳,左脚脚扣从杆上拿出来并抬起,左手扶住电杆,右手绕过电杆抓住左脚脚扣上半部拉出或推进到合适的位置,来达到调节的目的,若调节右脚则程序正好相反。

⑤杆上作业时,经常要向两侧探身,应注意使受力的一只脚站稳。同时腰带一定要绷紧受力,正确的操作方法是:向左侧探身作业时应左脚在下,右脚在上;向右侧探身作业时应右脚在下,左脚在上。操作时人身体的质量都集中在下面的一只脚上,上面的一只脚只起辅助作用,但也一定要扣好,防止脚扣松弛后掉下打到下面的脚扣。

⑥下杆方法基本是上杆动作的重复,只是方向相反。

（2）使用脚扣登高注意事项。

①使用脚扣登高前,应仔细检查脚扣各部分有无断裂、腐朽现象,脚扣皮带是否牢固可靠(如若损坏,不得以绳子或电线代替),并应对脚扣进行人体载荷冲击试验。

②使用脚扣登杆时,一定要按电杆的规格选择大小合适的脚扣;水泥杆脚扣可用于木杆,但反之不行;上、下杆的每一步,必须使脚扣环完全套入,并可靠地扣住电杆方可移动身体;为保证杆上作业时人体的平稳,两只脚扣应定位。

2）安全腰带

安全腰带是防止坠落的安全用具。安全腰带用皮革、帆布或化纤材料制成,如图 7-11 所示。安全腰带有两根带子,小的系在腰部偏下作束紧用,大的系在电杆或其地牢固的构件上起防止坠落的作用。安全腰带的宽度不应小于 60mm。绕电杆带的单根拉力不应低于 2250N。用在电杆上、户外架构上进行高空作业时,用于预防高空坠落,保证作业人员的安全。不用时挂在通风处,不要放在高温处或挂在热力管道上,以免损坏。

a)脚扣

b)安全腰带

图 7-11　脚扣安全腰带

3. 升降板

升降板如图 7-12 所示。是用来攀登电杆的安全用具。

图 7-12　升降板及安装

(1) 升降板使用注意事项。

①使用前,一定要检查有无合格证,是否按规定周期进行试验,是否在检验周期以内。踏板有无开裂或腐蚀,绳索有无腐蚀或断股现象,绳索同脚踏板固定是否牢固,金属钩有无损伤及变形。若发现应及时更换处理。

②使用时必须正钩,即钩朝外。切勿反钩,以免造成脱钩事故。

③登杆前应先挂好踏板,用人体作冲击荷载试验,以检验踏板的可靠性。

④严禁将绳索打结后使用。

(2) 升降板上杆方法。

①先把一块升降板钩挂在电杆上,高度以操作者能跨上为准,另一块反挂在肩上。

②用右手握住挂钩端双根棕绳,并用大拇指顶住挂钩,左手握住左边贴近木板的单根棕绳,把右脚跨上踏板,然后右手用力使人体上升,待重心转到右脚,左手即向上扶住电杆。

③当人体上升到一定高度时,松开右手并向上扶住电杆使人体站直,将左脚绕过左边单根棕绳踏入木板内。

④站稳后,在单杆上方挂另一块升降板,然后右手紧握上一块升降板的双根棕绳,并用大拇指顶住挂钩,左手握住左边贴近木板的单根棕绳,把左脚从下面升降板左边的单根棕绳内绕出,改成站在下升降板正面,接着将右脚跨上上面升降板,手脚同时用力,使人体上升。

⑤当人体左脚离开下面升降板后,需要将下面的踏板解下,此时左脚必须抵在下面升降板挂钩的下面,然后用左手将下面升降板挂钩摘下,向上站起。以后重复上述各步骤进行攀登,直至所需高度。

(3) 升降杆下杆方法。

①人体站稳在所使用的升降板上(左脚绕过左边棕绳踏在踏板上);弯腰把另一块升降

板挂在下方电杆上,然后右手紧握升降板挂钩处两根棕绳,并用大拇指抵住挂钩,左脚抵住电杆下伸,随即用左手握住下面升降板的挂钩处,人体也随左脚的下落而下降,同时把下升降板降到适当位置,将左脚插入下升降板二棕绳间并抵住电杆。

②接着,将左手握住上升降板的左端棕绳,同时左脚用力抵住电杆,以防止升降板滑下和人体摇晃。

③双手紧握上升降板的两根棕绳,左脚抵住电杆不动,人体逐渐下降,双手也随人体下降而下移握紧棕绳的位置,直至贴近两端木板。

④人体向后仰,同时右脚从上升降板退下,使人体不断下降,直至右脚踏到下升降板。

⑤把左脚从下踏板两根棕绳内抽出,人体贴近电杆站稳,左脚下移并绕过左边棕绳踏到下升降板上。

⑥以后各步骤重复进行,直至人体双脚着地为止。

4. 高处作业安全及注意事项

(1) 凡在离地面(坠落高度基准面)2m及以上的地点进行的工作,都应视做高处作业。

(2) 高处作业时,安全带(绳)应挂在牢固的构件上或专为挂安全带用的钢架或钢丝绳上,并不得低挂高用,禁止系挂在移动或不牢固的物件上,如避雷器、断路器(开关)、隔离开关(刀闸)、互感器等支持不牢固的物件。系安全带后应检查扣环是否扣牢。

(3) 上杆塔作业前,应先检查根部、基础和拉线是否牢固。新立电杆在杆基未完全牢固或做好临时拉线前,严禁攀登。遇有冲刷、起土、上拔或导地线、拉线松动的电杆,应先培土加固,打好临时拉线或支好杆架后,再行登杆。

(4) 登杆塔前,应先检查登高工具和设施,如脚扣、升降板、安全带、梯子和脚钉、爬梯、防坠装置等是否完整牢靠。禁止携带器材登杆或在杆塔上移位。严禁利用绳索、拉线上下杆塔或顺杆下滑。上横担进行工作前,应检查横担连接是否牢固和腐蚀情况,检查时安全带(绳)应系在主杆或牢固的构件上。

(5) 在杆塔高空作业时,应使用有后备绳的双保险安全带,安全带和保护绳应分挂在杆塔不同部位的牢固构件上,应防止安全带从杆顶脱出或被锋利物损坏。人员在转位时,手扶的构件应牢固,且不得失去后备保护绳的保护。

(三) 安全标志

1. 安全色

安全色是表达安全信息含义的颜色,表示禁止、警告、指令、提示等。国家规定的安全色有红、蓝、黄、绿四种颜色。红色表示禁止、停止;蓝色表示指令、必须遵守的规定;黄色表示警告、注意;绿色表示指示、安全状态、通行。

为使安全色更加醒目的反衬色称为对比色。国家规定的对比色是黑白两种颜色。

安全色与其对应的是:红—白、黄—黑、蓝—白、绿—白。

黑色用于安全标志的文字、图形符号和警告标志的几何图形。白色作为安全标志红、蓝、绿色的背景色,也可用于安全标志的文字和图形符号。

在电气上用黄、绿、红三色分别代表L1、L2、L3三个相序;涂成红色的电器外壳是表示其外壳有电;灰色的电器外壳是表示其外壳接地或接零;线路上蓝色代表工作零线;明敷接地扁钢或圆钢涂黑色。用黄绿双色绝缘导线代表保护零线。直流电中红色代表正极,蓝色代表负极,信号和警告回路用白色。

2. 安全标志

安全标志是提醒人员注意或按标志上注明的要求去执行,保障人身和设施安全的重要措施。安全标志一般设置在光线充足、醒目、稍高于视线的地方,图7-13所示为常见电力安全标志。

图7-13 常见电力安全标志

对于隐蔽工程(如埋地电缆)在地面上要有标志桩或依靠永久性建筑挂标志牌,注明工程位置。对于容易被人忽视的电气部位,如封闭的架线槽、设备上的电气盒,要用红漆画上电气箭头。另外在电气工作中还常用标志牌,以提醒工作人员不得接近带电部分、不得随意改变刀闸的位置等。安全操作要点标示牌内容正确悬挂地点无误;遮栏牢固可靠;严禁工作人员和非工作人员移动遮栏或取下标示牌。移动使用的标志牌要用硬质绝缘材料制成,上面有明显标志,均应根据规定使用。其有关资料见表7-4。

标示牌的资料　　　　　　　表7-4

名　称	悬挂位置	尺寸(mm)	底　色	字　色
禁止合闸 有人工作	一经合闸即可送电到施工设备的开关和刀闸操作手柄上	200×100 80×50	白底	红字
禁止合闸 线路有人工作	一经合闸即可送电到施工设备的开关和刀闸操作手柄上	200×100 80×50	红底	白字
在此工作	室内和室外工作地点或施工设备上	250×250	绿底、中间有直径210mm的白圆圈	黑字,位于白圆圈中
止步 高压危险	(1)工作地点临近带电设备的遮栏上; (2)室外工作地点附近带电设备的构架横梁上; (3)禁止通行的过道上,高压试验地点	250×200	白底红边	黑色字,有红箭头

续上表

名称	悬挂位置	尺寸(mm)	底色	字色
从此上下	工作人员上下的铁架梯子上	250×250	绿底中间有直径210mm的白圆圈	黑字,位于白圆圈中
禁止攀登高压危险	工作临近可能上下的铁架上	250×200	白底红边	黑字
已接地	看不到接地线的工作设备上	200×100	绿底	黑字

二、任务实施

1. 准备工作

(1) 6人一组进行分组。

(2) 每组一套工具:绝缘棒、绝缘夹钳、绝缘台、验电器、临时接地线、登高用具各一份。

(3) 每组:电气试验台一套。

2. 技术要求与注意事项

按上述规范检验安全用品并正确使用安全用品,指导老师检查。

3. 操作步骤

(1) 组长带领每位同学测试绝缘棒的性能并使用。

(2) 组长带领每位同学测试绝缘夹钳的性能并使用。

(3) 组长带领每位同学测试验电笔的性能并使用。

(4) 组长带领每位同学测试绝缘手套的性能并使用。

(5) 组长带领每位同学测试绝缘鞋的性能并使用。

(6) 组长带领每位同学测试练习使用临时接地线。

(7) 组长带领每位同学测试绝缘绳的性能并使用。

(8) 每位同学练习脚扣的使用。

(9) 每位同学练习安全腰带的使用。

三、技能考核标准

技能考核标准见表7-5。

技能考核标准　　　　　　　　　　　　表7-5

序号	项目	操作内容	规定分	评分标准	得分
1	绝缘棒	性能测试规范使用	10分	(1) 不按流程测试每项扣2分; (2) 测试过程不使用其他安全用具每项扣2分; (3) 接触金属部分等不安全操作每次扣5分	
2	绝缘夹钳	性能测试规范使用	10分	(1) 不按流程测试每项扣2分; (2) 测试过程不使用其他安全用具每项扣2分; (3) 接触金属部分等不安全操作每次扣5分	

续上表

序号	项目	操作内容	规定分	评分标准	得分
3	验电笔	性能测试规范使用	10 分	(1) 不按流程测试每项扣 2 分; (2) 测试过程不使用其他安全用具每项扣 2 分; (3) 接触金属部分等不安全操作每次扣 5 分	
4	绝缘手套	性能测试规范使用	10 分	(1) 不按流程测试每项扣 2 分; (2) 测试过程不使用其他安全用具每项扣 2 分	
5	绝缘鞋	性能测试规范使用	10 分	(1) 不按流程测试每项扣 2 分; (2) 测试过程不使用其他安全用具每项扣 2 分	
6	临时接地线	规范使用	20 分	(1) 使用顺序错误每项扣 2 分; (2) 其他安全隐患每项扣 5 分	
7	登高项目	脚扣、升降板和安全腰带的使用	30 分	(1) 不按操作流程每项扣 3 分; (2) 其他安全隐患每项扣 5 分	
	总分		100 分		

四、思考与练习

(一) 填空题

1. 绝缘杆应定期进行_____,_____。

2. 绝缘夹钳在使用及保存时需要注意,使用时绝缘夹钳不允许装接_____;在潮湿天气只能使用专用的_____绝缘夹钳;绝缘夹钳应保存在特制的箱子内,以防受潮;绝缘夹钳应定期进行_____。

3. 验电器是测试_____的一种安全用具。使用时应注意:验电时必须选用_____合适而且合格的验电器,并在电源和设备_____两侧各相分别验电。

4. 按规定高压验电器每年必须进行_____次检验。

5. 绝缘夹钳主要是用于拆卸_____电力系统中的高压熔断器等项工作。

6. 绝缘手套和绝缘靴在低压操作中用作_____,在高压操作中,只能作为_____使用。

(二) 单项选择题

1. 下列不属绝缘安全用具的是( )。
   A. 绝缘夹钳　　　B. 绝缘手套　　　C. 接地极　　　D. 试电笔

2. 验电笔应按规定进行定期检查与试验,每( )试验一次。
   A. 三个月　　　B. 六个月　　　C. 九个月　　　D. 一年

3. 绝缘手套应按规定进行定期检查与试验,每( )试验一次。
   A. 三个月　　　B. 六个月　　　C. 九个月　　　D. 一年

4. 绝缘夹钳应按规定进行定期检查与试验,每(　　)检查一次。
   A. 三个月　　　B. 六个月　　　C. 九个月　　　D. 一年
5. 装设接地线必须由(　　)进行。
   A. 两个人　　　B. 一个人　　　C. A 或 B　　　D. 安全员
6. 临时接地线的装接顺序是(　　),且必须接触良好。
   A. 先接接地端,后接导体端　　　　B. 先接导体端,后接接地端
   C. 不分先后　　　　　　　　　　　D. 不清楚
7. 表示禁止标志,禁止通行的颜色是(　　)。
   A. 红色　　　　B. 黄色　　　　C. 绿色　　　　D. 蓝色
8. 表示警告标志,警戒标志,当心触电的颜色是(　　)。
   A. 红色　　　　B. 黄色　　　　C. 绿色　　　　D. 蓝色
9. 在变配电系统中用母线涂色来分辨相位,规定用(　　)三色分别代表 L1、L2、L3 三个相序。
   A. 黄、绿、红　　B. 黄、红、绿　　C. 绿、黄、红　　D. 绿、红、黄
10. 下列(　　)两种是电气操作中使用的基本安全用具。
    A. 绝缘手套、验电器　　　　　B. 绝缘鞋、绝缘站台
    C. 验电器、绝缘夹钳　　　　　D. 万用表、电流表
11. 在室外高压设备上工作,应在工作地点四周用绳子做好围栏,在围栏上悬挂(　　)。
    A. 禁止通行　　　　　　　　　B. 在此工作
    C. 止步,高压危险　　　　　　D. 禁止合闸,线路有人工作
12. (　　)是用来防止工作人员直接电击的安全用具。
    A. 绝缘安全用具　　　　　　　B. 一般防护安全用具
    C. 辅助安全用具　　　　　　　D. 劳动防护用品
13. 常用高压设备的基本绝缘安全用具有绝缘棒、绝缘夹钳和(　　)等。
    A. 绝缘靴　　　B. 绝缘手套　　C. 安全帽　　　D. 高压验电器

(三)判断题
1. 高压设备的基本绝缘安全用具有绝缘杆、绝缘手套、绝缘夹钳、高压试电笔等。
                                                                    (　　)
2. 在使用安全用具时,应对安全用具进行详细检查。   (　　)
3. 绝缘鞋和绝缘靴都属于低压基本安全用具。   (　　)
4. 高压验电必须戴绝缘手套,户外验电还必须穿绝缘靴。   (　　)
5. 经鉴定合格,运行良好的带电显示器可作为线路有电和无电的依据。   (　　)
6. 在设备检修工作中,要求在一经合闸即可送电到施工设备的开关和刀闸操作手柄上悬挂"禁止合闸,有人工作!"的标示牌。   (　　)
7. 用电单位的基本安全用具必须定期检查和试验。   (　　)
8. 高压验电器可以用于低压验电;而低压验电器不能用于高压验电。   (　　)
9. 值班人员在巡视高压设备时,为便于检查,可以小心地移开遮栏。   (　　)
10. 柱上变压器的停电检修操作,为确保安全应当用绝缘杆摘下跌开式熔断器的熔断丝管。
                                                                    (　　)

11. 变配电站部分停电工作时,必须在工作地点或工作设备上悬挂"在此工作"的标示牌。
( )
12. 户外变配电装置检修时,应以红绳作围栏,并挂"止步,高压危险!"标示牌,字应向外。
( )
13. 辅助安全用具的绝缘强度不足以承受电气设备的工作电压。 ( )

(四) 简答题

1. "禁止合闸,有人工作!"的标示牌应挂在什么地方?
2. "禁止合闸,线路有人工作!"的标示牌应挂在什么地方?
3. 室内"止步,高压危险!"标示牌应挂在什么地方?
4. 室外"止步,高压危险!"标示牌应挂在什么地方?

任务 8 电工工具及移动电气设备

学习目标

❖ **知识目标**

1. 能正确说出电工钳、电工刀、各种螺钉旋具、电烙铁等常用电工工具的规格及应用范围;
2. 能正确叙述常用的手持式电动工具的使用要求;
3. 能正确叙述常用的移动电气设备的使用要求。

❖ **能力目标**

能正确使用电工钳、电工刀、各种螺丝旋具、电烙铁、典型手持电动工具及移动电器。

建议课时

4 课时。

任务描述

通过对理论知识的学习,能正确使用电工钳、电工刀、各种螺钉旋具、电烙铁、典型手持电动工具及移动电器。

一、理论知识准备

(一) 常用电工工具

电工工具是电气操作人员必备的基本工具,电工工具的质量好坏,使用正确与否都将影响施工质量和工作效率,影响电工工具的使用寿命和操作人员的安全,因此电气操作人员必须要了解电工常用工具的结构、性能以及正确使用的方法。

常用的电工工具主要有:钢丝钳、尖嘴钳、圆嘴钳、螺钉旋具、电工刀、活扳手、测电笔以及断线钳、紧线钳、搭压钳等。

1. 电工钳

常用的电工钳有钢丝钳、剥线钳和尖嘴钳。

1) 钢丝钳

钢丝钳是一种钳夹和剪切工具,如图 8-1 所示,其用途很多:钳头上的钳口用来弯铰或钳夹导线线头,齿口用来旋转螺母,刀口用来剪切导线或剖切软导线绝缘层,铡口用来铡切较硬的线材。

(1) 钢丝钳分类。钢丝钳有铁柄和绝缘两种,电工常用钢丝钳为绝缘柄。常用的有 150mm、175mm、200mm 及 250mm 等多种规格,可根据内线或外线工种需要进行选用。

(2) 钢丝钳使用注意事项。

图 8-1 钢丝钳

①钢丝钳的绝缘护套耐压一般为 500V,使用时检查手柄的绝缘性能是否良好。绝缘如果损坏,进行带电作业时会发生触电事故。

②带电操作时,手离金属部分的距离应不小于 2cm,以确保人身安全。

③剪切带电导线时,严禁用刀口同时剪切相线和中性线,或同时剪切两根相线,以免发生短路事故。

④钳轴要经常加油,防止生锈。

2) 尖嘴钳

尖嘴钳的头部尖细,如图 8-2 所示。适用在狭小的空间操作。

(1) 分类。尖嘴钳也有铁柄和绝缘柄两种,绝缘柄的耐压为 500V。

(2) 主要用途。

①带有刃口的尖嘴钳能剪切细小金属丝。

图 8-2 尖嘴钳

②尖嘴钳能夹持较小的螺钉、垫圈、导线等元件。

③可将单股导线接头弯圈、剖削塑料电线绝缘层,也可用来带电操作低压电气设备。

④尖嘴钳使用灵活方便,适用于电气仪器制作或维修操作,又可以作为家庭日常修理工具。

(3) 使用尖嘴钳注意事项。

①绝缘手柄损坏时,不可用来剪切带电电线。

②为保证安全,手离金属部分的距离应不小于 2cm。

③钳头比较尖细,且经过热处理,所以钳夹物体不可过大,用力时不要过猛,以防损坏钳头。

④注意防潮,钳轴要经常加油,以防止生锈。

3) 剥线钳

剥线钳是用来剥除截面积为 $6mm^2$ 以下的塑料或橡胶绝缘导线的绝缘层的专用工具,它由钳头和钳柄两部分组成,如图 8-3 所示。钳头部分由压线口和切口构成,分为 0.5~3mm 的多个直径切口,用于剥削不同规格的芯线。

图 8-3 剥线钳

使用剥线钳时,把待剥导线线端放入相应的切口中,导线的绝缘层即被剥落并自动弹出。

使用剥线钳注意事项:

(1)选择的切口直径必须大于线芯直径,即电线必须放在大于其线芯直径的切口上切剥,不能用小切口剥大直径导线,以免切伤芯线。

(2)剥线钳不能当钢丝钳使用,以免损坏切口。

(3)带电操作时,要首先检查柄部绝缘是否良好,以防止触电。

2. 螺钉旋具

螺钉旋具又称螺丝刀、起子、改锥等,如图8-4所示。是电工最常用的基本工具之一,用来拆卸、紧固螺钉。由刀头和柄组成。

图8-4 螺丝刀

螺丝刀按其性质分有非磁性材料和磁性材料两种;按握柄材料分有木柄、塑柄和胶柄三种;按不同的头型可以分为一字、十字、米字、星型(电脑)、方头、六角头、Y型头部等,其中一字和十字是我们生活中最常用的,分别用于旋动头部为横槽或十字形槽的螺钉。一字形螺丝刀的规格是指金属杆的长度,常用的有50mm、75mm、100mm、150mm和200mm等规格。十字形螺丝刀有Ⅰ、Ⅱ、Ⅲ和Ⅳ四种规格,Ⅰ号适用于螺钉直径为2~2.5mm;Ⅱ号适用于螺钉直径为3~5mm;Ⅲ号适用于螺钉直径为6~8mm;Ⅳ号适用于螺钉直径为10~12mm。

使用时,手紧握柄,用力顶住,使刀紧压在螺钉上,以顺时针的方向旋转为上紧,逆时针为旋松,如图8-5、图8-6所示。穿心柄式螺丝刀,可在尾部敲击,但禁止用于有电的场合。

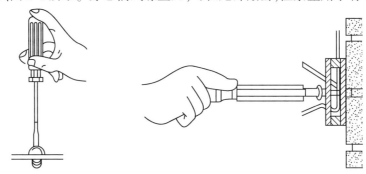

图8-5 小螺丝刀的使用　　图8-6 大螺丝刀的使用

使用螺丝刀的注意事项:

(1)螺丝刀拆卸和紧固带电的螺钉时,手不得触及螺丝刀的金属杆,以免发生触电事故。

(2)为了避免金属杆触及手部或触及邻近带电体,应在金属杆上套上绝缘管。

(3)使用螺丝刀时,应按螺钉的规格选用适合的刃口,以小代大或以大代小均会损坏螺钉或电气元件。

(4)为了保护其刃口及绝缘柄,不要把它当錾子使用。木柄螺丝刀不要受潮,以免带电作业时发生触电事故。

(5)螺丝刀紧固螺钉时,应根据螺钉的大小、长短采用合理的操作方法,短小螺钉可用大拇指和中指夹住握柄,用食指顶住柄的末端捻旋。较大螺钉,使用时除大拇指和中指要夹住握柄外,手掌还要顶住柄的末端,这样可防止旋转时滑脱。较长螺丝刀的使用:可用右手压紧并转动手柄,左手握住螺丝刀具中间部分,以使螺钉刀不滑落,此时左手不得放在螺钉的周围,以免螺钉刀滑出时将手划伤。

3. 电工刀

电工刀是用来剖削导线绝缘层、切割电工器材、削制木榫的常用电工工具。电工刀按结构分有普通式和三用式两种,如图8-7、图8-8所示。普通式电工刀有大号和小号两种规格;三用式电工刀除刀片外还增加了锯片和锥子,锯片可锯割导线槽板、塑料管和小木桩,锥子可钻木螺钉的定位底孔。普通的电工刀由刀片、刀刃、刀把、刀挂等构成。不用时,把刀片收缩到刀把内。

使用电工刀时,应将刀口朝外,一般是左手持导线,右手握刀柄,如图8-9所示。刀片与导线成较小锐角,否则会割伤导线,如图8-10所示;电工刀刀柄是不绝缘的,不能在带电导线上进行操作,以免发生触电事故。

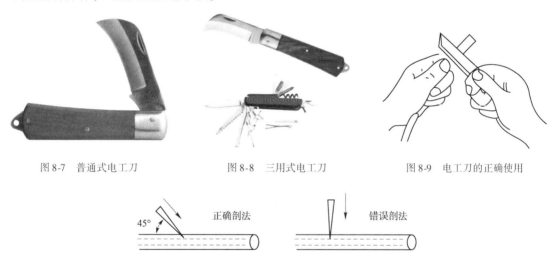

图8-7　普通式电工刀　　　图8-8　三用式电工刀　　　图8-9　电工刀的正确使用

图8-10　电工刀与导线的角度

用电工刀剖削导线绝缘层时,可把刀略微翘起一些,用刀刃的圆角抵住线芯。切忌把刀刃垂直对着导线切割绝缘层,因为这样容易割伤导线线芯。

导线接头之前应把导线上的绝缘剥除。用电工刀切剥时,刀口千万别伤着芯线。常用的剥削方法有阶段剥落和斜削法剥削,电工刀的刀刃部分要磨得锋利才好剥削导线。但不可太锋利,太锋利容易削伤线芯,磨得太钝,则无法剥削绝缘层。

磨刀刃一般采用磨刀石或油磨石,磨好后再把底部磨点倒角,即刃口略微圆一些。对双芯护套线的外层绝缘的剥削,可以用刀刃对准两芯线的中间部位,把导线一剖为二。

圆木与木槽板或塑料槽板的吻接凹槽,可采用电工刀在施工现场切削。通常用左手托住圆木,右手持刀切削。

利用电工刀同时还可以削制木榫、竹榫等。

多功能电工刀的锯片,可用来锯割木条、竹条,制作木榫、竹榫。多功能电工刀除了刀片外,还有锯片、锥子、扩孔锥等。在硬杂木上拧螺钉很费劲时,可先用多功能电工刀上的锥子锥个洞,这时拧螺钉便省力多了。圆木上需要钻穿线孔,可先用锥子钻出小孔,然后用扩孔锥将小孔扩大,以利较粗的导线穿过,这是又一种多功能电工刀的功用。多功能电工刀除了刀片以外,有的还带有尺子、锯子、剪子和开啤酒瓶盖的开瓶扳手等工具。

4. 电烙铁

电烙铁是电子制作和电器维修的必备工具,如图8-11所示。主要用途是焊接元件及导线,按机械结构可分为内热式电烙铁和外热式电烙铁,按功能可分为无吸锡电烙铁和吸锡式电烙铁,根据功率不同又分为大功率电烙铁和小功率电烙铁。

电烙铁是用来焊接电器元件的,为方便使用,通常用"焊锡丝"作为焊剂,焊锡丝内一般都含有助焊的松香。焊锡丝使用约60%的锡和40%的铅合成,熔点较低。市面上有一种焊锡膏(又称焊油),是一种带有腐蚀性的东西,是用在工业上的,不适合电子制作使用。还有市面上的松香水,并不是这里用的松香溶液。

图8-11 电烙铁

1) 常用电烙铁

(1) 外热式电烙铁。

由烙铁头、烙铁芯、外壳、木柄、电源引线、插头等部分组成。由于烙铁头安装在烙铁芯里面,故称为外热式电烙铁。烙铁芯是电烙铁的关键部件,它是将电热丝平行地绕制在一根空心瓷管上构成,中间的云母片绝缘,并引出两根导线与220V交流电源连接。外热式电烙铁的规格很多,常用的有25W、45W、75W、100W等,功率越大烙铁头的温度也就越高。

(2) 内热式电烙铁。

由手柄、连接杆、弹簧夹、烙铁芯、烙铁头组成。由于烙铁芯安装在烙铁头里面,因而发热快,热利用率高,因此称为内热式电烙铁。内热式电烙铁的常用规格为20W、50W几种。由于它的热效率高,20W内热式电烙铁就相当于40W左右的外热式电烙铁。内热式电烙铁的后端是空心的,用于套接在连接杆上,并且用弹簧夹固定,当需要更换烙铁头时,必须先将弹簧夹退出,同时用钳子夹住烙铁头的前端,慢慢地拔出,切记不能用力过猛,以免损坏连接杆。

(3) 恒温电烙铁。

由于恒温电烙铁头内装有带磁铁式的温度控制器,控制通电时间而实现温控,即给电烙铁通电时,烙铁的温度上升,当达到预定的温度时,因强磁体传感器达到了居里点而磁性消失,从而使磁芯触点断开,这时便停止向电烙铁供电;当温度低于强磁体传感器的居里点时,强磁体便恢复磁性,并吸动磁芯开关中的永久磁铁,使控制开关的触点接通,继续向电烙铁供电。如此循环往复,便达到了控制温度的目的。

(4) 吸锡电烙铁。

吸锡电烙铁是将活塞式吸锡器与电烙铁融为一体的拆焊工具。它具有使用方便、灵活、适用范围宽等特点。这种吸锡电烙铁的不足之处是每次只能对一个焊点进行拆焊。

2) 电烙铁的选用

电烙铁的种类及规格有很多种,而且被焊工件的大小又有所不同,因而合理地选用电烙铁的功率及种类,对提高焊接质量和效率有直接的关系。

(1) 焊接集成电路、晶体管及受热易损元器件时,应选用20W内热式或25W的外热式电烙铁。

(2) 焊接导线及同轴电缆时,应先用 45~75W 外热式电烙铁,或 50W 内热式电烙铁。

(3) 焊接较大的元器件时,如输出变压器的引线脚、大电解电容器的引线脚、金属底盘接地焊片等,应选用 100W 以上的电烙铁。

(4) 使用可调式的恒温烙铁较好。

3) 电烙铁操作方法及注意事项

电烙铁是捏在手里的,使用时千万注意安全,电烙铁的正确握法如图 8-12~图 8-14 所示。新买的电烙铁先要用万用表电阻挡检查一下插头与金属外壳之间的电阻值,万用表指针应该不动。否则应该彻底检查。

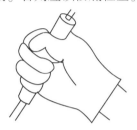  

图 8-12　反握法　　　　　图 8-13　正握法　　　　　图 8-14　握笔法

新的电烙铁在使用前用锉刀锉一下烙铁的尖头,接通电源后等一会儿烙铁头的颜色会变,证明烙铁发热了,然后用焊锡丝放在烙铁尖头上镀上锡,使烙铁不易被氧化。在使用中,应使烙铁头保持清洁,并保证烙铁的尖头上始终有焊锡。

使用烙铁时,烙铁的温度太低则熔化不了焊锡,或者使焊点未完全熔化而呈不好看、不可靠的样子。太高又会使烙铁"烧死"(尽管温度很高,却不能蘸上锡)。另外也要控制好焊接的时间,电烙铁停留的时间太短,焊锡不易完全熔化、接触好,形成"虚焊",而焊接时间太长又容易损坏元器件,或使印制电路板的铜箔翘起。一般 1~2s 要焊好一个焊点,若没完成,宁愿等一会儿再焊一次。焊接时电烙铁不能移动,应该先选好接触焊点的位置,再用烙铁头的搪锡面去接触焊点。使用方法如图 8-15、图 8-16 所示。

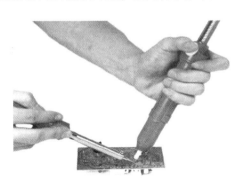 

图 8-15　拆卸元件　　　　　　　　图 8-16　焊接元件

(1) 选用合适的焊锡,应选用焊接电子元件用的低熔点焊锡丝。

(2) 助焊剂,用 25% 的松香溶解在 75% 的酒精(质量比)中作为助焊剂。

(3) 电烙铁使用前要上锡,具体方法是:将电烙铁烧热,待刚刚能熔化焊锡时,涂上助焊剂,再用焊锡均匀地涂在烙铁头上,使烙铁头均匀的吃上一层锡。

(4)焊接方法:把焊盘和元件的引脚用细砂纸打磨干净,涂上助焊剂。用烙铁头蘸取适量焊锡,接触焊点,待焊点上的焊锡全部熔化并浸没元件引线头后,电烙铁头沿着元器件的引脚轻轻往上一提离开焊点。

(5)焊接时间不宜过长,否则容易烫坏元件,必要时可用镊子夹住管脚帮助散热。

(6)焊点应呈正弦波峰形状,表面应光亮圆滑,无锡刺,锡量适中。

(7)焊接完成后,要用酒精把电路板上残余的助焊剂清洗干净,以防炭化后的助焊剂影响电路正常工作。

(8)集成电路应最后焊接,电烙铁要可靠接地,或断电后利用余热焊接。或者使用集成电路专用插座,焊好插座后再把集成电路插上去。

(9)电烙铁应放在烙铁架上。

4)电烙铁温度的设定

(1)温度由实际使用决定,以焊接一个锡点 4s 最为合适。平时观察烙铁头,当其发紫时候,温度设置过高。

(2)一般直插电子料,将烙铁头的实际温度设置为 330~370℃;表面贴装物料(SMC),将烙铁头的实际温度设置为 300~320℃。

(3)特殊物料,需要特别设置烙铁温度。

(4)蜂鸣器上进行焊接要用含银锡丝,温度一般在 270~290℃。

(5)焊接大的组件脚,温度不要超过 380℃,但可以增大烙铁功率。

(二)手持式电动工具

手持式电动工具包括手电钻(图 8-17)、手砂轮(电动砂轮机,如图 8-18 所示)、冲击电钻、电锤、手电锯(电动圆锯,如图 8-19 所示)等。

图 8-17　手电钻　　　　　图 8-18　电动砂轮机　　　　　图 8-19　电动圆锯

1.手持式电动工具分类

1)按触电保护方式分类

按电击防护条件,电气设备分为 0 类、Ⅰ类、Ⅱ类和Ⅲ类设备。

仅靠基本绝缘防护——0 类。

绝缘 + 接地(或接零)——Ⅰ类。

双重(加强)或绝缘——Ⅱ类。

靠安全电压进行保护——Ⅲ类。

(1)Ⅰ类设备都是仅有工作绝缘(基本绝缘)的设备,可以带有Ⅱ类设备或Ⅰ类设备的部件。Ⅰ类设备外壳上没有接地端子,但内部有接地端子,自设备内引出带有保护插头的电源线。Ⅰ类工具的接地接零虽能抑制危险电压,但它的触电保护还是不完善的,此类工具除依靠工具本身的绝缘强度及接地装置的完整外,还依靠使用场所的接地接零系统来保证。

(2)Ⅱ类是带有双重绝缘或加强绝缘的设备,Ⅱ类工具比Ⅰ类工具安全可靠,表现为工具本身除基本绝缘外,还有一层独立的附加绝缘,当基本绝缘损坏时,操作者仍能与带电体隔离,不致触电。

(3)Ⅲ类设备是安全电压的设备,Ⅲ类工具(即42V以下安全电压工具),由于用安全隔离变压器作为独立电源,在使用时,即使外壳漏电,因流过人体的电流很小,一般不会发生触电事故。

2)按防潮程度分类

按防潮程度分为普通工具、防溅工具、水密工具。

2. 合理选用电动工具

(1)在一般场所,为保证使用的安全,应选用Ⅱ类工具,装设漏电保护器、安全隔离变压器等。否则,使用者必须戴绝缘手套,穿绝缘鞋或站在绝缘垫上。

(2)在潮湿的场所或金属构架上等导电性能良好的作业场所,必须使用Ⅱ或Ⅲ类工具。

(3)在锅炉、金属容器、管道等狭窄且导电良好的场所,应使用Ⅲ类工具。若选Ⅱ类工具,必须装设漏电动作电流在15mA以下、动作时间在0.1s以内的漏电保护器且安全变压器、漏电保护器必须放在外面,同时有人在外监护。

(4)在特殊环境如湿热、雨雪以及存在爆炸性或腐蚀性气体的场所,使用的工具必须符合相应防护等级的安全技术要求。

3. 电动工具所用电缆和插座开关选用要求

(1)Ⅰ类电动工具的电源线必须采用三芯(单相工具)或四芯(三相工具),多股铜芯橡皮护套软电缆或护套软线。其中,绿/黄双色线在任何情况下只能作保护接地或接零线。注:原有以黑色线作为保护接地或接零线的软电缆或软线应逐步调换。

(2)防水线、软电缆或软导线及配套的插头不得任意接长或拆换。用完后,不得手提电源线移动电动工具。

(3)电动工具所用的插头、插座必须符合相应的国家标准。带有接地插脚的插头、插座,在插合时应符合规定的接触顺序,防止误插入。

4. 手持电动工具的安全注意事项

(1)辨认铭牌,检查工具或设备的性能是否与使用条件相适应。

(2)检查其防护罩、防护盖、手柄防护装置等有无损伤、变形或松动。

(3)检查电源开关是否失灵、是否破损、是否牢固、接线有无松动。

(4)电源线应采用橡胶绝缘软电缆;单相用三芯电缆、三相用四芯电缆;电缆不得有破损或龟裂、中间不得有接头。

(5)Ⅰ类设备应有良好的接零或接地措施,且保护导体应与工作零线分开;保护零线(或地线)应采用截面积0.75~1.5mm^{2}的多股软铜线,且保护零线(地线)最好与相线、工作零线在同一护套内。

(6)使用Ⅰ类手持电动工具应配合绝缘用具,并根据用电特征安装漏电保护器或采取电气隔离及其他安全措施。

(7)绝缘电阻合格,带电部分与可触及导体之间的绝缘电阻Ⅰ类设备不低于2MΩ、Ⅱ类设备不低于7MΩ。

(8)装设合格的短路保护装置。

(9)Ⅱ类和Ⅲ类手持电动工具修理后不得降低原设计确定的安全技术指标。

(10)用毕及时切断电源,并妥善保管。

上述手持电动工具的使用要求对于一般移动式设备也是适用的。

二、任务实施

1. 准备工作

(1)6人一组进行分组。

(2)每组一套工具:钢丝钳、尖嘴钳、剥线钳、螺丝刀、电工刀、电烙铁各一把。

(3)每组:导线若干、螺钉、松香、元件。

2. 技术要求与注意事项

按上述操作规范切割和剥削导线,指导教师检查合格后进行焊接元件及导线。

3. 操作步骤

(1)每组组长将导线分成6份,发给组内每位同学。

(2)每位同学使用所给工具练习切割和剥削导线。

(3)每位同学使用所给工具拆卸和紧固螺钉。

(4)每位同学练习焊接元件及导线。

三、技能考核标准

技能考核标准见表8-1。

技能考核标准　　　　　　　　　　　表8-1

序号	项目	操作内容	规定分	评分标准	得分
1	切割和剥削导线	切割 剥削	30分	(1)选用工具不当扣3分; (2)剥线头时切到芯线上视情扣1~5分	
2	拆卸和坚固螺钉	拆卸 紧固	30分	(1)选用工具不当扣3分; (2)不按规定拆卸和紧固视情况扣1~5分	
3	焊接元件及导线	焊接	40分	(1)选用工具不当扣3分; (2)不按规定焊接视情况扣1~5分	
	总分		100分		

四、思考与练习

(一)填空题

1._____是一种钳夹和剪切工具,其用途很多:钳头上的_____用来弯铰或钳夹导线线头，_____用来旋转螺母，_____用来剪切导线或剖切软导线绝缘层，_____用来铡切较硬的线材。

2. 钢丝钳有_____和_____两种，电工常用钢丝钳为_____。
3. 使用尖嘴钳注意，为保证安全，手离金属部分的距离应不小于_____。
4. 螺钉旋具又称_____、_____、_____等。是电工最常用的基本工具之一，用来_____螺钉。由刀头和柄组成。
5. 螺丝刀按其性质分有_____和_____两种；按握柄材料分有_____、_____和_____三种。
6. 电工刀是用来_____导线绝缘层，_____电工器材，_____木榫的常用电工工具。电工刀按结构分有_____和_____两种。
7. 普通的电工刀由_____、_____、_____、_____等构成。
8. 电烙铁是电子制作和电器维修的必备工具，主要用途是焊接_____及_____。
9. 按电击防护条件，电气设备分为_____、_____、_____和_____设备。
10. 使用烙铁时，一般_____要焊好一个焊点。

(二) 单项选择题

1. (　　)是一种钳夹和剪切工具，其用途很多：钳头上的钳口用来弯铰或钳夹导线线头，齿口用来旋转螺母，刀口用来剪切导线或剖切软导线绝缘层，铡口用来铡切较硬的线材。
　　A. 钢丝钳　　　　B. 螺丝刀　　　　C. 电工刀　　　　D. 圆嘴钳
2. 不属于常用的电工钳有(　　)。
　　A. 钢丝钳　　　　B. 剥线钳　　　　C. 尖嘴钳　　　　D. 电工刀
3. 不属于折叠使用剥线钳注意事项的是(　　)。
　　A. 选择的切口直径必须大于线芯直径，即导线必须放在大于其线芯直径的切口上切剥，不能用小切口剥大直径导线，以免切伤芯线
　　B. 剥线钳不能当钢丝钳使用，以免损坏切口
　　C. 带电操作时，要首先检查柄部绝缘是否良好，以防止触电
　　D. 剥线钳可以当作任意一种钳子使用
4. 焊接导线及同轴电缆时，应先用45～75W 外热式电烙铁，或(　　)内热式电烙铁。
　　A. 10W　　　　　B. 50W　　　　　C. 80W　　　　　D. 100W
5. 焊接较大的元器件时，如输出变压器的引线脚、大电解电容器的引线脚、金属底盘接地焊片等，应选用(　　)以上的电烙铁。
　　A. 10W　　　　　B. 50W　　　　　C. 80W　　　　　D. 100W
6. 按电击防护条件，电气设备分为0类、Ⅰ类、Ⅱ类和Ⅲ类设备。仅靠基本绝缘防护属于(　　)。
　　A. 0类　　　　　B. Ⅰ类　　　　　C. Ⅱ类　　　　　D. Ⅲ类
7. 使用钢丝钳带电操作时，手离金属部分的距离应不小于(　　)，以确保人身安全。
　　A. 0.2cm　　　　B. 0.5cm　　　　C. 2cm　　　　　D. 5cm
8. 尖嘴钳也有铁柄和绝缘柄两种，绝缘柄的耐压为(　　)。
　　A. 100V　　　　B. 500V　　　　C. 700V　　　　D. 1000V

(三) 判断题

1. 剪切带电导线时,可以用刀口同时剪切相线和中性线,或同时剪切两根相线。(　　)
2. 螺丝旋具使用时,手紧握柄,用力顶住,使刀紧压在螺钉上,以顺时针的方向旋转为上紧,逆时针为旋松。(　　)
3. 使用电工刀时,应将刀口朝外,一般是左手持导线,右手握刀柄。(　　)
4. 用电工刀剖削导线绝缘层时,把刀刃垂直对着导线切割绝缘层。(　　)
5. 多功能电工刀除了刀片以外,有的还带有尺子、锯子、剪子和开啤酒瓶盖的开瓶扳手等工具。(　　)
6. 焊锡丝使用约40%的锡和60%的铅合成,熔点较低。(　　)
7. 由于烙铁头安装在烙铁芯里面,故称为内热式电烙铁。(　　)
8. 使用电烙铁时,选用合适的焊锡,应选用焊接电子元件用的低熔点焊锡丝。(　　)

(四) 简答题

1. 使用钢丝钳注意事项是什么?
2. 手持式电动工具按触电保护方式分类有哪些?

项目三
电工安全技术专业知识

本项目的主要内容为电压电气设备,异步电动机,电气线路,照明设备、电力电容器,分为5个任务:

任务9 常见低压电器

任务10 异步电动机的结构与工作原理

任务11 电气线路

任务12 电气照明及照明设备

任务13 电力电容器

通过5个任务的学习,熟悉低压电气设备的种类、规格、性能,并能正确选用与安装;了解异步电动机的结构与原理,熟悉其故障特点及排除方法,并能正确进行异步电动机的接线与控制;熟悉电气线路的类型、规格及特点,掌握电气线路保护技术,并能正确选用与连接各种导线;熟悉照明设备的种类及特点,能熟练安装与拆卸常用照明设备并排除故障;了解电力电容的特点、种类及作用,并能正确选用、检测、连接电力电容器。

任务 9　常见低压电器

学习目标

❖ **知识目标**

1. 能正确说出常用的低压控制电器的一般要求和种类；
2. 能正确识读常用低压电器及低压配电装置的电气图形符号；
3. 能正确叙述低压配电装置的控制电器、保护电器、二次回路的安全运行技术；
4. 能正确叙述低压带电作业要求；
5. 能正确说出低压电器的选用和接线要求。

❖ **能力目标**

1. 能正确安装低压断路器、热继电器、低压熔断器、漏电保护装置并能正确进行参数调整；
2. 能熟练安装低压配电箱。

建议课时

12课时，其中理论8课时，实训4课时。

任务描述

通过对低压电器的理论学习，掌握各种低压电器的结构特点、作用和使用及操作要点；能对低压电器进行简单维护、辨别及更换。

一、理论知识准备

(一) 电器的种类

电器是接通和断开电路或调节、控制和保护电路及电气设备用的电工器具。完成由控制电器组成的自动控制系统，称为继电器—接触器控制系统，简称电器控制系统。

电器的用途广泛，功能多样，种类繁多，结构各异。下面是几种常用的电器分类。

1. 按工作电压等级分类

1) 高压电器

用于交流电压 1200V、直流电压 1500V 及以上电路中的电器。例如高压断路器、高压隔离开关、高压熔断器等。

2) 低压电器

用于交流 50Hz(或 60Hz)，额定电压为 1200V 以下；直流额定电压 1500V 及以下的电路中的电器。例如接触器、继电器等。

2. 按动作原理分类

1) 手动电器

用手或依靠机械力进行操作的电器，如手动开关、控制按钮、行程开关等主令电器。

2) 自动电器

借助于电磁力或某个物理量的变化自动进行操作的电器,如接触器、各种类型的继电器、电磁阀等。

3. 按用途分类

1) 控制电器

用于各种控制电路和控制系统的电器,例如接触器、继电器、电动机起动器等。

2) 主令电器

用于自动控制系统中发送动作指令的电器,例如按钮、行程开关、万能转换开关等。

3) 保护电器

用于保护电路及用电设备的电器,如熔断器、热继电器、各种保护继电器、避雷器等。

4) 执行电器

指用于完成某种动作或传动功能的电器,如电磁铁、电磁离合器等。

5) 配电电器

用于电能输送和分配的电器,例如高压断路器、隔离开关、刀开关、自动空气开关等。

4. 按工作原理分类

1) 电磁式电器

依据电磁感应原理来工作,如接触器、各种类型的电磁式继电器等。

2) 非电量控制电器

依靠外力或某种非电物理量的变化而动作的电器,如刀开关、行程开关、按钮、速度继电器、温度继电器等。

(二) 常见低压电器的结构、工作原理及用途

常见的低压电器包括开关电器、主令电器、交流接触器、热继电器、低压熔断器、电流继电器、漏电断路器、低压断路器等。

1. 刀开关

刀开关是带有动触头(闸刀),并通过它与底座上的静触头(刀夹座)相契合(或分离),以接通(或分断)电路的一种开关。刀开关又称闸刀开关或隔离开关,它是手控电器中最简单而使用又较广泛的一种低压电器。

1) 刀开关种类和用途

刀开关是一种手动电器,常用的刀开关有 HD 型单投刀开关、HS 型双投刀开关、HR 型熔断器式刀开关、HZ 型组合开关、HK 型闸刀开关、HY 型倒顺开关等,如图 9-1 所示。低压刀开关用于不频繁接通和分断低压供电线路,还可用作隔离电源以保证检修人员的安全使用及小容量笼型异步电动机的直接起动。

图 9-1 常见的刀开关

2)刀开关的基本结构

刀开关主要由操作手柄、触刀、静触座和绝缘底板构成,如图9-2所示。

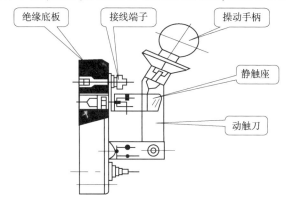

图9-2 刀开关结构简图

(1)HD型单投刀开关。

HD型单投刀开关按极数分为1极、2极、3极几种,其示意图及图形符号如图9-3所示。其中图9-3a)为直接手动操作,图9-3b)为手柄操作,图9-3c)~h)为刀开关的图形符号和文字符号。其中图9-3c)为一般图形符号,图9-3d)为手动符号,图9-3e)为三极单投刀开关符号;当刀开关用作隔离开关时,其图形符号上加有一横杠,如图9-3f)、g)、h)所示。

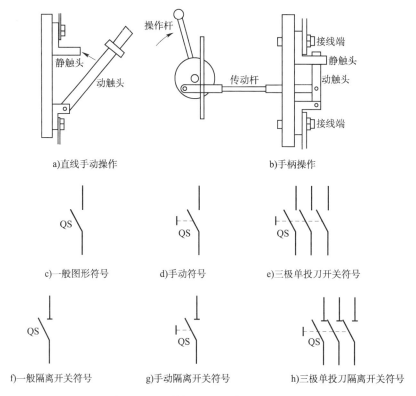

图9-3 HD型单投刀开关示意图及图形符号

单投刀开关的型号含义如图9-4所示。

图 9-4 刀开关型设计代码

设计代号:11——中央手柄式,12——侧方正面杠杆操作机构式,13——中央正面杠杆操作机构式,14——侧面手柄式。

(2) HS 型双投刀开关。

HS 型双投刀开关也称转换开关,其作用和单投刀开关类似,常用于双电源的切换或双供电线路的切换等,其示意图及图形符号如图 9-5 所示。由于双投刀开关具有机械互锁的结构特点,因此可以防止双电源的并联运行和两条供电线路同时供电。

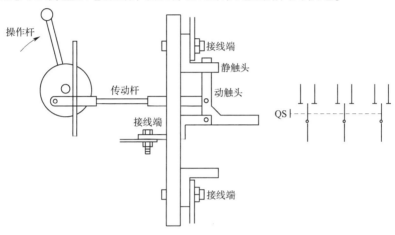

图 9-5 HS 型双投刀开关示意图及图形符号

(3) HR 型熔断器式刀开关。

HR 型熔断器式刀开关也称刀熔开关,它实际上是将刀开关和熔断器组合成一体的电器。刀熔开关操作方便,并简化了供电线路,在供配电线路上应用很广泛,其工作示意图及图形符号如图 9-6 所示。刀熔开关可以切断故障电流,但不能切断正常的工作电流,所以一般应在无正常工作电流的情况下进行操作。

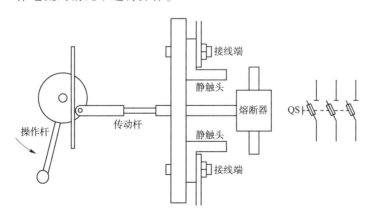

图 9-6 HR 型熔断器式刀开关示意图及图形符号

2. 低压断路器

低压断路器又称自动空气开关。低压断路器是一种既有手动开关作用,又能自动进行失电压、欠电压过载和短路保护的电器。可用来分配电能,不频繁地起动异步电机,对电源线路及电动机等实行保护,当它们发生严重的过载或短路及欠电压等故障时能自动切断电路。

1) 低压断路器的结构

低压断路器主要由3个基本部分组成,即触头、灭弧系统和各种脱扣器,包括过电流脱扣器、失电压(欠电压)脱扣器、热脱扣器、分励脱扣器和自由脱扣器。外形如图9-7所示。

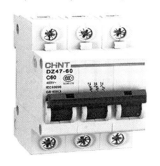

图9-7 低压断路器外观图

2) 低压断路器的工作原理

如图9-8所示,断路器开关是靠操作机构手动或电动合闸的,触头闭合后,自由脱扣机构将触头锁在合闸位置上。当电路发生故障时,通过各自的脱扣器使自由脱扣机构动作,自动跳闸以实现保护作用。分励脱扣器则作为远距离控制分断电路之用。过电流脱扣器用于线路的短路和过电流保护,当线路的电流大于整定的电流值时,过电流脱扣器所产生的电磁力使挂钩脱扣,动触点在弹簧的拉力下迅速断开,实现断路器的跳闸功能。

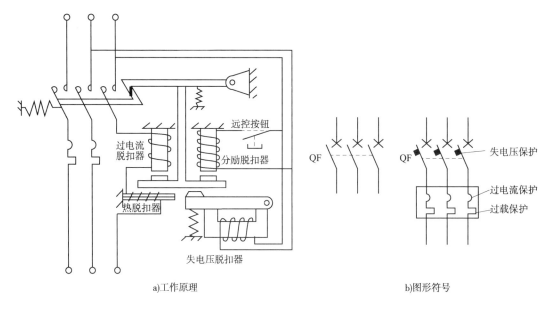

图9-8 断路器工作原理示意图及图形符号

3. 漏电断路器

漏电断路器：电路中漏电电流超过预定值时能自动动作的开关。常用的漏电断路器分为电压型和电流型两类，而电流型又分为电磁型和电子型两种。漏电断路器如图9-9所示。漏电断路器用于防止人身触电，应根据直接接触和间接接触两种触电防护的不同要求来选择。

图9-9　漏电断路器

漏电保护器的主要部件是个磁环感应器，相线和零线采用并列绕法在磁环上缠绕几圈，在磁环上还有个次级线圈。当同一相的相线和零线在正常工作时，电流产生的磁通正好抵消，在次级线圈不会感应出电压。如果某一线有漏电，或未接零线，在磁环中通过的相线和零线的电流就会不平衡，而产生穿过磁环的磁通，在次级线圈中感应出电压，通过电磁铁使脱扣器动作跳闸，如图9-10所示。

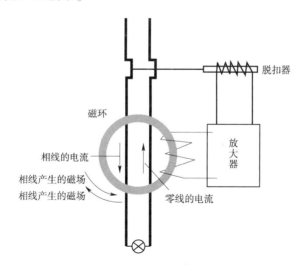

图9-10　漏电断路器原理图

4. 交流接触器

交流接触器广泛用作电力的开断和控制电路。它利用主触点来开闭电路，用辅助触点来执行控制指令。主触点一般只有常开触点，而辅助触点常有两对具有常开和常闭功能的触点，小型的接触器也经常作为中间继电器配合主电路使用。外形如图9-11所示。

图 9-11 交流接触器

1）交流接触器的结构

交流接触器主要由四部分组成。

(1) 电磁系统：电磁机构由线圈、动铁芯（衔铁）和静铁芯组成，其作用是将电磁能转换成机械能，产生电磁吸力带动触点动作。

(2) 触头系统：包括主触点和辅助触点。主触点用于通断主电路，通常为三对动合触点。辅助触点用于控制电路，起电气连锁作用，故又称连锁触点，一般有动合、动断各两对。

(3) 灭弧装置：容量在 10A 以上的接触器都有灭弧装置，对于小容量的接触器，常采用双断口触点灭弧、电动力灭弧、相间弧板隔弧及陶土灭弧罩灭弧。对于大容量的接触器，采用纵缝灭弧罩及栅片灭弧。

(4) 绝缘外壳及附件：包括反作用弹簧、缓冲弹簧、触点压力弹簧、传动机构及外壳等，如图 9-12 所示。

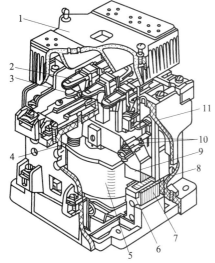

图 9-12 CJ10-20 型交流接触器
1-灭弧罩；2-触点压力弹簧片；3-主触点；4-反作用弹簧；5-线圈；6-短路环；7-静铁芯；8-弹簧；9-动铁芯；10-辅助动合触点；11-辅助动断触点

2）接触器的工作原理

(1) 交流接触器。

电磁式交流接触器的工作原理：线圈通电后，在铁芯中产生磁通及电磁吸力。此电磁吸力克服弹簧反力使得衔铁吸合，带动触点机构动作，动断触点打开，动合触点闭合，互锁或接通线路。线圈失电或线圈两端电压显著降低时，电磁吸力小于弹簧反力，使得衔铁释放，触点机构复位，断开线路或解除互锁。

(2) 直流接触器。

直流接触器的结构和工作原理基本与交流接触器相同。在结构上也是由电磁机构、触点系统和灭弧装置等部分组成。由于直流电弧比交流电弧难以熄灭，直流接触器常采用磁吹式灭弧装置灭弧。

5. 主令电器

主令电器是用来接通和分断控制电路以发布命令或对生产过程作程序控制的开关电器。它包括控制按钮、行程开关、接近开关、转换开关和主令控制器等。常见主令电器如图 9-13 所示。

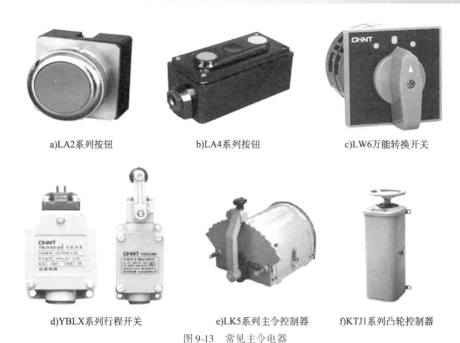

a) LA2系列按钮　　　b) LA4系列按钮　　　c) LW6万能转换开关

d) YBLX系列行程开关　　e) LK5系列主令控制器　　f) KTJ1系列凸轮控制器

图 9-13　常见主令电器

1) 控制按钮

(1) 按钮开关用途。按钮开关,是一种结构简单、应用十分广泛的主令电器。几种常见按钮开关如图 9-14 所示。在电气自动控制电路中,按钮是一种用人体某一部分所施加力而操作、并具有弹簧储能复位的控制开关,用于手动发出控制信号以控制接触器、继电器、电磁起动器等。

图 9-14　几种常见按钮开关

(2) 按钮开关的结构原理与符号如图 9-15、图 9-16 所示。

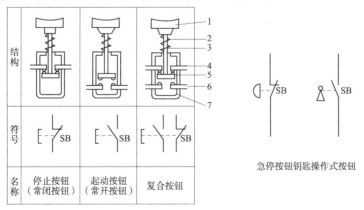

图 9-15　按钮的结构原理与符号

1-按钮帽;2-复位弹簧;3-支柱连杆;4-常闭静触头;5-桥式动触头;6-常开静触头;7-外壳

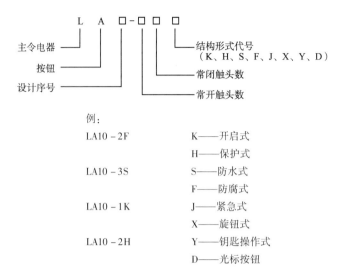

图 9-16 按钮型号示意图

(3) 按钮开关分类。按钮开关的结构种类很多,可分为普通揿钮式、蘑菇头式、自锁式、自复位式、旋柄式、带指示灯式、带灯符号式及钥匙式等;有单钮、双钮、三钮及不同组合形式;还有一种自持式按钮,按下后即可自动保持闭合位置,断电后才能打开。

为了标明各个按钮作用,以避免误操作,通常将按钮帽做成不同的颜色,以示区别,如红色为停止和急停按钮。绿色为起动按钮。黑色为点动按钮。起动与停止交替按钮必须是黑色、白色或灰色,不得使用红色和绿色。复位按钮必须是蓝色,当其兼有停止作用时,必须是红色等,见表 9-1。

按钮颜色含义表   表 9-1

颜 色	含 义	典 型 应 用
红色	危险情况下的操作	紧急停止
	停止或分断	全部停机。停止一台或多台电动机,停止一台机器某一部分,使电器元件失电,有停止功能的复位按钮
黄色	应急、干预	应急操作,抑制不正常情况或中断不理想的工作周期
绿色	起动或接通	起动,起动一台或多台电动机,起动一台机器的一部分,使某电器元件得电
蓝色	上述几种颜色即红、黄、绿色未包括的任一种功能	
灰色、白色	无专门指定功能	可用于"停止"和"分断"以外的任何情况

(4) 按钮开关工作原理。按钮被按下时,动触桥下移,动断静触点断开,动合静触点接通;松开按钮时,在复位弹簧的作用下,动触桥复位,动合静触点断开,经过一定行程后,动断静触点闭合复位。

2) 限位开关

(1) 限位开关用途。

限位开关,又称位置开关,是一种将机器信号换为电气信号,以控制运动部件位置或者行程的自动控制电器。是一种常用的小电流主令电器。

在电气控制系统中,位置开关的作用是实现顺序控制、定位控制和位置状态的检测。

(2)限位开关分类。

一类为以机械行程直接接触驱动,作为输入信号的行程开关和微动开关;另一类为以电磁信号(非接触式)作为输入动作信号的接近开关。其中最常见的是行程开关,它利用生产机械运动部件的碰撞使其触头动作来实现接通或分断控制电路,达到一定的控制目的。通常,这类开关被用来限制机械运动的位置或行程,使运动机械按一定位置或行程自动停止、反向运动、变速运动或自动往返运动等。

(3)行程开关结构和工作原理。

行程开关又称限位开关,工作原理与按钮相类似,不同的是行程开关触头动作不靠手工操作,而是利用机械运动部件的碰撞使触头动作,从而将机械信号转换为电信号,再通过其他电器间接控制机床运动部件的行程、运动方向或进行限位保护等。

常用行程开关有直动式、单轮旋转式和双轮式等。如图9-17所示。

行程开关从结构上可分为操作机构、触头系统和外壳三部分。行程开关的单轮和径向传动杆式行程开关可自动复位,而双轮行程开关则不能自动复位。当移动物体碰撞推杆或滚轮时,通过内部传动机构使微动开关触头动作,动合、动断触点状态发生改变,从而实现对电路的控制作用。

直动式行程开关结构如图9-18所示,当运动机械的挡铁撞到行程开关的顶杆1时,顶杆受压触动使动断触头3断开,动合触头5闭合;顶杆上的挡铁移走后,顶杆在弹簧2作用下复位,各触头回至原始通断状态。

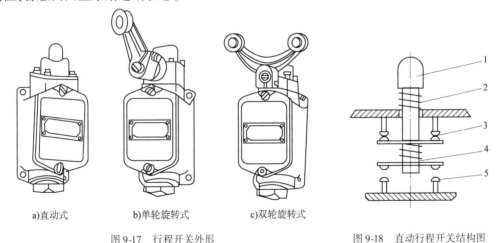

a)直动式　　b)单轮旋转式　　c)双轮旋转式

图9-17　行程开关外形

图9-18　直动行程开关结构图
1-顶杆;2-弹簧;3-动断触头 4-触头弹簧;5-动合触头

旋转式行程开关结构如图9-19所示,行程开关触头图形与文字符号如图9-20所示。

(4)行程开关选用。

行程开关选用时根据使用场合和控制对象确定行程开关种类。例如当机械运动速度不太快时,通常选用一般用途的行程开关。在机床行程通过路径上不宜装直动式行程开关而应选用凸轮轴转动式行程开关。行程开关额定电压与额定电流则根据控制电路的电压与电流选用。

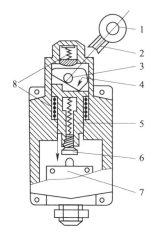

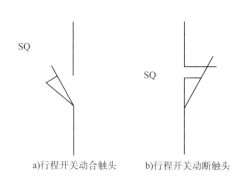

图9-19 旋转式行程开关结构
1-滚轮;2-杠杆;3-转轴;4-凸轮;5-撞块;
6-调节螺钉;7-微动开关;8-复位弹簧

图9-20 行程开关触头图形与文字符号

6. 低压熔断器

熔断器是一种当电流超过规定值一定时间后,以它本身产生的热量使熔体熔化而分断电路的电器,广泛应用于低压配电系统及用电设备中作短路和过载保护。常用的熔断器有插入式熔断器、螺旋式熔断器、无填料式熔断器和有填料式熔断器,如图9-21所示。

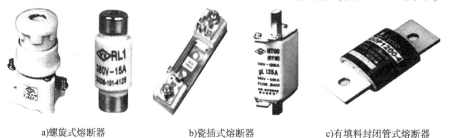

a)螺旋式熔断器　　b)瓷插式熔断器　　c)有填料封闭管式熔断器

图9-21 常见熔断器

1) 熔断器的结构与主要技术参数

熔断器的结构、型号及含义:熔体是熔断器的核心,常做成丝状、片状或栅状,制作熔体的材料一般有铅锡合金、锌、铜、银等;熔管是熔体的保护外壳,用耐热绝缘材料制成,在熔体熔断时兼有灭弧作用;熔座是熔断器的底座,作用是固定熔管和外接引线。

熔断器型号及含义如图9-22所示。

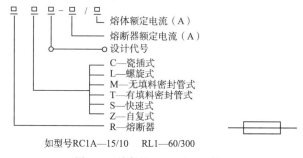

图9-22 熔断器型号及含义和符号

2）熔断器的主要技术参数

熔断器主要参数见表9-2。

熔断器主要参数表　　　　　　　　　　表9-2

类别	型号	额定电压(V)	额定电流(A)	熔体额定电流等级(A)	极限分断能力(kA)	功率因数
瓷插式熔断器	RC1A	380	5	2、5	0.25	0.8
			10	2、4、6、10	0.5	0.8
			15	6、10、15	0.5	
			30	20、25、30	1.5	0.7
			60	40、50、60	3	0.6
			100	80、100		
			200	120、150、200		
螺旋式熔断器	RL1	500	15	2、4、6、10、15	2	≥0.3
			60	20、25、30、35、40、50、60	3.5	
			100	60、80、100	20	
			200	100、125、150、200	50	
	RL2	500	25	2、4、6、10、15、20、25	1	
			60	25、35、50、60	2	
			100	80、100	3.5	
无填料封闭管式熔断器	RM10	380	15	6、10、15	1.2	0.8
			60	15、20、25、35、45、60	3.5	0.7
			100	60、80、100	10	0.35
			200	100、125、160、200		
			350	200、225、260、300、350		
			600	350、430、500、600	12	0.35
有填料封闭管式熔断器	RT0	交流380 直流440	100	30、40、50、60、100	交流50 直流25	>0.3
			200	120、150、200、250		
			400	300、350、400、450		
			600	500、550、600		

（1）额定电压：熔断器长期工作所能承受的电压。

（2）额定电流：保证熔断器能长期正常工作的电流。

（3）分断能力：在规定的使用和性能条件下，在规定电压下熔断器能分断的预期分断电流值。

3）熔断器的安装与使用

用于安装使用的熔断器应完整无损；熔断器安装时应保证熔体与夹头、夹头与夹座接触良好；熔断器内要安装合格的熔体；更换熔体或熔管时，必须切断电源；对RM10系列熔断器，在切断过三次相当于分断能力的电流后，必须更换熔断管；熔体熔断后，应分析原因排除故障后，再更换新的熔体；熔断器兼作隔离器件使用时，应安装在控制开关的电源进线端。

7. 继电器

继电器主要用于控制与保护电路中进行信号转换。继电器具有输入电路（又称感应元件）和输出电路（又称执行元件），当感应元件中的输入量（如电流、电压、温度、压力等）变化到某一定值时继电器动作，执行元件便接通和断开控制回路。继电器外观如图 9-23 所示。

图 9-23 继电器外观

控制继电器种类繁多，常用的有电流继电器、电压继电器、中间继电器、时间继电器、热继电器，以及温度、压力、计数、频率继电器等。

电压、电流继电器和中间继电器属于电磁式继电器。其结构、工作原理与接触器相似，由电磁系统、触头系统和释放弹簧等组成。由于继电器用于控制电路，流过触头的电流小，故不需要灭弧装置。电磁式继电器的图形符号和文字符号如图 9-24 所示。

a)线圈　　b)动合触头　　c)动断触头

图 9-24　电磁式继电器的图形符号和文字符号

1）电流继电器

根据输入（线圈）电流大小而动作的继电器称为电流继电器，按用途不同还可分为过电流继电器和欠电流继电器。其图形符号和文字符号如图 9-25、图 9-26 所示。过电流继电器的任务是当电路发生短路及过电流时立即将电路切断。当过电流继电器线圈通过的电流小于整定电流时，继电器不动作；只有超过整定电流时，继电器才动作。欠电流继电器的任务是当电路电流过低时立即将电路切断。当欠电流继电器线圈通过的电流大于或等于整定电流时，继电器吸合；只有电流低于整定电流时，继电器才释放。欠电流继电器一般是自动复位的。

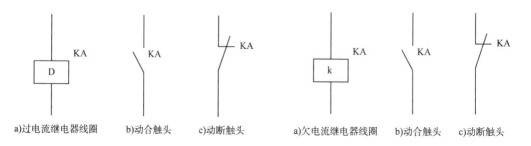

a)过电流继电器线圈　b)动合触头　c)动断触头　　　　a)欠电流继电器线圈　b)动合触头　c)动断触头

图 9-25　过电流继电器图形符号和文字符号　　　　图 9-26　欠电流继电器图形符号和文字符号

2）中间继电器

中间继电器实质上是电压继电器的一种，它的触点数多，触点电流容量大，动作灵敏。中间继电器的主要用途是当其他继电器的触点数或触点容量不够时，可借助中间继电器来扩大它们的触点数或触点容量，从而起到中间转换的作用。中间继电器的结构及工作原理与接触器基本相同，因而中间继电器又称为接触器式继电器。但中间继电器的触头对数多，且没有主辅之分，各对触头允许通过的电流大小相同，多数为5A。因此，对于工作电流小于5A的电气控制电路，可用中间继电器代替接触器实施控制。中间继电器图形符号及文字符号如图9-27所示。

3）热继电器

热继电器是专门用来对连续运行的电动机进行过载及断相保护，以防止电动机过热而烧毁的保护电器。

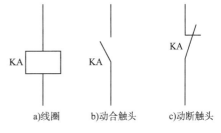

图9-27 中间继电器图形符号和文字符号

（1）热继电器结构。

常用的热继电器有由两个热元件组成的两相结构和由三个热元件组成的三相结构两种类型。两相结构的热继电器主要由加热元件、主双金属片动作机构、触点系统、电流整定装置、复位机构和温度补偿元件等组成。JR16系列热继电器如图9-28所示。

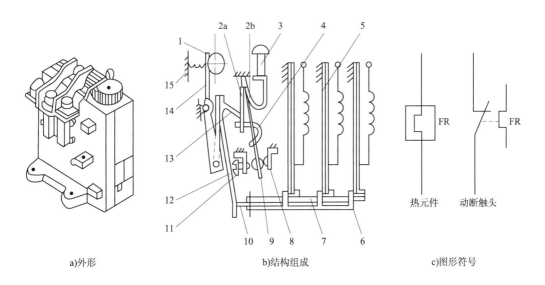

图9-28 JR16系列热继电器

1-电流调节凸轮；2a、2b-簧片；3-平动复位按钮；4-弓簧；5-主双金属片；6-外导板；7-内导板；8-动断静触点；9-动触点；10-杠杆；11-复位调节螺钉；12-补偿双金属片；13-推杆；14-连杆；15-压簧

①热元件：热继电器接收过载信号的部分，它由双金属片及绕在双金属片外面的绝缘电阻丝组成。双金属片由两种热膨胀系数不同的金属片复合而成，如铁－镍－铬合金和铁－镍合金。电阻丝用康铜和镍铬合金等材料制成，使用时串联在被保护的电路中。当电流通过热元件时，热元件对双金属片进行加热，使双金属片受热弯曲。热元件对双金属片加热的方式有三种：直接加热、间接加热和复式加热，如图9-29所示。

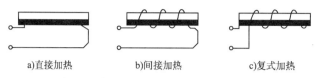

a)直接加热　　　b)间接加热　　　c)复式加热

图 9-29　热继电器双金属片加热的方式示意图

②触点系统:一般配有一组切换触点,可形成一个动合触点和一个动断触点。

③动作机构:由导板、补偿双金属片、推杆、杠杆及拉簧等组成,用来补偿环境温度的影响。

④复位按钮:热继电器动作后的复位有手动复位和自动复位两种,手动复位的功能由复位按钮来完成,自动复位功能由双金属片冷却自动完成,但需要一定的时间。

⑤整定电流装置:由旋钮和偏心轮组成,用来调节整定电流的数值。热继电器的整定电流是指热继电器长期不动作的最大电流值,超过此值就要动作。

(2) 工作原理。

如图 9-30 所示,热继电器主要由双金属片、加热元件、动作机构、触点系统、整定调整装置及手动复位装置等组成。双金属片作为温度检测元件,由两种膨胀系数不同的金属片压焊而成,它被加热元件加热后,因两层金属片伸长率不同而弯曲。将热继电器的三相热元件分别串接在电动机三相主电路中,当电动机正常运行时,热元件产生的热量不会使触点系统动作;当电动机过载时,流过热元件的电流加大,经过一定的时间,热元件产生的热量使双金属片的弯曲程度超过一定值,通过导板推动热继电器的触点动作(动合触点闭合,动断触点断开)。通常用热继电器串接在接触器线圈电路的动断触点来切断线圈电流,使电动机主电路失电。电路故障排除后,通过按手动复位按钮,热继电器触点复位,可以重新接控制电路。

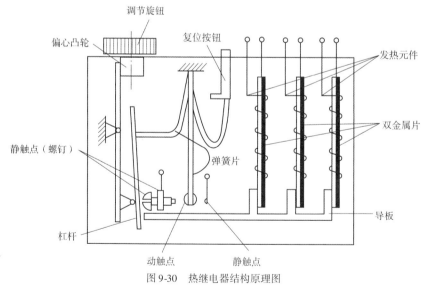

图 9-30　热继电器结构原理图

(3) 热继电器主要参数。

额定电流:是指热继电器中可以安装的热元件的最大整定电流值。

整定电流:是指热元件能够长期通过而不致引起热继电器动作的最大电流值。通常热继电器的整定电流是按电动机的额定电流整定的。对于某一热元件的热继电器,可手动调节整定电流旋钮,通过偏心轮机构调整双金属片与导板的距离,能在一定范围内调节其电流的整定值,使热继电器更好地保护电动机。

8. 低压配电屏

1) 配电屏的作用

配电屏的作用主要是进行电力分配,将经过变压器的电压分配到各个用电单元。低压配电屏是按一定的接线方案将有关低压一、二次设备组装起来,用于低压配电系统中动力、照明配电之用。低压配电屏外观如图9-31所示。

图9-31 低压配电屏

2) 配电屏主要组成

配电屏主要由进线柜、出线柜、电容器柜、计量柜等组成。

进线柜:又称受电柜,是用来从电网上接受电能的设备(从进线到母线),一般安装有断路器、CT、PT、隔离刀等元器件。

出线柜:又称馈电柜或配电柜,是用来分配电能的设备(从母线到各个出线),一般也安装有断路器、CT、PT、隔离刀等元器件。

母线联络柜:又称母线分断柜,是用来连接两段母线的设备(从母线到母线),在单母线分段、双母线系统中常常要用到母线联络,以满足用户选择不同运行方式的要求或保证故障情况下有选择的切除负荷。

PT柜:电压互感器柜,一般是直接装设到母线上,以检测母线电压和实现保护功能。内部主要安装电压互感器PT、隔离刀、熔断器和避雷器等。

隔离柜:是用来隔离两端母线用的或者是隔离受电设备与供电设备用的,它可以给运行人员提供一个可见的端点,以方便维护和检修作业。由于隔离柜不具有分断、接通负荷电流的能力,所以在与其配合的断路器闭合的情况下,不能够推拉隔离柜的手车。在一般的应用中,都需要设置断路器辅助触点与隔离手车的连锁,防止运行人员的误操作。

电容器柜:又称补偿柜,是用来做改善电网的功率因数用的,或者说作无功补偿,主要的器件就是并联在一起的成组的电容器组、投切控制回路和熔断器等保护用电器。一般与进线柜并列安装,可以一台或多台电容器柜并列运行。电容器柜从电网上断开后,由于电容器组需要一段时间来完成放电的过程,所以不能直接用手触摸柜内的元器件,尤其是电容器组;在断电后的一定时间内(根据电容器组的容量大小而定,如1min),不允许重新合闸,以免产生过电压损坏电容器。作自动控制功能时,也要注意合理分配各组电容器组的投切次数,以免出现一组电容器损坏,而其他组却很少投切的情况。

计量柜:主要用来作计量电能用的(千瓦时),又有高压、低压之分,一般安装有隔离开关、熔断器、CT、PT、有功电能表(传统仪表或数字电能表)、无功电能表、继电器以及一些其他的辅助二次设备(如负荷监控仪等)。

3)配电屏内部线路

从保护范围考虑,一般进线柜和出线柜一次设备连接顺序不同。

进线柜内一次设备的连接顺序是母线刀闸、CT、开关、线路刀闸。

出线柜内一次设备的连接顺序是母线刀闸、开关、CT、线路刀闸。

出线柜二次设备的连接顺序断路器、熔断器、继电器、接触器、用电设备。

4)常见控制回路

低压配电控制回路如图 9-32 所示。通常情况下,断路器 QF 由值班人员合上,电动机的起停在现场操作柱上操作即可。现场操作柱中的转换开关有一组动合、动断触点,停止信号灯(红灯)由转换开关的动断触点和接触器 KM 的动断触点连接,所以,电动机停止时,红灯亮。按下起动开关,起动信号灯(绿灯)亮,接触器 KM(由两个动合触点、一个动断触点组成)的吸引线圈接通电源,使其主触点闭合,电动机 M 接通三相电源起动运转;与此同时,KM 的动断辅助触点断开,红灯熄灭,KM 的动合触电闭合,保持 KM 的吸引线圈继续通电(当手离开按钮后),电动机继续运转,实现"自锁"功能。

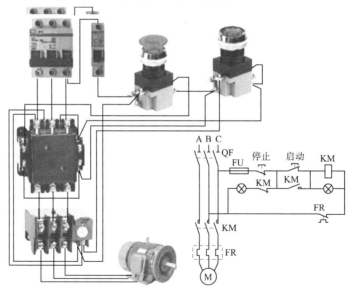

图 9-32　低压配电控制回路

二、任务实施

1. 准备工作

(1)工具:尖嘴钳、螺钉旋具、活扳手等。

(2)仪表:电流表、电压表。

(3)器材:开关电器、主令电器、交流接触器、热继电器、低压熔断器、电流继电器、漏电断路器、低压断路器等。

(4)根据实训室设备情况,将学生分成若干组,分组进行实操。

2.操作步骤

(1)开关电器、主令电器、交流接触器、热继电器、低压熔断器、电流继电器、漏电断路器、低压断路器、低压配电屏的识别。

(2)根据实物写出各电器的名称、型号、规格、电路符号等,并理解其含义。

(3)开关电器、主令电器、交流接触器、热继电器、低压熔断器、电流继电器、漏电断路器、低压断路器等低压电器的拆装。

(4)开关电器、主令电器、交流接触器、热继电器、低压熔断器、电流继电器、漏电断路器、低压断路器内部结构的观察。

(5)低压配电屏内部结构认知。

三、技能考核标准

技能考核标准见表9-3。

技能考核标准　　　　表9-3

序号	项目	操作内容	规定分	评分标准	得分
1	低压电器的识别	开关、主令电器、接触器、继电器、熔断器等低压电器的识别	20分	能正确识别几种低压用电器,每个2分	
2	低压电器符号认知	写出开关、主令电器、接触器、继电器、熔断器等低压电器的型号、电路符号	20分	写出低压电器的名称、电器符号,每个2分	
3	低压电器的拆装	拆装开关、主令电器、接触器、继电器、熔断器等低压电器	20分	按要求拆装低压电器,每个2分	
4	低压电器内部结构认知	对照实物,说明低压电器内部结构特点	20分	正确表述各种低压电器内部结构特点,每个2分	
5	低压配电屏结构认知	对照实物,识别低压配电屏的结构特点	20分	能准确识别低压配电屏内部结构点	
		总分	100分		

四、思考与练习

(一)填空题

1.电器是_____和断开电路或调节、控制和保护电路及_____用的电工器具。

2.高压电器用于交流电压_____、直流电压_____及以上电路中的电器。

3.刀开关主要由_____、触刀、静触座和_____构成。

4. 低压断路器是一种既有手动开关作用,又能对电路自动进行_____、欠电压过载和_____保护的电器。

5. 交流接触器广泛用作电力的_____和_____。

6. 主令电器是用来_____和分断_____以发布命令或对生产过程作程序控制的开关电器。

7. 在电气控制系统中,位置开关的作用是实现顺序控制,_____和_____的检测。

8. 常用的熔断器有_____、螺旋式熔断器、无填料式熔断器和_____。

9. 继电器主要用于控制与_____电路中进行_____转换。

10. 常用的热继电器有由_____热元件组成的两相结构和_____个热元件组成的三相结构两种类型。

(二) 单项选择题

1. 低压电器是用于交流 50Hz(或 60Hz),额定电压为 1200V 以下;直流额定电压(　　)及以下的电路中的电器。

　　A. 1500V　　　　B. 800V　　　　C. 2000V　　　　D. 600V

2. 安装时,刀开关在合闸状态下手柄应该(　　),不能倒装或平装,以防止闸刀松动落下时误合闸。

　　A. 向下　　　　B. 向左　　　　C. 向右　　　　D. 向上

3. 断路器额定电压、额定电流应(　　)线路、设备的正常工作电压、工作电流。

　　A. 大于　　　　B. 小于　　　　C. 大于或等于　　　　D. 小于或等于

4. 配电屏主要由(　　)、出线柜、电容器柜、计量柜等组成。

　　A. 进线柜　　　　B. 开关　　　　C. 灯　　　　D. 导线

5. 热继电器是专门用来对连续运行的(　　)进行过载及断相保护,以防止电动机过热而烧毁的保护电器。

　　A. 开关　　　　B. 电动机　　　　C. 发电机　　　　D. 继电器

(三) 判断题

1. 用于安装使用的熔断器应完整无损。(　　)

2. 热继电器安装接线时,应清除触头表面污垢,以避免因电路不通或接触电阻加大而影响热继电器的动作特性。(　　)

3. 更换熔体或熔管时,不需要切断电源。(　　)

4. 行程开关额定电压与额定电流根据控制电路的电压与电流选用。(　　)

5. 光标按钮一般不宜用于需长期通电显示处。(　　)

(四) 简答题

1. 常见低压电器按用途可分为哪些?

2. 简述交流接触器工作原理。

3. 简述什么是低压熔断器及其作用。

4. 简述低压配电屏的作用。

任务10　异步电动机的结构与工作原理

学习目标

◆ 知识目标

1. 能够正确说出异步电动机的结构与工作原理；
2. 能够分析异步电动机三种运行方式运行和停止的电路；
3. 能够叙述异步电动机的起动、制动和调速方法；
4. 能够分析电动机常见故障产生的原因。

◆ 能力目标

1. 能够识别电动机各部件；
2. 能够根据异步电动机三种运行方式运行和停止的电路连接实物并达到运行的标准；
3. 能够根据电动机的类型选择起动、制动和调速方法；
4. 能够根据故障现象分析故障原因并进行故障排除。

建议课时

12课时。

任务描述

通过对理论知识的学习，正确选择异步电动机的起动、制动和调速方法，结合实操课程，正确识别电动机各部件，正确检测电动机。

一、理论知识准备

(一) 异步电动机的结构

1. 概念

异步电动机又称感应电动机，是由气隙旋转磁场与转子绕组感应电流相互作用产生电磁转矩，从而实现机电能量转换为机械能量的一种交流电动机。

2. 种类

异步电动机可划分：三相异步电动机、单相异步电动机。电动汽车上采用的多为三相异步电动机。

3. 三相异步电动机的结构

三相异步电动机的结构如图10-1所示，主要有由定子和转子组成。

1) 定子

三相异步电动机的定子主要由定子铁芯、三相绕组、机座、端盖组成，如图10-2所示。

定子铁芯一般由 0.35~0.5mm 厚表面具有绝缘层的硅钢片冲制、叠压而成，在铁芯的内圆冲有均匀分布的槽，用以嵌放定子绕组。三相绕组由三个在空间互隔 120°角度、对称排列的结构完全相同绕组连接而成，这些绕组的各个线圈按一定规律分别嵌放在定子各槽内。其作用是通入三相交流电，产生旋转磁场。机座通常为铸铁件，大型异步电动机机座一般用钢板焊成，微型电动机的机座采用铸铝件，其作用是固定定子铁芯与前后端盖以支撑转子，并起防护、散热等作用。封闭式电动机的机座外面有散热筋以增加散热面积，防护式电动机的机座两端端盖开有通风孔，使电动机内外的空气可直接对流，以利于散热。端盖主要起固定转子、支撑和防护作用。

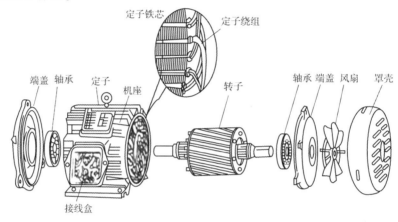

图 10-1　三相异步电机的组成结构

2) 转子

三相异步电动机的转子主要由转子铁芯、转轴和转子绕组组成，如图 10-3 所示。

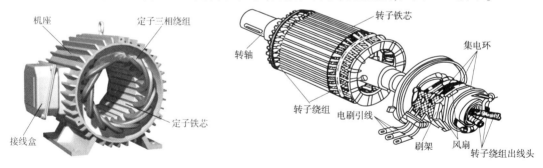

图 10-2　定子构造　　　　　　　　图 10-3　转子构造

转子铁芯所用材料与定子一样，由 0.5mm 厚的硅钢片冲制、叠压而成，硅钢片外圆冲有均匀分布的孔，用来安置转子绕组。通常用定子铁芯冲落后的硅钢片内圆来冲制转子铁芯。一般小型异步电动机的转子铁芯直接压装在转轴上，大、中型异步电动机(转子直径在 300~400mm)的转子铁芯则借助与转子支架压在转轴上。转子绕组分为笼型转子和绕线式转子。

(1) 笼型转子。转子绕组由插入转子槽中的多根导条和两个环行的端环组成。若去掉转子铁芯，整个绕组的外形像一个鼠笼，故称笼型绕组。小型笼型电动机采用铸铝转子绕组，对于 100kW 以上的电动机采用铜条和铜端环焊接而成。笼型转子分为：阻抗型转子、单笼型转子、双笼型转子、深槽式转子几种，起动转矩等特性各有不同，如图 10-4 所示。

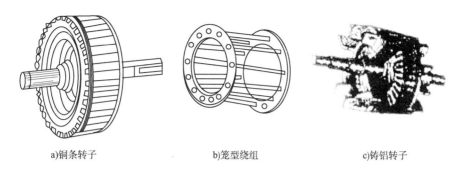

a) 铜条转子　　　　　　b) 笼型绕组　　　　　　c) 铸铝转子

图 10-4　笼型转子

(2) 绕线式转子。绕线转子绕组与定子绕组相似,也是一个对称的三相绕组,一般接成星形,三个出线头接到转轴的三个集流环上,再通过电刷与外电路连接,如图 10-3 所示。

(二) 异步电动机的工作原理

通过定子产生的旋转磁场(其转速为同步转速 n_1)与转子绕组的相对运动,转子绕组切割磁感线产生感应电动势,从而使转子绕组中产生感应电流。转子绕组中的感应电流与磁场作用,产生电磁转矩,使转子旋转。由于当转子转速逐渐接近同步转速时,感应电流逐渐减小,所产生的电磁转矩也相应减小,当异步电动机工作在电动机状态时,转子转速小于同步转速。

(三) 异步电动机的运行方式

1. 点动运行

点动运行就是当按钮按下时电动机就运作,按钮松开时电动机就停止的运行方式。点动运行电路图如图 10-5 所示。

首先合上电源开关 QS。

起步:按下 SB→KM 线圈得电→KM 主触点闭合→电动机 M 运转。

停止:松开 SB→KM 线圈无电→KM 主触点断开→电动机 M 不转。

2. 单方向运行

单方向运行电路图如图 10-6 所示。

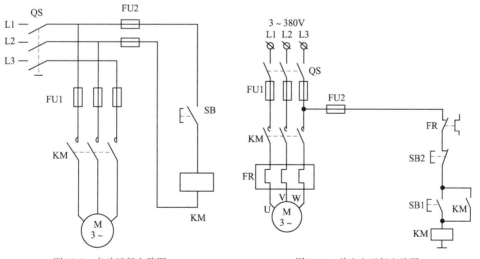

图 10-5　点动运行电路图　　　　　　图 10-6　单方向运行电路图

首先合上开关 QS。

运行:按下 SB1→　KM 得电→主触点闭合→M 运行
　　　　　　　↓→KM 辅助动合触点闭合→自锁。

停止:按下 SB2→　KM 失电→主触点断开→停止
　　　　　　　↓→KM 辅助动合触点断开→解锁。

松开 SB2→SB2 闭合,为下次运行做准备。

3. 可逆运行

可逆运行电路图如图 10-7 所示。

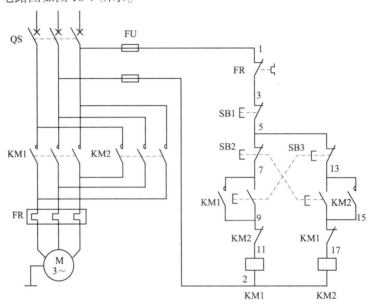

图 10-7　可逆运行电路图

(1) 正向起动:

①合上空气开关 QF 接通三相电源。

②按下正向起动按钮 SB3,KM1 通电吸合并自锁,主触头闭合接通电动机,电动机这时的相序是 L1、L2、L3,即正向运行。

(2) 反向起动:

①合上空气开关 QF 接通三相电源。

②按下反向起动按钮 SB2,KM2 通电吸合并通过辅助触点自锁,动合主触头闭合换接了电动机三相的电源相序,这时电动机的相序是 L3、L2、L1,即反向运行。

(四) 异步电动机的起动、制动和调速方法

1. 起动

起动是指异步电动机在接通电源后,从静止状态到稳定运行状态的过渡过程。

1) 笼型异步电动机的起动

(1) 直接起动。

所谓直接起动,就是利用刀开关或接触器将电动机定子绕组直接接到额定电压的电流上,故又称全压起动。直接起动的优点是起动设备和操作都比较简单,其缺点就是起动电流

大、起动转矩小。对于小容量异步电动机,因电动机起动电流较小,且体积小、惯性小、起动快,一般说来,对电网、对电动机本身都不会造成影响。因此,可以直接起动,但必须根据电源的容量来限制直接起动电动机的容量。

(2)降压起动。

对中、大型笼型异步电动机,可采用降压起动方法,以限制起动电流。待电动机起动完毕,再恢复全压工作。但是降压起动的结果,会使起动转矩下降较多,降压起动只适用于在空载或轻载情况下起动电动机。下面介绍几种常用的降压起动方法。

①异步电动机自耦减压起动。

自耦变压器降压起动是指电动机起动时利用自耦变压器来降低加在电动机定子绕组上的起动电压。待电动机起动后,再使电动机与自耦变压器脱离,从而在全压下正常运动。这种降压起动分为手动控制和自动控制两种。自耦变压器的高压边投入电网,低压边接至电动机,有几个不同电压比的分接头供选择。异步电动机自耦减压起动电路图如图10-8所示。

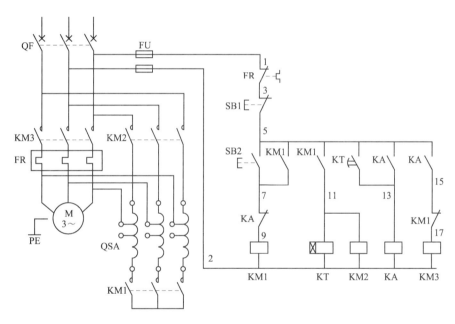

图10-8 异步电动机自耦减压起动电路图

A.控制过程。

a.合上空气开关QF接通三相电源。

b.按起动按钮SB2,交流接触器KM1线圈通电吸合并自锁,其主触头闭合,将自耦变压器线圈接成星形,与此同时由于KM1辅助动合触点闭合,使得接触器KM2线圈通电吸合,KM2的主触头闭合由自耦变压器的低压抽头(例如65%)将三相电压的65%接入电动机。

c.KM1辅助动合触点闭合,使时间继电器KT线圈通电,并按已整定好的时间开始计时,当时间到达后,KT的延时动合触点闭合,使中间继电器KA线圈通电吸合并自锁。

d.由于KA线圈通电,其动断触点断开使KM1线圈断电,KM1动合触点全部释放,主触头断开,使自耦变压器线圈封星端(公共端)打开;同时KM2线圈断电,其主触头断开,切断自耦变压器电源。KA 的动断触点闭合,通过 KM1 已经复位的动断触点,使 KM3 线圈得电吸合,KM3 主触头接通电动机在全压下运行。

e. KM1 的动合触点断开也使时间继电器 KT 线圈断电,其延时闭合触点释放,也保证了在电动机起动任务完成后,使时间继电器 KT 可处于断电状态。

f. 欲停车时,可按 SB1,则控制回路全部断电,电动机切除电源而停转。

g. 电动机的过载保护由热继电器 FR 完成。

B. 安装与调试。

a. 电动机自耦降压电路,适用于任何接法的三相笼型异步电动机。

b. 自耦变压器的功率应予电动机的功率一致,如果小于电动机的功率,自耦变压器会因起动电流大发热损坏绝缘烧毁绕组。

c. 对照原理图核对接线,要逐相的检查核对线号。防止接错线和漏接线。

d. 由于起动电流很大,应认真检查主回路端子接线的压接是否牢固,无虚接现象。

e. 空载试验:拆下热继电器 FR 与电动机端子的连接线,接通电源,按下 SB2 起动按钮,KM1 与 KM2 动作吸合,KM3 与 KA 不动作。时间继电器的整定时间到,KM1 和 KM2 释放,KA 和 KM3 动作吸合切换正常,反复试验几次检查线路的可靠性。

f. 带电电动机试验:经空载试验无误后,恢复与电动机的接线。在带电电动机试验中应注意起动与运行的接换过程,注意电动机的声音及电流的变化,电动机起动是否困难有无异常情况,如有异常情况应立即停车处理。

g. 再次起动:自耦降压起动电路不能频繁操作,如果起动不成功,第二次起动应间隔 4min 以上,在 60s 内连续两次起动后,应停电 4h 再次起动运行,这是为了防止自耦变压器绕组内起动电流太大而发热损坏自耦变压器的绝缘。

② Y—△起动控制电路起动。

简称星形—三角形起动或 Y—△起动。这种起动方法只适用于正常运行时为三角形联结的电动机。起动时,定子绕组先接成星形,起动后再换接成三角形。原理电路如图 10-9

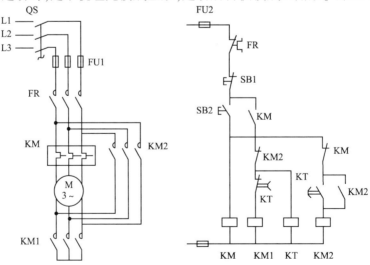

图 10-9　Y—△起动控制电路起动原理图

所示。电路工作情况:合上电源开关 Q,按下起动按钮 SB2,KM1 通电,随即 KM2 通电并自锁,电动机接成Y联结,接入三相电源进行减压起动,同时 KT 通电,经一段时间延时后,KT 动断触点断开,KM1 断电释放,电动机中性点断开;另一对 KT 动合触点延时闭合,KM3 通电并自锁,电动机接成△联结运行。同时 KM3 动断触点断开,使 KM1、KT 在电动机△联结运行时处于断电状态,使电路工作更可靠。

Y—△起动控制电路在起动时的起动电流、电源电流和起动转矩只有直接起动的1/3。

星形—三角形降压起动,就是以改变电动机绕组接法,来达到降压起动的目的。起动时,由主接触器将电源给三角形接法的电动机的三个首端,由星点接触器将三角形接法的电动机的三个尾端闭合。绕组就变成了星形接法,起动完成后,星点接触器断开,运转接触器将电源给电动机的三个尾端,绕组就变成了三角形接法。电动机全压运转。整个起动过程由时间继电器来指挥完成。星点接触器和运转接触器必须实行连锁。星形和三角形接法如图 10-10 所示,KM2 为主接触器,KM1 为星点接触器,KM3 为运转接触器,KT 为时间继电器。

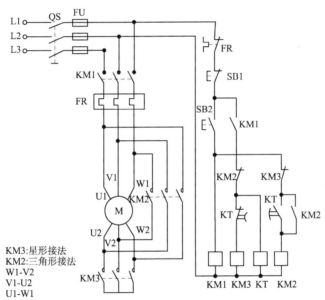

图 10-10　Y—△起动控制电路星形和三角形接法

2)绕线型转子异步电动机的起动

绕线电阻异步电动机的转子回路串入适当的电阻,既可降低起动电流,又可提高起动转矩,改善电动机的起动性能。其原理如图 10-11 所示。当异步电动机的转子回路中接入适当的电阻(使 $R_起$ 增大),不仅可以使起动电流减小,而且可以使起动转矩增大。

2.调速

调速是指在一定负载下,根据生产的需要人为地改变电动机的转速。

根据异步电动机的转速公式 $n = n_1(1-s) = 60f_1(1-s)/p$,有以下三种调速方法。

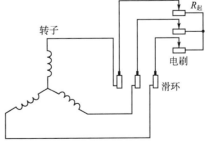

图 10-11　绕线型转子异步电动机的起动电路图

1)变频调速

改变供给异步电动机电源的频率 f 调速,这种调速方法需要有频率可调的交流电源。它是采用晶闸管调速系统,先将交流电变换为电压可调的直流电,然后再变换为频率可调的交流电。这就是现在较为流行的变频调速。缺点是:投资大、维修难。

2)转子回路串电阻调速

改变异步电动机的转差率 s 调速,可在转子上串联电阻,或改变定子绕组上的电压来改变转差率 s。这种调速方法仅限于绕线式转子异步电动机。缺点是:功率损耗大,效率低。

3)变极调速

改变定子绕组磁极对数 p 调速,即变极调速。这种调速方法由于磁极对数只能成对的改变,因而是有级调速。一般只能做到2速、3速、4速等。

3. 制动

1)反接制动

在电动机断开电源后,为了使电动机迅速停车,使用控制方法再在电动机的电源上加上与正常运行电源反相的电源,此时,电动机转子的旋转方向与电动机旋转磁场的旋转方向相反,此时电动机产生的电磁力矩为制动力矩,加快电动机的减速。

反接制动有一个最大的缺点,就是当电动机转速为0时,如果不及时撤除反相后的电源,电动机会反转。解决此问题的方法有以下两种:①在电动机反相电源的控制回路中,加入一个时间继电器,当反相制动一段时间后,断开反相后的电源,从而避免电动机反转。但由于此种方法制动时间难于估算,因而制动效果并不精确。②在电动机反相电源的控制回路中加入一个速度继电器,当传感器检测到电动机速度为0时,及时切掉电动机的反相电源。由于此种方法速度继电器实时监测电动机转速,因而制动效果较上一种方法要好得多。正是由于反接制动有此特点,因此,不允许反转的机械,如一些车床等,制动方法就不能采用反接制动了,而只能采用能耗制动或机械制动。

2)能耗制动

在定子绕组中通以直流电,从而产生一个固定不变的磁场。此时,转子按旋转方向切割磁力线,从而产生一个制动力矩。由于此制动方法并不像再生制动那样,把制动时产生的能量回馈给电网,而是单靠电动机把动能消耗掉,因此称为能耗制动。又由于是在定子绕组中通以直流电来制动,因而能耗制动又称直流注入制动。能耗制动是单纯依靠电动机来消耗动能来达到停车的目的,因而制动效果和精度并不理想。在一些要求制动时间短和制动效果好的场合,一般不使用此制动方法。如起重机械,其运行特点是电动机转速低,频繁地起动、停止和正反转,而且拖着所吊重物运行。为了实现准确而又灵活的控制,电动机经常处于制动状态,并且要求制动力矩大。而能耗制动则达不到上述要求。故起重机械一般采用反接制动,且要求有机械制动,以防在运行过程中或失电时,重物滑落。

3)再生制动

再生制动和上述两种制动方法均不同。再生制动只是电动机在特殊情况下的一种工作状态,而上述两者是为达到迅速停车的目的,人为在电动机上施加的一种方法。再生制动的原理:当电动机的转子速度超过电动机同步磁场的旋转速度时,转子绕组所产生的电磁转矩的旋转方向和转子的旋转方向相反,此时,电动机处于制动状态。之所以把此时的状态称为再生制动,是因为此时电动机处于发电状态,即电动机的动能转化成了电能。此时,可以采取一定的措施把产生的电能回馈给电网,达到节能的目的。因此,再生制动又称发电制动。

(五) 异步电动机的维护及常见故障处理

三相异步电动机的应用越来越广泛。由于电动机处于长时间的运转和使用之中,所以很容易出现一定的问题和故障。如果电动机有故障出现,不能够对电动机进行盲目的拆机检查,应该以出现故障的现象为根据对导致故障的原因加以分析,并有针对性的进行处理,避免故障变得严重,这是一项可以使电动机正常运行的工作。

1. 三相异步电动机的维护

在维护电动机的时候应该对下面的几点加以注意:应该保证电动机的使用环境是干燥的,并维持电动机表面的清洁,不要让尘土、纤维对进风口造成阻碍。

2. 异步电动机故障分析

异步电动机故障分析见表10-1。

异步电动机常见故障现象、产生原因及处理方法　　　　表10-1

故障现象	可 能 原 因	处 理 方 法
绝缘电阻过小	(1)绕组受潮; (2)绝缘老化; (3)绝缘局部损坏; (4)绕组或接线板污垢严重	(1)进行干燥处理; (2)更换新绝缘; (3)将损坏处修复; (4)清除污垢
外壳带电	(1)未接地(零),或接地不良; (2)绕组受潮; (3)绝缘有损坏,有脏物或引出线碰壳	(1)按规定接好地线或消除接地不良处; (2)进行干燥; (3)修理或更换绝缘,清理脏物
电动机不能起动	(1)电源未接通,或控制设备接线错误或电源电压过低; (2)过电流继电器调得太低; (3)负载过大或传动机构被轧住; (4)定子或转子绕组断; (5)定子绕组接线错误、相间短路或通地; (6)绕线转子的转子回路短路(电刷与集电环接触不良,变阻器断路,引线接触不良等)	(1)检查开关各触点,引线各接头、熔断丝及线路,将不通点查出并修复或校正控制设备的线路; (2)适当调高; (3)检查负载及传动机构是否正常; (4)找出断路之处并修复; (5)检查接线,更正错误。找出短路之处并修复; (6)找出断路之处,并修复
电动机带辅助运行时转速低	(1)电源电压过低; (2)负载过大; (3)笼型电动机转子断条; (4)绕线型电动机: ①一相电刷接触不良; ②集电环的短路装置接触不良; ③转子绕组一相断路	(1)检查电源电压; (2)核对负载; (3)更换或补焊铜条或更换铸铝转子; (4)绕线型电动机; ①调整电刷压力并改善电刷与集电环的接触; ②修理或更换短路装置; ③查出断路处
绕线转子异步电动机集电环火花过大	(1)集电环表面有污垢或损伤; (2)电刷的牌号、尺寸、压力及与集电环表面的接触面积不符合要求	(1)消除污垢,灼痕严重或凹凸不平可将集电环表面车一刀; (2)更换合适的电刷或改善电刷与集电环的接触情况

续上表

故障现象	可能原因	处理方法
电动机空载或负载时电流表指针摆动厉害	(1)笼型转子断条； (2)绕线型转子一相断线，或一相电刷(或短路片)接触不良	(1)修补或更换转子； (2)查出断路点并修复，检查电刷或短路片的接触情况并修复
运行时声音异常	(1)定子或转子相擦； (2)轴承损坏或润滑不良； (3)电动机两相运行； (4)其他机械相擦，如风叶碰壳等	(1)检查电动机气隙，消除相擦原因，如因轴承走外圈(或内圈)造成，可用镶套、喷涂办法解决，或更换端盖(或轴承)； (2)更换轴承或改善润滑； (3)查出段相处并修复； (4)检查并消除相擦原因
电动机温升过高或冒烟	(1)负载过重或过于频繁起动； (2)两相运行； (3)定子绕组接线错误； (4)定子绕组接地或匝间、相间短路； (5)绕线型电动机转子绕组接头脱焊； (6)笼型电动机转子断条； (7)定转子相擦； (8)通风不良； (9)环境温度过高； (10)电源电压过高或过低； (11)发电机三相负载不平衡	(1)减轻负载或减少起动次数； (2)检查原因并排除； (3)检查定子绕组加以纠正； (4)查出接地或短路部位，加以修复； (5)查出脱焊部位； (6)更换、补焊铜条或更换铸铝转子； (7)消除相擦原因； (8)测量电气间隙，检查电动机的内外风道是否有杂物或污垢堵塞，加以清除，不可反转的电动机要检查其转向； (9)采用降温措施； (10)检查电源电压，采取措施； (11)改善三相负载的平衡情况
轴承过热	(1)轴承磨损过度或质量有问题； (2)轴承脂过多或过少、型号选用不当或质量不好； (3)轴承内圈与轴的配合过松； (4)轴承外圈与端盖(或轴承套)的配合过松或过紧； (5)端盖或轴承盖的两侧面与轴承的两侧面装得不平行	(1)更换轴承； (2)调整或更换轴承脂； (3)过松时可在轴颈上喷涂加一层金属； (4)过松时可将端盖(或轴承套)的轴承孔扩大后镶套，过紧时刻重新加工轴承孔； (5)将两侧端盖或轴承盖止口装平，再旋紧螺栓
电动机振动	(1)转子不平衡； (2)皮带轮不平衡或轴弯曲； (3)电动机与负载轴线不对； (4)电动机安装不良	(1)校正平衡； (2)检查并校正； (3)调整好机组的轴线； (4)检查安装情况及底脚螺栓的紧固

二、任务实施

1. 准备工作

(1)6人一组进行分组。

(2)每组一套工具:扳手、万用表。

(3)每组:电动机、记录本。

2. 技术要求与注意事项

按操纵步骤拆装电动机与连接电动机控制电路。

3. 操作步骤

1)拆装电动机

(1)备齐常用电工工具及拉码等拆卸工具。
(2)查阅并记录被拆电动机的型号、外型和主要技术参数。
(3)在端盖、轴、螺钉、接线桩等零件上做好标记。
(4)卸下电动机尾部的风罩。
(5)拆下电动机尾部的扇叶。
(6)拆下前轴承外盖和前、后端盖的紧固螺钉。
(7)拆卸轴承。
(8)取出转子。
(9)对零件进行认知。
(10)测量电动机转子绕组和三相绕组。
(11)装配电动机。

2)异步电动机的点动运行、单方向运行、可逆运行等控制电路接线

按照点动运行、单方向运行、可逆运行的原理对电动机进行接线,使其能够点动、单方向运行、可逆运行。

三、技能考核标准

技能考核标准见表10-2。

技能考核标准　　表10-2

序号	项目	操作内容	规定分	评分标准	得分
1	拆电动机	对电动机进行拆卸	20分	(1)选用工具不当扣5分; (2)拆卸顺序视情况扣1~5分; (3)拆卸不规范视情况扣1~5分; (4)拆卸时间超过10min视情况扣1~5分	
2	零件识别	识别零件并简述电动机工作原理	10分	(1)不能说出零件名称视情况扣1~5分; (2)不能简述工作原理扣1~5分	
3	阻值检测	测量定子绕组和三相绕组阻值	10分	(1)测量方法不当视情况扣1~5分; (2)测量阻值不正确(偏差太大)视情况扣1~5分	
4	装配电动机	对电动机进行装配	20分	(1)选用工具不当扣5分; (2)装配顺序不当视情况扣1~5分; (3)装配不规范视情况扣1~5分; (4)装配时间超过10min扣1~5分	

续上表

序号	项目	操作内容	规定分	评分标准	得分
5	接线	对电动机进行接线,使电动机按要求运行	40	（1）能使异步电动机的点动运行得10分； （2）能使异步电动机的单方向运行得10分； （3）能使异步电动机的可逆运行得10分； （4）操作规范得10分	
		总分	100分		

四、思考与练习

（一）填空题

1. 异步电动机的主要结构为_____（不动部分）和_____（旋转部分）。
2. 异步电动机调速方法有_____、_____和绕线型电动机_____。
3. 异步电动机电气制动方式有_____、_____和_____。
4. 异步电动机分为_____和_____。
5. 异步电动机根据转子结构的不同可分为_____和_____两大类。它们的工作原理相同。
6. 电动机的铁芯是由相互绝缘的_____叠压制成。电动机的定子绕组可以联结成三角形或星形两种。
7. 电动机的控制分为_____、_____、_____三方面。

（二）单项选择题

1. 异步电动机是将（　　）转化为机械能量的一种交流电动机。
   A. 电能　　　　B. 势能　　　　C. 光能　　　　D. 化学能
2. 下列（　　）不是定子的组成。
   A. 定子贴心　　B. 三相绕组　　C. 端盖　　　　D. 转子绕组
3. 当转子转速逐渐接近同步转速时,感应电流逐渐减小,所产生的电磁转矩也相应（　　）。
   A. 增加　　　　B. 减少　　　　C. 不变　　　　D. 以上情况都有可能
4. 在三相异步电动机的调速方法中,（　　）方法投资最大,维修最困难。
   A. 变频调速　　　　　　　　　B. 转子回路串电阻调速
   C. 变极调速　　　　　　　　　D. 以上选项都正确
5. 三相异步电动机的维护中,我们要做到（　　）。
   A. 保持干燥　　B. 保持清洁　　C. 清除灰尘和纤维　　D. 以上选项都正确

（三）判断题

1. 电动机的作用是将机械能转化为电能。　　　　　　　　　　　　　　（　　）
2. 笼型异步电动机和绕线式异步点电动机的工作原理不同。　　　　　　（　　）
3. 旋转磁场的旋转方向与通入定子绕组中三相电流的相序有关。　　　　（　　）

4. 电动机的使用环境要求干燥。 (　　)
5. 电动机转子和定子相擦不会发出异响。 (　　)

(四)简答题

1. 简述异步电动机的工作原理。
2. 电动机过热可能的故障原因有哪些?
3. 笼型异步电动机的起动方法有哪些?

任务 11　电气线路

学习目标

知识目标

1. 能正确说出导线的种类;
2. 能正确说出不同导线颜色的应用领域;
3. 能分析导线的截面要求;
4. 能正确说出电工辅料的名称及用途;
5. 能正确说出室内电气线路的敷设方式和特点。

能力目标

1. 能根据不同导线的特点正确选择导线;
2. 能对不同导线进行正确连接和绝缘处理。

建议课时

10 课时。

任务描述

通过对理论知识的学习,正确选择单股导线和多股导线,用常用剥削工具正确削去导线绝缘层,规范实施一字型、T 型导线连接及线头与接线桩的连接,然后正确恢复导线绝缘。

一、理论知识准备

(一)常用导线的类型

1. 裸线

只有导体部分没有绝缘和护层结构,常用的裸线有软线和型线两种。

1)软线

如图 11-1 所示,软线是由多股铜线或镀锡铜线胶合编织而成,其特点是柔软、耐振动、耐弯曲。主要用于振动弯曲场合。软线的型号、命名方法与主要用途见表 11-1。

图 11-1　软线

软线的命名与主要用途　　　　　　　表 11-1

名　　称	型　号	主　要　用　途
裸铜电刷线 软裸铜电刷线	TS TS	供电动机、电器线路电刷用
裸铜软绞线	TRJ	移动式电气设备连接线,如开关等
	TRJ-3	要求较柔软的电气设备连接线,如接地线、引出线等
	TRJ-4	供要求特别柔软的电气设备连接线用,如晶闸管的引线
软裸铜编织线	TRZ	

2) 型线

如图 11-2 所示,型线是非圆形截面的裸电线。型线的型号、命名方法与主要用途见表 11-2。

扁线　　母线　　凹型铜排　　梯形铜排　　空心导线

图 11-2　型线

型线的命名与主要用途　　　　　　　表 11-2

类别	名　称	型　号	主　要　用　途
扁线	硬扁铜线 软扁铜线 硬扁铝线 软扁铝线	TBV TBR LBV LBR	适用于电动机、电器、安装配电设备及其他电工制品
母线	硬铜母线 软铜母线 硬铝母线 软铝母线	TMV TMR LMV LMR	适用于电动机、电器、安装配电设备及其他电工制品,也可用于输配电的汇流

续上表

类别	名称	型号	主要用途
铜带	硬铜带 软铜带	TDV TDR	适用于电动机、电器、安装配电设备及其他电工制品
铜排	梯形铜排	TPT	制造直流电动机换向器用

2. 电磁线

应用于电动机、电器及电工仪表中，作为绕组或元件的绝缘导线，如图 11-3 所示。常用的电磁线有漆包线、绕包线两类。漆包线的绝缘层是漆膜，广泛用中小型电动机及微型电动机、干式变压器及其他电工产品。绕包线是用玻璃丝、绝缘纸或合成树脂薄膜紧密绕包在导线芯上，形成绝缘层的，一般用于大中型电工产品。

图 11-3 电磁线

3. 绝缘电线电缆

一般由导体、绝缘层和保护层三部分组成，广泛应用于照明和电气控制线路中，如图 11-4 所示。常用的绝缘导线有以下几种：聚氯乙烯绝缘电线、聚氯乙烯绝缘软线、丁腈聚氯乙烯混合物绝缘软线、橡皮绝缘电线、农用地下直埋铝芯塑料绝缘电线、橡皮绝缘棉纱纺织软线、聚氯乙烯绝缘尼龙护套电线、电力和照明用聚氯乙烯绝缘软线等，见表 11-3。

图 11-4 绝缘电线电缆

绝缘电线电缆的分类与主要用途 表 11-3

	分类	代号		分类	代号		分类	代号
用途	固定布线用电缆	B	材料	绝缘聚氯乙烯	V	结构	编织屏蔽型	P
	连接用软电线	R		护套聚氯乙烯	V		缠绕屏蔽型	P1
	安装用电线	A	结构	圆形	省略		软结构	R
材料	铜导体	省略		扁形（平型）	B	耐热特性	70℃	省略
	铝导体	L		双绞型	S		90℃	90

4. 通信电缆

通信电缆是指用于近距离音频通信和远距的高频载波和数字通信及信号传输电缆，根据通信电缆的用途和适用范围，可分为六大系列产品，即市内通信电缆、长途对称电缆、同轴电缆、海底电缆、光纤电缆、射频电缆，如图 11-5 所示。

a)市内通信电缆

b)长途对称电缆

c)同轴电缆

d)海底电缆

e)光纤电缆

f)射频电缆

图 11-5　通信电缆

(二)常用导线的命名法

1.导线型号命名法(图 11-6)

(1)分类代号或用途:A——安装线缆、B——布电线、F——飞机用低压线、R——日用电器用软线、Y——一股工业移动电器用线、T——天线。

图 11-6　导线型号命名

(2)绝缘:V——聚氯乙烯、F——氟塑料、Y——聚乙烯、X——橡皮、ST——天然丝、B——聚丙烯、SE——双丝包。

(3)护套:V——聚氯乙烯、H——橡皮、B——编织套、L——蜡克、N——尼龙套、SK——尼龙丝。

(4)派生特征:P——屏蔽、R——软、S——双绞、B——平行、D——带形、T——特种。

示例如图 11-7 ~ 图 11-9 所示。

图 11-7　AV——聚氯乙烯绝缘安装线

11-8　AVRP——聚氯乙烯屏蔽安装线

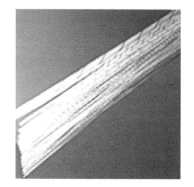

图 11-9　ASVR——纤维聚氯乙烯绝缘安装软线

2.射频电缆型号命名法(图 11-10)

(1)分类:S——射频同轴电缆、SE——射频对称电缆、ST——特殊射频电缆、SJ——强力射频电缆、SG——高压射频电缆、SZ——延迟射频电缆、SS——电视电缆。

(2) 绝缘：Y——聚乙烯实心、YE——发泡聚乙烯半空气、YK——纵空聚乙烯半空气、X——橡皮、F——氯塑料实心、U——氯塑料空气。

(3) 护套：V——聚氯乙烯、F——氯塑料、B——玻璃丝编织浸有机硅漆、H——橡皮、VZ——阻燃聚氯乙烯、Y——聚乙烯。

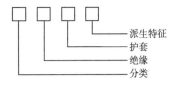

图 11-10　射频电缆型号命名

(4) 派生特征：P——屏蔽、Z——综合式、D——镀铜屏蔽层。

示例如图 11-11、图 11-12 所示。

图 11-11　AVV——聚氯乙烯安装电缆

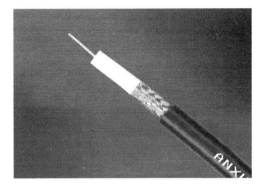

图 11-12　SYV——聚氯乙烯绝缘同轴射频电缆

(三) 线材选用

1. 电路条件

线材的选用要从电路的条件、环境的条件和机械强度等多方面去综合考虑。导线在电路中工作时的电流要小于允许电流。导线很长时，要考虑导线电阻对电压的影响。使用时，电路的最大电压应低于额定电压，以保证安全。对不同的频率选用不同的线材，要考虑到高频信号的趋肤效应。在射频电路中要选用同轴电缆馈线，以防止信号的反射波。

2. 环境条件

所选择的导线应具备良好抗拉强度、耐磨损性和柔软性，质量要轻，以适应各地方的机械振动等条件。所选线材应能适应环境温度的要求。因为环境温度会使导线的敷层变软或变硬，以至于变形、开裂，甚至短路。选用线材还应考虑安全性，防止火灾和人身事故的发生。易燃材料不能作导线的敷层。

3. 导线颜色的选用

为了整机装配及维修方便，导线和绝缘套管的颜色选用，要符合习惯、便于识别，通常导线颜色按表 11-4 的规定选用。

导线颜色的选用　　　　表 11-4

电　路　种　类		导线颜色
一般 AC 电路		①白 ②灰
AC 电源线	相线 A	黄
	相线 B	绿
	相线 C	红
	工作零线	淡蓝
	保护零线	黄绿双色

续上表

电 路 种 类		导 线 颜 色
一般 AC 电路		①白 ②灰
DC 线路	+ GND −	①红 ②棕 ③黄 ①黑 ②紫 ①蓝 ②白底青纹
晶体管电路	E B C	①红 ②棕 ①黄 ②橙 ①青 ②绿
立体声电路		①红 ②橙 ①白 ②灰

导线颜色选用示例如图 11-13 所示。

图 11-13　导线颜色选用示例

4. 导线载流量的计算

某截面的导线在不超过最高工作温度条件下,允许长期通过的最大电流就是该导线的载流量。铝导线的载流量可用如下口诀测量:10 下五,100 上二,16、25 四,35、50 三,70、95 两倍半。

口诀中的阿拉伯数字与倍数的排列关系如下:

对于 1.5、2.5、4、6、10mm^2 的导线可将其截面积数乘以 5 倍。如 4mm^2 的导线其载流量为 $4 \times 5 = 20A$,以下同。

对于 16、25mm^2 的导线可将其截面积数乘以 4 倍。

对于 35、50mm^2 的导线可将其截面积数乘以 3 倍。

对于 70、95mm^2 的导线可将其截面积数乘以 2.5 倍。

对于 120、150、185mm^2 的导线可将其截面积数乘以 2 倍。

铜导线的截流量可按铝导线的截流量升一级算。

(四) 导线的连接

1. 导线连接的要求

接触电阻要与原值约等;机械强度不小于原有的 80%;绝缘性好,耐腐蚀性好;接线紧密,工艺美观。

2. 导线线头绝缘层的剥线与剖削

(1)用钢丝钳剖削塑料硬线绝缘层,如图 11-14 所示。

(2)用电工刀剖削塑料硬线绝缘层,如图 11-15、图 11-16a)所示。

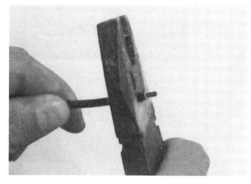

图 11-14　钢丝钳剖削塑料硬线绝缘层　　　　图 11-15　电工刀剖削塑料硬线绝缘层

用电工刀剖削塑料硬线绝缘层时,电工刀刀口在需要剖削的导线上与导线成 45°夹角,如图 11-16b)所示,斜切入绝缘层,然后以 25°角倾斜推削,如图 11-16c)所示。最后将剖开的绝缘层折叠,齐根剖削如图 11-16d)所示。剖削绝缘时不要削伤线芯。

(3)用剥线钳剥线如图 11-17 所示。

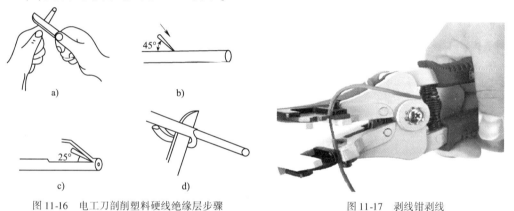

图 11-16　电工刀剖削塑料硬线绝缘层步骤　　　　图 11-17　剥线钳剥线

3. 单股芯线的连接

1)一字形(直线)连接

先将两线头剖削出一定长度的线芯(约 8cm)。清除线芯表面氧化层,将两线芯作 X 形交叉,并相互绞绕 2~3 圈,再扳直线头。将扳直的两线头向两边各紧密绕 6 圈,切除余下线头并钳平线头末端,如图 11-18 所示。

图 11-18　单股芯线一字形连接步骤

2)T 字形连接

将剖削好的线芯与干线线芯十字相交,支路线芯根部留出 3~5mm,在干线缠绕一圈,再环绕成结状(图 11-19),然后收紧线端,顺时针方向在干线线芯上密绕 6~8 圈,用钢丝钳切除余下线芯,钳平线芯末端,不打结的时候要上锡进行加固。连接步骤如图 11-20 所示。

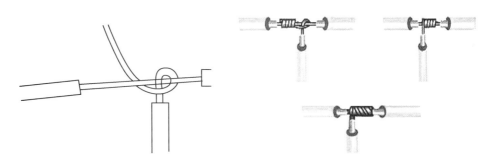

图 11-19　T 字形连接打结示意　　　　图 11-20　单股芯线 T 字形连接步骤

4. 七股芯线的连接

1) 一字形(直线)连接

如图 11-21 所示,首先将两线线端剖削出约 150mm 并将靠近绝缘层约 1/3 段线芯绞紧,清洁表面氧化层,然后再将线芯整理成伞状,把两伞状线芯隔根对叉,理平线芯,把 7 根线芯分成 2、2、3 三组。将第一组的 2 根线芯顺时针方向紧密缠绕 2 圈后扳平余下线芯,再把第二组的 2 根线芯扳垂直,用第二组线芯压住第一组余下的线芯,紧密缠绕 2 圈扳平余下线芯,用第三组的 3 根线芯压住余下的线芯,紧密缠绕 3 圈,切除余下的线芯,钳平线端。

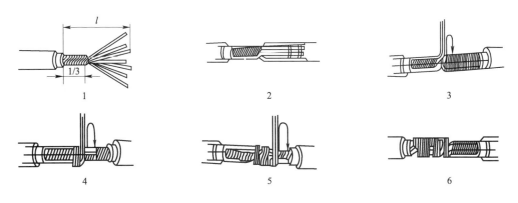

图 11-21　七股芯线一字形连接步骤

2) T 字形连接

如图 11-22 所示,在支线留出的连接线头 1/8 根部进一步绞紧,余部分散,支线线头分成两组,4 根一组的插入干线的中间,将三股芯线的一组往干线一边按顺时针缠 3～4 圈,剪去余线,钳平切口。另一级用相同方法缠绕 4～5 圈,剪去余线。

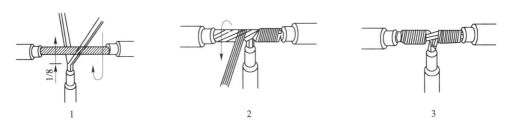

图 11-22　七股芯线 T 字形连接步骤

5. 线头与瓦形接线桩的连接

如图 11-23 所示,剥去适当长度绝缘层将单股芯线按略大于瓦形垫圈螺钉直径弯成 U 形,使螺钉从瓦形垫圈下穿过 U 形导线,旋紧螺钉。

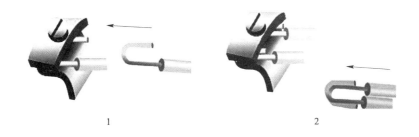

图 11-23 线头与瓦形接线桩的连接步骤

(五)线头绝缘的恢复

1. 线头用绝缘材料

在线头连接完成后,破损的绝缘层必须恢复。恢复后的绝缘强度不应低于原有的绝缘强度。在恢复导线绝缘中,常用的绝缘材料有:黑胶布、黄蜡带、自黏性绝缘橡胶带、电气胶带等,一般绝缘带宽度为 10～20mm 较合适。其中,电气胶带因颜色有红、绿、黄、黑,又称相色带,如图 11-24 所示。

图 11-24 常见线头用绝缘材料

2. 一字型连接导线接头的绝缘处理

一字型连接的导线接头可按图 11-25 所示进行绝缘处理。先包缠一层黄蜡带,再包缠一层黑胶布带。将黄蜡带从接头左边绝缘完好的绝缘层上开始包缠,包缠两圈后进入剥除了绝缘层的芯线部分,如图 11-25a)所示。包缠时黄蜡带应与导线成 55°左右倾斜角,每圈压叠带宽的 1/2,如图 11-25b)所示,直至包缠到接头右边两圈距离的完好绝缘层处。然后将黑胶布带接在黄蜡带的尾端,按另一斜叠方向从右向左包缠,如图 11-25c)、d)所示,仍每圈压叠带宽的 1/2,直至将黄蜡带完全包缠住。包缠处理中应用力拉紧胶带,注意不可稀疏,更不能露出芯线,以确保绝缘质量和用电安全。对于220V线路,也可不用黄蜡带,只用黑胶布带或塑料带包缠两层。在潮湿场所应使用聚氯乙烯绝缘胶带或涤纶绝缘胶带。

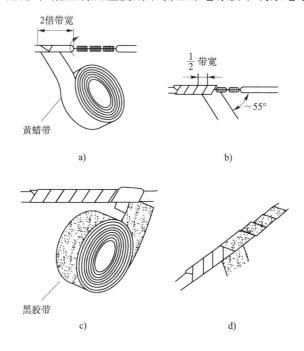

图 11-25　一字形连接导线接头的绝缘处理步骤

3. T字形连接导线接头的绝缘处理

导线分支接头的绝缘处理基本方法同上,T字分支接头的包缠方向如图11-26所示。走一个T字形的来回,使每根导线上都包缠两层绝缘胶带,每根导线都应包缠到完好绝缘层的2倍胶带宽度处。

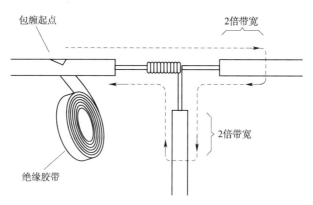

图 11-26　T字形连接导线接头的绝缘处理

4. 十字形连接导线接头的绝缘处理

对导线的十字分支接头进行绝缘处理时,包缠方向如图11-27所示,走一个十字形的来回,使每根导线上都包缠两层绝缘胶带,每根导线也都应包缠到完好绝缘层的2倍胶带宽度处。

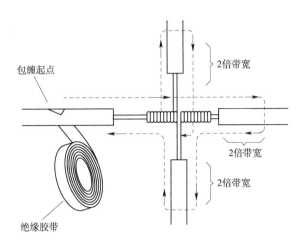

图11-27 十字形连接导线接头的绝缘处理

(六)常用的电工辅料

1. 接线端子

接线端子就是用于实现电气连接的一种配件产品,工业上划分为连接器的范畴。它其实就是一段封在绝缘塑料里面的金属片,两端都有孔可以插入导线,有螺钉用于紧固或者松开。作用主要传递电信号或导电用。常见的一些接线端子如图11-28所示。

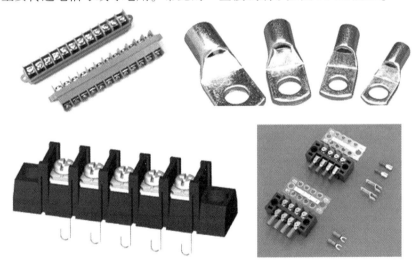

图11-28 常见接线端子

2. 热缩管

热缩管是热缩套管的简称,是一种特制的聚烯烃材质热收缩套管,也可以叫作EVA材质的热收缩套管。外层采用优质柔软的交联聚烯烃材料及内层热熔胶复合加工而成的,外层材料有绝缘防蚀、耐磨等特点,内层有低熔点、防水密封和高粘接性等优点。热缩套管加热后直径缩小。它的直径和厚度随着口径不同而有差异。由于扩张工艺不同,热缩管的扩张率、收缩率也会有不同,有2倍、3倍、4倍甚至更高。热缩套管常用于电气工程的电线导体的连接处和电线接头处,起绝缘保护、环境防护作用。也可用于电线修复时捆绑束缚导线,以保护导线和小端子,从而增加电气接线盒的密封性。常见的一些热缩管如图 11-29 所示。

热缩管密封接线头的操作步骤:首先截取一段热收缩套管,其长度应长于胶带在接头导线上缠绕的长度。将截取的热缩管事先套在其中的一根导线上,使用黄蜡带将导线接头处包缠,然后使热缩管将接头处整个套住。点燃喷灯,调整好火焰,手持喷灯火从热缩管中间向两侧反复喷烤,是热缩管受热紧贴在导线上。工艺合格的热缩管应用如图 11-30 所示。

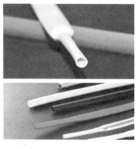
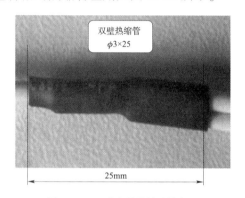

图 11-29　常见热缩管　　　　　　　　图 11-30　工艺合格的热缩管应用

3. 连接器

连接器,又称接插件、插头和插座。一般是指电器连接器。即连接两个有源器件的器件,传输电流或信号。常见连接器如图 11-31 所示。

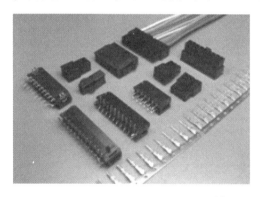

图 11-31　常见连接器

4. 扎带

扎带又称扎线带、束线带、锁带,是用来捆扎东西的带子。一般按材质可分为尼龙扎带、不锈钢扎带、喷塑不锈钢扎带等,按功能则分为普通扎带、可退式扎带、标牌扎带、固定锁式扎带、插销式扎带、重拉力扎带等。常见扎带如图 11-32 所示。

5. 缠绕管

缠绕管是一种替代传统胶管保护用金属护簧的新产品。缠绕管一般采用尼龙材质或聚丙烯材质制成。缠绕管主要应用于各种工程机械和矿山液压设备及有耐磨要求的电线电缆保护。因其可以完全覆盖被保护产品,形成有效磨损和抗紫外线的保护作用而在很多杆状物体外起保护作用。常见缠绕管如图 11-33 所示。

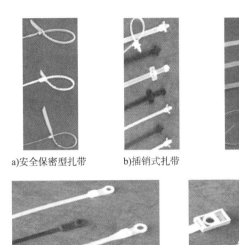

a)安全保密型扎带　　b)插销式扎带　　c)不锈钢扎带

d)固定头式扎带　　e)固定锁式扎带

图 11-32　常见扎带

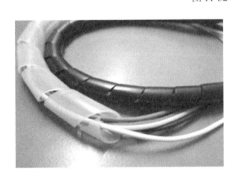 

图 11-33　常见缠绕管

(七)室内配线

1. 室内配线的类型

室内配线就是敷设室内用电器具、设备的供电和控制线路。室内配线有明线安装和暗线安装两种。明线安装是指导线沿墙壁、天花板、梁及柱子等表面敷设的安装方法。暗线安装是指导线穿管埋设在墙内、地下、顶棚里的安装方法。

2. 室内配线的主要方式

室内配线的主要方式通常有瓷(塑料)夹板配线、瓷瓶配线、槽板配线、护套线配线、电线管配线等。

1) 塑料护套线的配线

如图 11-34 所示,塑料护套线是一种将双芯或多芯绝缘导线并在一起,外加塑料保护层的双绝缘导线,具有防潮、耐酸、耐腐蚀及安装方便等优点。广泛用于家庭、办公等室内配线中。塑料护套线一般用铝片或塑料线卡(图 11-35)作为导线的支持物,直接敷设在建筑物的墙壁表面,有时也可直接敷设在空心楼板中。

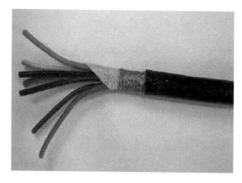

图 11-34 塑料护套线配线

图 11-35 塑料线卡

2) 线管和线槽的配线

把绝缘导线穿在管内敷设,称为线管配线,如图 11-36 所示。把绝缘导线穿在线槽内敷设,称为线槽配线,如图 11-37 所示。线管(槽)配线有耐潮、耐腐、导线不易遭受机械损伤等优点。适用于室内外照明和动力线路的配线。

图 11-36 线管配线

图 11-37 线槽配线及固定件(膨胀套及螺钉)

线管配线有明装式和暗装式两种。明装式表示线管沿墙壁或其他支撑物表面敷设,要求线管横平竖直、整齐美观;暗装式表示线管埋入地下、墙体内或吊顶上,不为人所见,要求线管短、弯头少。

3) 瓷夹板配线方法

瓷夹板的结构如图 11-38 所示,瓷夹板布线如图 11-39 所示。

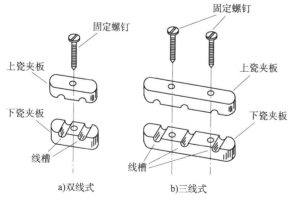

图 11-38 瓷夹板的结构

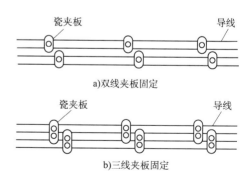

图 11-39 瓷夹板布线

3. 室内配线的基本要求

室内配线不仅要求安全可靠,经济方便,而且要求布局合理、整齐、牢固。

具体要求:

(1)配线时,要求导线额定电压大于线路的工作电压;导线的绝缘应符合线路的安装方式和敷设环境条件;导线截面应当能满足供电质量、发热和机械强度的要求。导线允许的最小截面见表11-5所列数值。

线芯允许最小截面　　　　　　　　表11-5

敷设方式及用途	线芯最小截面(mm^2)		
	铜芯软线	铜线	铝线
一、敷设在室内绝缘支持件上的裸导线		2.5	4
二、敷设在绝缘支持件上的绝缘导线其支持点间距为:			
(1)1m 及以下　　室内		1.0	1.5
室外		1.5	2.5
(2)2m 及以下　　室内		1.0	2.5
室外		1.5	2.5
(3)6m 及以下		2.5	4
(4)12m 及以下		2.5	6
三、穿管敷设的绝缘导线	1.0	1.0	2.5
四、槽板内敷设的绝缘导线		1.0	1.5
五、塑料护套线敷设		1.0	1.5

(2)导线敷设时要尽量避免接头,因为导线接头质量不好,经常造成事故。

(3)导线在连接和分支处,不应受机械力的作用。

(4)各种明配线应垂直和水平敷设,要求横平竖直,导线水平高度距地不应小于2.5m,垂直敷设时离地不低于1.8m,否则应加管槽保护,以利安全和防止机械损伤。

(5)导线穿墙时,应加装保护管(瓷管、塑料管、钢管)。保护管伸出墙面的长度不应小于10mm,并保持一定的倾斜度。

(6)导线相互交叉时,为避免相互碰撞,应在每根导线上加套绝缘管,并将套管在导线上固定牢靠。

(7)当导线沿墙壁或天花板敷设时,导线与建筑物之间最小距离:瓷夹板不应小于5mm,瓷瓶配线不小于10mm。在通过伸缩缝的地方,导线敷设应稍为松弛。对于线管配线应设补偿盒,以适应建筑物的伸缩。

(8)为确保用电安全,室内电气管线与其他管道间应保持一定距离,见表11-6。

施工中如不能满足表中所列距离时,则应采取如下措施:

①电气管线与蒸汽管可在蒸汽管外包以隔热层,这样平行净距可减到200mm;交叉距离须考虑施工维修方便,但管线周围温度应经常在35℃以下。

②电气管线与暖水管可在暖水管外包隔热层。

③裸导线应敷设在管道上面,当不能保持表中距离时,可在裸导线外加装保护网或保护罩。

室内配线与管道间最小距离　　　　　　　　　　　　　　　表 11-6

管道名称		配线方式		
		穿管配线	绝缘导线明配线	裸导线配线
		最小距离(mm)		
蒸汽管	平行 交叉	1000/500 300	1000/500 300	1500 1500
暖、热水管	平行 交叉	300/200 100	300/200 100	1500 1500
通风、上下水 压缩空气管	平行 交叉	100 50	200 100	5100 5100

4. 室内配线主要采用电缆

室内电气工程常用缆线主要有耐压 300/500V 低频缆线、同轴电缆、对绞电缆、防火电缆和光纤电缆等几大类。

以下重点介绍室内电气工程缆线。

固定敷设用聚氯乙烯绝缘电缆(电线)规格见表 11-7。

电缆的规格　　　　　　　　　　　　　　　　　　　　　　表 11-7

型　号	额定电压(V)	芯　数	标称截面(mm²)
BV	300/500	1	0.5～1
	450/750	1	1.5～400
BLV	450/750	1	2.5～400
BVR	450/750	1	2.5～70
BVV	300/500	1、2、3、4、5	0.75～10 1.5～35
BLVV	300/500	1	2.5～10
BVVB	300/500	2.3	0.75～10
BLVVB	300/500	2.3	2.5～10
BV-105	450/750	1	0.5～6

除了上述固定敷设用聚氯乙烯绝缘电缆(电线)一大类外,另一大类铜芯聚氯乙烯绝缘连接软电缆(电线)也是强弱电工程最常用的。其型号和名称见表 11-8。

电缆(电线)型号和名称表　　　　　　　　　　　　　　　　表 11-8

型　号	名　称
RV	铜芯聚氯乙烯绝缘连接软电缆(电线)
RVB	铜芯聚氯乙烯绝缘平型连接软电线
RVS	铜芯聚氯乙烯绝缘绞型连接软电线
RVV	铜芯聚氯乙烯绝缘聚氯乙烯护套圆形连接软电缆
RVVB	铜芯聚氯乙烯绝缘聚氯乙烯护套平形连接软电缆
RV-105	铜芯耐热105℃聚氯乙烯绝缘连接软电线

5. 室内配线导线的连接

导线的接续原则是连接后不应该降低导线的机械强度、不增大导线的电阻和不降低导线的耐压水平。

1）同材质导线的连接

（1）铜芯导线可采用缠绕或刷锡方法连接；单股铝线宜采用绝缘螺旋连接钮连接，禁止使用熔焊连接。

（2）导线在箱、盒内的连接宜采用压接法；多股铝芯及导线截面超过 $2.5mm^2$ 的多股铜芯导线应紧压端子后再与电气器具的端子连接，如图 11-40 所示。设备自带插接式端子除外。

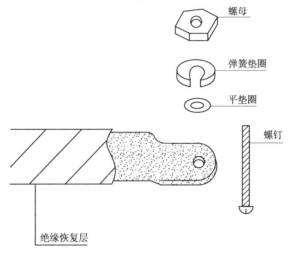

图 11-40 接线端子

（3）单股铜（铝）芯及导线截面为 $2.5mm^2$ 以及以下的多股铜芯导线可直接连接，但多股铜芯导线的线芯应先拧紧、刷锡后再连接。铜芯导线及铜接线端子刷锡时不要使用酸性焊剂。

2）铝导线与铜导线接头的连接

（1）$2.5mm^2$ 单股铝线与多股铜芯软线接头，铜软线刷锡后缠绕在铝线上，缠 5 圈后将铝线弯曲 $180°$，用钳子夹紧，如图 11-41 所示。

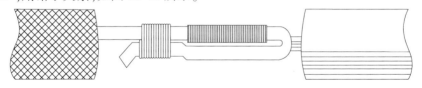

图 11-41 多股软铜线与单股铝导线连接

（2）铜、铝导线相连接应有可靠的过渡措施，可使用铜铝过渡端子、铜铝过渡套管、铜铝过渡线夹等连接，铜铝端子相连接时应将铜接线端子做刷锡处理。$2.5mm^2$ 铝线与 $2.5mm^2$ 铜线连接，可采用端子板压接，或者将铜线刷锡后缠绕相连，也可采用螺旋压接帽压接。

二、任务实施

1. 准备工作

（1）6 人一组进行分组。

(2)每组一套工具:电工刀、钢丝钳、剥线钳、尖嘴钳各一把。

(3)每组:单股线材(2m)、七股线材(2m)、绝缘胶带一卷、接线桩一个。

2. 技术要求与注意事项

按上述规范操作连接导线,指导老师检查合格后进行绝缘处理。

3. 操作步骤

(1)每组组长将单股线(2m)分成6份,发给组内每位同学。

(2)每位同学使用所给工具练习单股导线剥线头。

(3)每位同学练习连接单股导线一字形和T形连接。

(4)指导老师或组长检查连接好后,做绝缘练习。

(5)换成七股芯线后,重复(1)~(4)步练习。

(6)进行导线与接线桩连接练习。

三、技能考核标准

技能考核标准见表11-9。

技能考核标准　　　　　　　　　表11-9

序号	项目	操作内容	规定分	评分标准	得分
1	单股线一字型连接与绝缘处理	(1)剥线头; (2)连接; (3)绝缘处理	20分	(1)选用工具不当扣3分; (2)剥线头时切到芯线上视情扣1~5分; (3)不按规范连接或连接不牢固,视情扣1~10分; (4)不按规范进行绝缘处理,视情扣1~5分	
2	单股线T字形连接与绝缘处理	(1)剥线头; (2)连接; (3)绝缘处理	20分	(1)选用工具不当扣3分; (2)剥线头时切到芯线上视情扣1~5分; (3)不按规范连接或连接不牢固,视情扣1~10分; (4)不按规范进行绝缘处理,视情扣1~5分	
3	七股线一字形连接与绝缘处理	(1)剥线头; (2)连接; (3)绝缘处理	25分	(1)选用工具不当扣3分; (2)剥线头时切到芯线上视情扣1~5分; (3)不按规范连接或连接不牢固,视情扣1~15分; (4)不按规范进行绝缘处理,视情扣1~5分	

续上表

序号	项目	操作内容	规定分	评分标准	得分
4	七股线T字形连接与绝缘处理	(1)剥线头；(2)连接；(3)绝缘处理	25分	(1)选用工具不当扣3分；(2)剥线头时切到芯线上视情扣1~5分；(3)不按规范连接或连接不牢固,视情扣1~15分；(4)不按规范进行绝缘处理,视情扣1~5分	
5	导线与接线桩连接	(1)剥线头；(2)连接	10分	(1)选用工具不当扣3分；(2)剥线头时切到芯线上视情扣1~5分；(3)不按规范连接或连接不牢固,视情扣1~5分	
	总分		100分		

四、思考与练习

(一)填空题

1. 只有导体部分没有绝缘和护层结构的导线称为裸线,常用的裸线有_____和_____两种。_____线是非圆形截面的裸电线。

2. _____是应用于电动机、电器及电工仪表中,作为绕组或元件的绝缘导线。常用的有_____、_____两类。_____的绝缘层是漆膜,广泛用于中小型电动机及微型电动机、干式变压器及其他电工产品。_____是用玻璃丝、绝缘纸或合成树脂薄膜紧密绕包在导线芯上,形成绝缘层的,一般用于大中型电工产品。

3. 绝缘电线电缆一般由_____、_____和_____三部分组成,广泛应用于照明和电气控制线路中。

4. _____电缆是指用于近距离音频通信和远距的高频载波和数字通信及信号传输电缆。

5. 用电工刀剖削塑料硬线绝缘层时,电工刀刀口在需要剖削的导线上与导线成_____夹角,斜切入绝缘层,然后以_____角倾斜推削。最后将剖开的绝缘层折叠,剖削。剖削绝缘时不要削伤线芯。

6. 在恢复导线绝缘中,常用的绝缘材料有:_____、_____、自黏性绝缘橡胶带、电气胶带等,一般绝缘带宽度为_____ mm较合适。其中,电气胶带因颜色有红、绿、黄、黑,又称相色带。

7. 一字型连接的导线接头绝缘处理:先包缠一层黄蜡带,再包缠一层黑胶布带。将黄蜡带从接头左边绝缘完好的绝缘层上开始包缠,包缠_____后进入剥除了绝缘层的芯线部分。包缠时黄蜡带应与导线成_____左右倾斜角,每圈压叠带宽的_____,直至包缠到接头右边_____距离的完好绝缘层处。然后将黑胶布带接在黄蜡带的尾端,按另一斜叠方向从_____向_____包缠,仍每圈压叠带宽的_____,直至将黄蜡带完全包缠住。包缠处理中应用力拉紧胶带,注意不可稀疏,更不能露出芯线,以确保绝缘质量和用电安全。

8. T字分支接头的包缠方向是走一个_____的来回,使每根导线上都包缠_____绝缘胶带,每根导线都应包缠到完好绝缘层的_____胶带宽度处。

9. 连接器,又称_____、_____。一般是指电器连接器。即连接两个有源器件的器件,传输_____或_____。

10. 室内配线时,要求导线_____电压大于线路的_____电压;导线的_____应符合线路的安装方式和敷设环境条件;导线_____应当能满足供电质量、发热和机械强度的要求。

11. 各种明配线应_____和_____敷设,要求横平竖直,导线水平高度距地不应小于_____m,垂直敷设时离地不低于_____m,否则应加管槽保护,以利安全和防止机械损伤。

12. 导线的接续原则是连接后不应该_____导线的机械强度、不_____导线的电阻和不_____导线的耐压水平。

(二)单项选择题

1. 一般AC电路导线常用颜色为(　　)。
   A. 淡蓝　　　　B. 黄、绿　　　　C. 黑、紫　　　　D. 白、灰

2. 铜导线的截流量可按铝导线的截流量升一级算。对于16、25 mm^2 的导线可将其截面积数乘以(　　)倍。
   A. 5　　　　　B. 4　　　　　　C. 3　　　　　　D. 2

3. 电缆型号中的SE指的是(　　)。
   A. 特殊射频电缆　　　　　　　　B. 射频对称电缆
   C. 强力射频电缆　　　　　　　　D. 高压射频电缆

4. 电线型号中的R指(　　)。
   A. 安装线缆　　B. 布电线　　　C. 日用电器用软线　　D. 天线

5. 敷设在室内绝缘支持件上的铜线裸导线线芯允许最小截面为(　　)mm^2。
   A. 1.0　　　　B. 1.5　　　　　C. 2.5　　　　　D. 4.0

6. 绝缘导线明配线与通风管或上下水管平行敷设时之间的最小距离为(　　)mm。
   A. 100　　　　B. 200　　　　　C. 300　　　　　D. 500

(三)判断题

1. 易燃材料不能作导线的敷层。(　　)

2. 通常AC电源线的相线A、B、C的导线颜色分别用黄、红、绿色。(　　)

3. 通常DC线路的接地GND的导线颜色用黑色或紫色。(　　)

4. 在线头连接完成后,破损的绝缘层必须恢复。恢复后的绝缘强度因工艺原因可以低于原有的绝缘强度。(　　)

5. 十字形连接导线接头绝缘处理时分别进行十字两方向的一字形包缠即可。(　　)

6. 接线端子的作用主要是传递电信号或导电用。(　　)

7. 热缩套管常用于电气工程的电线导体的连接处和电线接头处,起绝缘保护、环境防护作用。也可用于电线修复时捆绑束缚导线。(　　)

8. 当导线沿墙壁或天花板敷设时,导线与建筑物之间最小距离:瓷夹板不应小于10mm,瓷瓶配线不小于5mm。在通过伸缩缝的地方,导线敷设应稍为松弛。对于线管配线应设补偿盒,以适应建筑物的伸缩。(　　)

9. 同材质导线的连接:铜芯导线可采用缠绕或刷锡方法连接;单股铝线宜采用绝缘螺旋连接钮连接,也可使用熔焊连接。　　　　　　　　　　　　　　　　　　(　　)

10. 单股铜(铝)芯及导线截面为 2.5mm² 以及以下的多股铜芯导线可直接连接,但多股铜芯导线的线芯应先拧紧、刷锡后再连接。铜芯导线及铜接线端子刷锡时不要使用酸性焊剂。(　　)

(四) 简答题

1. 说明电线型号 AVRP 各字母代表的含义。
2. 简述线材选用的电路条件。
3. 简述铝导线的载流量计算方法。
4. 简述导线连接的要求。
5. 简述单股芯线一字形连接的步骤。
6. 简述单股芯线 T 字形连接的步骤。
7. 简述七股芯线一字形连接的步骤。
8. 简述七股芯线 T 字形连接的步骤。

任务 12　电气照明及照明设备

学习目标

知识目标
1. 能正确说出照明设备的方式和种类;
2. 能正确说出照明装置的安装方法;
3. 学习照明线路的基本知识。

能力目标
能正确进行常用灯具的接线、安装和拆卸。

建议课时
6 课时。

任务描述
通过对理论知识的学习,正确选择电工工具,不损害常用灯具的前提下能对常用灯具进行接线、安装、拆卸,操作规范,完成任务。

一、理论知识准备

(一) 光学基本知识

1. 光通量

光源在单位时间内向周围空间辐射出的使人眼产生光感的能量,称为光通量,简称光通,用符号 Φ 表示,单位为 lm(流明)。

电光源每消耗 1W 功率所发出的流明数,称为发光效率,简称光效。

2. 发光强度

光源在某一特定方向上单位立体角内的辐射的光通量,称为光源在该方向上的发光强度,简称光强,用符号 I 表示,单位为 cd(坎德拉)。

3. 照度

受照物体单位面积上接收到的光通量,称为照度,用符号 E 表示,单位为 lx(勒克斯)。

4. 亮度

光源在给定方向单位投影面上的发光强度,称为亮度,用符号 L 表示,单位为 cd/m^2。

(二)照明方式和照明种类

1. 照明方式

照明方式按照明设备的布置特点来区分,分为一般照明、局部照明和混合照明。

2. 照明种类

照明种类是按照明的功能来划分的,分为正常照明、应急照明、值班照明、警卫照明和障碍照明等。

(三)照明电光源

1. 电光源的分类

按工作原理分,电光源可分为两大类:热辐射光源和气体放电光源。

1)热辐射光源

主要是利用电流的热效应,把具有耐高温、低挥发性的灯丝加热到白炽程度而产生可见光。常用的热辐射光源有白炽灯、卤钨灯等。

2)气体放电光源

主要是利用电流通过气体(蒸气)时,激发气体(或蒸气)电离和放电而产生可见光。气体放电光源按其发光物质又可分为金属、惰性气体和金属卤化物三种。

电光源的分类和典型的产品如图 12-1 所示。

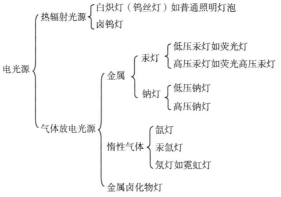

图 12-1 电光源的分类及典型的产品

2. 照明常用电光源

1)白炽灯

白炽灯具有价格便宜、启动迅速、便于调光、显色性好、适用范围广、单灯功率范围大等优点。

(1) 白炽灯的构造。

如图 12-2 所示, 白炽灯主要由灯头、灯丝、导入线和玻璃壳组成。灯丝采用高熔点、低蒸发率的钨丝制成。玻璃壳用普通玻璃制作, 为降低其表面亮度, 也可采用磨砂玻璃或乳白玻璃等材料。小功率灯泡的玻璃壳内抽成真空, 大功率灯泡在抽真空后充以气体氢、氮等。

(2) 工作原理。

白炽灯灯丝通过电流被加热至白炽状态而发光。但输入白炽灯的电能只有 20% 以下转化为光能, 80% 以上转换为红外线辐射能和热能。所以白炽灯的发光效率不高。

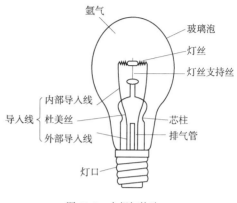

图 12-2　白炽灯构造

2) 卤钨灯

卤钨灯是一种新型的热辐射电光源。卤钨灯是卤钨循环白灯泡的简称, 它是在白炽灯的基础上改进而得, 与白炽灯相比, 它有以下特点: 体积小、光通量稳定、光效高、光色好、寿命长。

(1) 卤钨灯的构造。

卤钨灯分为两端引出和单端引出, 如图 12-3、图 12-4 所示, 卤钨灯主要由电极、灯丝和石英管组成。为了提高工作温度获得高光效, 灯丝绕得很密, 并用石英支架将灯丝托住以防其滑移下垂。灯管采用石英玻璃或含硅量很高的硬玻璃制成。管内抽真空后充以微量的卤素和氩气。由于灯管尺寸太小, 机械强度高, 充入的惰性气体压力较高, 这能大大抑制灯丝的挥发, 从而提高卤钨灯的寿命。

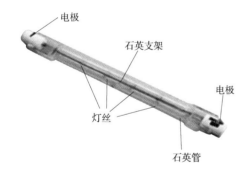

图 12-3　两端引出

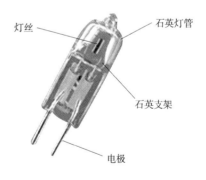

图 12-4　单端引出

(2) 工作原理。

卤钨灯的发光原理与白炽灯相同, 在通电后灯丝被加热至白炽状态而发光。卤钨灯的性能比白炽灯有所改进, 主要是卤钨循环的作用。当卤钨灯启燃后, 灯丝温度很高, 灯管温度也超过 250℃。这时被蒸发的钨和卤素在靠近灯管壁附近化合成卤化钨, 使钨不致沉积在管壁上, 有效地防止了灯管发黑。卤化钨又在高温灯丝附近被分解, 其中有些钨沉积回灯丝上去, 这就是卤钨循环。它使灯管在整个使用期间都保持良好的透明度, 并使卤钨灯的发光效率、光通量稳定、光色等都比白炽灯有所改善。

3)荧光灯

荧光灯是第二代电光源的代表作,又被称为日光灯。它具有光色好、光效高、寿命长、光通分布均匀、表面亮度和温度低等优点。广泛应用于各类建筑的室内照明中,并适用于进行精细工作、照度要求高和长时间进行紧张视力工作的场所。

(1)荧光灯的构造。

如图 12-5 所示,荧光灯由荧光灯管、启动器和镇流器配套组成。

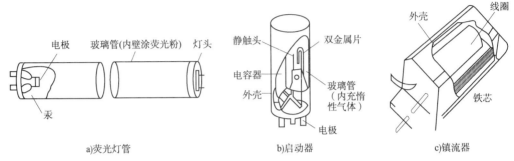

图 12-5　荧光灯

荧光灯管的主要部件是灯头、热阴极和内壁涂有荧光粉的玻璃管。热阴极为涂有热发射电子物质的钨丝。玻璃管在抽真空后充入气压很低的汞蒸气和惰性气体氩。在管内壁涂上不同配比的荧光粉,则可制成日光色、白色、暖白色等品种的荧光灯管。

启动器主要由一个 U 形双金属片动触点和一个静触点组成,它们装在一个充满惰性气体的玻璃泡内,并用金属外壳作保护。镇流器实质上是一个铁芯线圈。

(2)工作原理。

图 12-6 所示是荧光灯的工作电路图。其工作过程是:合上开关,电源电压加在启动器的动、静触点之间,启动器产生辉光放电。凹形双金属片受热弯曲并与静触点接通,从而有电流流经镇流器、灯丝和启动器。当温度升高到一定度数时,灯丝发射出大量热电子。双金属片触点接通后,停止辉光放电,双金属片经一定时间冷却复位,这瞬间电子电路突然被分断,镇流器产生很高的自感电动势,使灯丝附近的热电子高速运动,汞蒸气因电离而导电。电离的汞产生出紫外线,激发

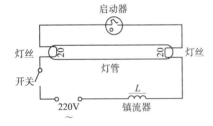

图 12-6　荧光灯的工作电路图

管壁的荧光粉发出可见光。灯管起燃后,灯管两端的电压不足以达到启动器的起辉电压,启动器不再动作,荧光灯进入正常工作状态。

4)高压汞灯

高压汞灯又称高压水银灯,是一种较新型的电光源。高压汞灯主要的优点是发光效率较高、寿命长、省电、耐振。广泛应用于街道、广场、车站、施工工地等大面积场所的照明。

(1)高压汞灯的构造。

按结构不同,高压汞灯可分为自镇流和外镇流两种。这里仅介绍外镇流的高压汞灯。图 12-7 所示是高压汞灯,它由电极、石英放电管和玻璃外壳等主要部件组成。

石英放电管抽真空后,充有一定量的汞和少量的氩气。管内封装有钨制的主电极和辅助电极。工作时放电管内的压力可升高至 0.2～0.6MPa,高压汞灯也由此得名。

玻璃外壳的内壁涂有荧光粉,它还起着将放电管与外界隔离和保温的作用。按玻璃外壳的构造,高压汞灯又有普通型和反射型两种。反射型高压汞灯的玻璃外壳内壁上部镀有铝反射层,它具有定向反射功能,使用时可不用灯罩。

(2)工作原理。

图12-8所示是高压汞灯的工作线路图。接通电源合上开关后,在辅助电极与主电极之间发生辉光放电并产生大量的电子和离子,然后在两个主电极的电场作用下,在主电极之间弧光放电,灯泡起燃。辉光放电时,电流由电阻$R(40\sim60k\Omega)$限制。由于弧光放电电压远低于辉光放电电压,故弧光放电后,辉光放电立刻中止。随着放电发热,管壁温度升高,汞蒸气气压增大,经$4\sim8min$,进入稳定的高压汞蒸气放电,并辐射出可见光和紫外线,紫外线激发荧光粉发出可见光,这时灯才处于正常工作状态。

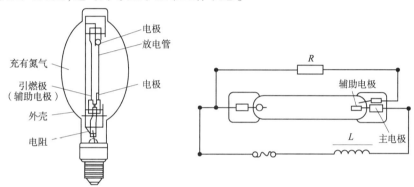

图12-7 高压汞灯　　图12-8 高压汞灯工作原理图

灯泡熄灭后不能立即再启动。这是因为放电管内汞蒸气仍处于较高气压下,电子和离子不能积累足够的能量来电离气体产生弧光放电。必须待灯泡冷却,放电管内的气压下降到一定程度,才能再次启动点燃。

5)高压钠灯

高压钠灯是利用高压钠蒸气放电的气体放电灯,它具有光效高、紫外线辐射小、投雾性好、寿命长、耐振、亮度高等优点。很适合需要高亮度和高光效的场所使用,如交通要道、机场跑道、航道、码头等场所的照明用。

(1)高压钠灯的构造。

图12-9所示是高压钠灯的结构图,高压钠灯由灯头、玻璃外壳、放电管、双金属片灯等主要部件构成。细长的放电管用半透明的多晶氧化铝陶瓷制成。放电管抽真空后,充入钠和一定量的汞。放电管内装有一对电极。玻璃外壳抽真空后,充入氩气。

(2)工作原理。

高压钠灯为冷启动,没有启动辅助电极,启燃时两工作电极之间要有$1000\sim2500V$的高压脉冲,因此必须附设启燃触发装置。触发装置可以装在高压钠灯的放电管和外管之间(如图12-9中的

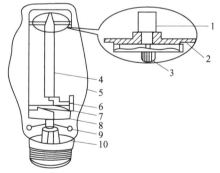

图12-9 高压钠灯的结构
1-金属排气管;2-铌帽;3-电极;4-放电管;5-玻璃外壳;6-管脚;7-双金属片;8-金属支架;9-钡消气剂;10-焊锡

双金属片),也可以外接触发器。

当高压钠灯接通电源后,启动电流通过双金属片及其触点和加热电阻。电阻发热使双金属片触点断开,在断电的一瞬间,外接镇流器产生很高的脉冲电压,使其放电管击穿放电,启燃初始,灯光为很暗的红白辉光。经过 5min 左右趋于稳定,稳定工作时光色为白金色。启动后,靠灯泡放电的热量使双金属片触头保持断开状态。

高压钠灯的启燃时间一般为 4~8min,灯熄灭后不能立即再点燃,需要 10~20min 让双金属片冷却使其触点闭合后,才能再启动。

6) LED 灯

LED 灯照明即是发光二极管照明,是一种半导体固体发光器件。它是利用固体半导体芯片作为发光材料,在半导体中通过载流子发生复合放出过剩的能量而引起光子发射,直接发出红、黄、蓝、绿色的光,在此基础上,添加荧光粉,可以发出任意颜色的光。利用 LED 作为光源制造出来的照明器具就是 LED 灯具。LED 照明灯具里,反射用途的 LED 照明灯具可以完全胜任于任何场合,大面积室内照明还不成熟。

(1) LED 灯的构造。

LED 灯构造如图 12-10 所示,LED 是特殊的二极管,和普通二极管一样由半导体芯片组成。半导体芯片是 LED 的核心,它附着在基底上,直接连接负极,正极则由导线连接阳极接柱,由反射碗增强芯片的照明效果,整个芯片被环氧树脂封装起来。

(2) 工作原理。

如图 12-11 所示,LED 光源的 LED 是由 III-IV 族化合物,如 GaAs(砷化镓)、GaP(磷化镓)、GaAsP(磷砷化镓)等半导体制成的,其核心是 PN 结。因此它具有一般 P-N 结的 I-V 特性,即正向导通,反向截止、击穿特性。此外,在一定条件下,它还具有发光特性。在正向电压下,电子由 N 区注入 P 区,空穴由 P 区注入 N 区。进入对方区域的少数载流子(少子)一部分与多数载流子(多子)复合而发光。

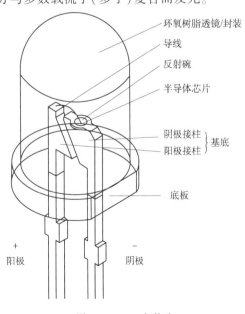

图 12-10 LED 灯构造

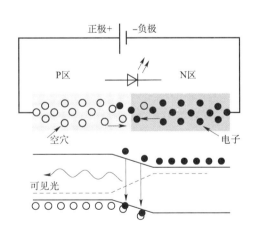

图 12-11 LED 灯发光原理

(四)照明装置的安装

1. 识读电气照明平面图

(1)电气图定义。

电气图是用电气图形符号、带注释的围框或简化外形表示电气系统或设备中组成部分之间相互关系及其连接关系的一种图。广义地说,表明两个或两个以上变量之间关系的曲线,用以说明系统、成套装置或设备中各组成部分的相互关系或连接关系,或者用以提供工作参数的表格、文字等,也属于电气图之列。

(2)图形符号的含义。

图形符号是用于图样或其他文件以表示一个设备或概念的图形、标记或字符。或图形符号是通过书写、绘制、印刷或其他方法产生的可视图形,是一种以简明易懂的方式来传递一种信息,表示一个实物或概念,并可提供有关条件、相关性及动作信息的工业语言。

(3)电气施工图的一般规定。

①电气图面的规定。幅面是由边框所围成的图画。其尺寸一般分为五类:A0～A4,见表12-1。

基本幅面尺寸(mm)　　　　　　　　　　　　　　　　表12-1

幅面代号	A0	A1	A2	A3	A4
宽×长($B×L$)	841×1189	594×841	420×591	297×420	210×297
边(C)	10			5	
装订侧边宽	25				

图线是绘制电气图所用的各种线条。常用图线见表12-2。

图线形式及应用　　　　　　　　　　　　　　　　表12-2

图线名称	图线形式	图线应用	图线名称	图线形式	图线应用
粗实线	——	电气线路,一次线路	点画线	—·—	控制线
细实线	——	二次线路,一般线路	双点画线	—··—	辅助围框线
虚线	- - -	屏蔽线路,机械线路			

②图例符号和文字符号。电气施工图上的各种电气元件及线路敷设均是用图例符号和文字符号来表示,识图的基础是首先要明确和熟悉有关电气图例与符号所表达的内容和含义。常用电气图例符号见表12-3。

常用电气图例符号表　　　　　　　　　　　　　　表12-3

图例	名称	备注	图例	名称	备注
	双绕组变压器	形式1 形式2		电源自动切换箱(屏)	
				隔离开关	

续上表

图 例	名 称	备 注	图 例	名 称	备 注
	三绕组变压器	形式1 形式2		接触器(在非动作位置触点断开)	
	电流互感器 脉冲变压器	形式1 形式2		断路器	
	电压互感器	形式1 形式2		熔断器一般符号	
	屏、台、箱柜一般符号			熔断器式开关	
	动力或动力—照明配电箱			熔断器式隔离开关	
	照明配电箱(屏)			避雷器	
	事故照明配电箱(屏)	MDF	总配线架	
	室内分线盒	IDF	中间配线架	
	室外分线盒			壁龛交接箱	
	灯的一般符号			分线盒的一般符号	
	球形灯			单极开关(暗装)	
	顶棚灯			双极开关	
	花灯			双极开关(暗装)	
	弯灯			三极开关	

续上表

图例	名　称	备注	图例	名　称	备注
⊢―⊣	荧光灯		⚬⟋	三极开关(暗装)	
≡	三管荧光灯		⌒	单相插座	
⊢⁵⊣	五管荧光灯		⌒	暗装	
◐	壁灯		⌒	密闭(防水)	
⊗	广照型灯(配照型灯)		⌒	防爆	
⊗	防水防尘灯		⌒	带保护接点插座	
⚬⟋	开关一般符号		⌒	带接地插孔的单相插座(暗装)	
⚬⟋	单极开关		⌒	密闭(防水)	
Ⓥ	指示式电压表		⌒	防爆	
cosφ	功率因数表		⋎	带接地插孔的三相插座	
Wh	有功电能表(瓦时计)		⋎	带接地插孔的三相插座(暗装)	
⚬⟋ᵗ	单极限时开关		Ⓐ	指示式电流表	
⚬⟋	调光器		⊣	匹配终端	
钥	钥匙开关		⊂)	传声器一般符号	
⌒	电铃		⊲	扬声器一般符号	
Y	天线一般符号		⌐S⌐	感烟探测器	
▷	放大器一般符号		⌐∧⌐	感光火灾探测器	

续上表

图 例	名 称	备 注	图 例	名 称	备 注
	分配器,两路,一般符号			气体火灾探测器（点式）	
	三路分配器		CT	缆式线型定温探测器	
	四路分配器			感温探测器	
	二根导线 三根导线 三根导线 n 根导线			手动火灾报警按钮	
	接地装置 (1)有接地极 (2)无接地极			水流指示器	
F	电话线路		★	火灾报警控制器	
V	视频线路			火灾报警电话机（对讲电话机）	
B	广播线路		EEL	应急疏散指示标志灯	
	消火栓		EL	应急疏散照明灯	

线路敷设是指所有管线的安装包含强弱电、镀锌管、紧定管、PVC 管及管内穿线。线路敷设方式文字符号见表 12-4。

线路敷设方式文字符号　　　　　表 12-4

敷设方式	新符号	旧符号	敷设方式	新符号	旧符号
穿焊接钢管敷设	SC	G	电缆桥架敷设	CT	
穿电线管敷设	MT	DG	金属线槽敷设	MR	GC
穿硬塑料管敷设	PC	VG	塑料线槽敷设	PR	XC
穿阻燃半硬聚氯乙烯管敷设	FPC	ZYG	直埋敷设	DB	
穿聚氯乙烯塑料波纹管敷设	KPC		电缆沟敷设	TC	
穿金属软管敷设	CP		混凝土排管敷设	CE	
穿扣压式薄壁钢管敷设	KBG		钢索敷设	M	

线路敷设部位文字符号见表12-5。

线路敷设部分文字符号　　　　　表12-5

敷设方式	新符号	旧符号	敷设方式	新符号	旧符号
沿或跨梁(屋架)敷设	AB	LM	暗敷设在墙内	WC	QA
暗敷设在梁内	BC	LA	沿顶棚或顶板面敷设	CE	PM
沿或跨柱敷设	AC	ZM	暗敷设在屋面或顶板内	CC	PA
暗敷设在柱内	CLC	ZA	吊顶内敷设	SCE	
沿墙面敷设	WS	QM	地板或地面下敷设	F	DA

标注线路用途的文字符号见表12-6。

标注线路用途文字符号　　　　　表12-6

名称	常用文字符号			名称	常用文字符号		
	单字母	双字母	三字母		单字母	双字母	三字母
控制线路	W	WC		电力线路	W	WP	
直流线路		WD		广播线路		WS	
应急照明线路		WE	WEL	电视线路		WV	
电话线路		WF		插座线路		WX	
照明线路		WL					

灯具安装方式文字符号见表12-7。

灯具安装方式文字符号　　　　　表12-7

名称	新符号	旧符号	名称	新符号	旧符号
线吊式自在器线吊式	SW		顶棚内安装	CR	DR
链吊式	CS	L	墙壁内安装	WR	BR
管吊式	DS	G	支架上安装	S	J
壁装式	W	B	柱上安装	CL	Z
吸顶式	C	D	座装	HM	ZH
嵌入式	R	R			

2. 白炽灯具的安装

白炽灯的安装,通常有室外的,也有室内的,室内白炽灯的安装有吸顶式、壁式和悬吊式三种,如图12-12所示。这三种方式大同小异,下面介绍日常生活中最常用的软线悬吊式的安装方法,其他两种安装的方法也就随之而清楚了。

(1)圆木的安装。

先在准备安装吊线盒的地方打孔,预埋木枕或膨胀螺钉,如图12-13a)所示。然后在圆木底面用电工刀刻两条槽,圆木中间钻三个小孔,如图12-13b)所示。最后将两根电源线端头分虽嵌入圆木两边小孔穿出,通过中间小孔用木螺钉将圆木紧固在木枕上,如图12-12c)所示。

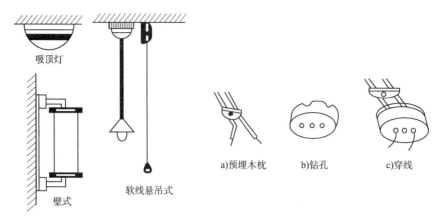

图 12-12 白炽灯三种安装图　　图 12-13 圆木安装图

（2）吊线盒的安装。

安装吊线盒（以塑料吊线盒为例）：先将圆木上的电线从吊线盒底座孔中穿出，用木螺钉把吊线盒紧固在圆木上，如图12-14a）所示。接着将电线的两个线头剥去2cm左右长的绝缘皮，然后将线头分别旋紧在吊线盒的接线柱上，如图12-14b）所示。最后按灯的安装高度（离地面2.5m），取一股软电线作为吊线盒的灯头连接线，上端接吊线盒的接线柱，下端接灯头。在离电线上端约5cm处打一个结，如图12-14c）所示。使结正好卡在吊线盒盖的线孔里，以便承受灯具质量，将电线下端从吊线盒盖孔中穿过，盖上吊线盒盖就行了。如果使用的是瓷吊线盒，软电线上先打结，两根线头分别插过瓷吊线盒两棱上的小孔固定，再与两条电源线直接相接，然后分别插入吊线盒底座平面上的两个小孔里，其他操作步骤不变。

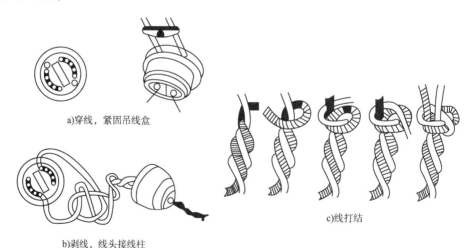

图 12-14 吊线盒的安装

（3）白炽灯灯头的接线安装。

安装灯头：旋下灯头盖子，将软线下端穿入灯头盖孔中，在离线头3cm处照上述方法打一个结，把两个线头分别接在灯头的接线柱上，如图12-15所示，然后旋上灯头盖子，如果是口灯头,相线应接在中心铜片相连的接柱上,否则容易发生触电事故。

安装拉线开关:控制白炽灯的开关,应串接在通往灯头的相线上,也就是相线通过开关才进灯头。一般拉线开关的安装高度距地面2.5m,扳把开关距地面1.4m,安装扳把开关时,开关方向要一致,一般向上接为"合",向下扳为"断"。

安装拉线开关(或扳把开关)的步骤与做法,与安装吊线盒的步骤与做法大致相同。首先,在准备安装开关的地方打孔,预埋木枕或膨胀螺钉;再安装圆木(将圆木刻两道槽,钻三个小孔,把两根电线嵌入槽,经两旁小孔穿出,用木螺钉固紧在木枕上)然后在圆木上安装开关底座,最后将相线接头、灯头与开关连接的那头分别接在开关底座的两个接线柱上,旋上开头盖就行了。经过以上四个步骤,白炽灯的安装就基本完成,装完整的全套灯具如图12-16所示。

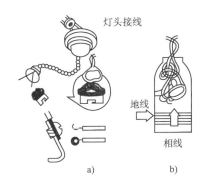
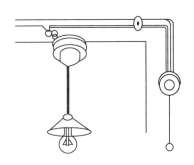

图12-15 灯头接线　　　　　　　　图12-16 总安装图

3. 荧光灯的安装

(1) 安装荧光灯。

安装荧光灯其实非常简单,现在我们常见的荧光灯灯座都是铁皮制作的,灯座的两头有接触头用于装入灯管,而镇流器通常用螺钉被安装在灯座的中间层里。灯座的一头有一个圆孔,用于插入启动器,如图12-17所示。

(2) 接线。

将这些配件位置确定后再进行接线:由镇流器一端开始,镇流器接至灯管一头的灯丝一端,再由灯丝另一端接至启动器,然后又由启动器另一端连接至灯管另一头的灯丝一端,最后将灯丝的另一端和镇流器的另一端用导线连接,注意,镇流器的引出线下一步是接至控制开关,而由灯丝一端的引出线是接至电源中性线的。

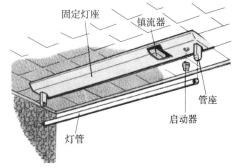

图12-17 荧光灯总安装图

(3) 安装开关。

开关的两个接线柱一端由镇流器的引出线接入,一端由电源相线接进。完成上面几项工作后,在把启动器装入底座,把荧光灯灯管装入灯座,最后接上电源(相线进开关,中性线接灯管灯丝引出线)灯管就能工作了。最后将灯管两头的触头对准灯架两端的触头,划入其中,然后转动灯管即可完成荧光灯的安装。

4. 高压汞灯的安装

(1) 外镇流式高压汞灯的安装。

外镇流式高压汞灯的安装接线很简单。它是在普通白炽灯电路基础上串联一个镇流器,只是它所用的灯座必须是与灯泡配套的瓷质灯座。原因是它的工作温度度高,不能使用普通灯座。跟客厅吸顶灯一样,高压汞灯镇流器也必须与灯泡配套。这类镇流器仍由铁芯和线圈组成,但质量较大,固定时必须考虑预埋件的承重强度。安装位置也应选择在离灯泡不远,人又不容易接触的地方。为了便于散热,镇流器就像吊灯那样可以整体裸布于空气中,但线路接头必须绝缘良好。如果安装在室外应注意防雨雪腐蚀。

(2) 自镇流式高压汞灯及其安装。

自镇流式高压汞灯在外形上与外镇流式高压汞灯相同,工作原理也基本一样。不同的是它不需另加镇流器,只在石英放电管外圈串联了一段供镇流用的钨丝,以代替外镇流器。接通电源时主电极与启动电极之间发生辉光放电,使汞挥发,同时加热电极,发射电子,促使石英放电管两端之间发生弧光放电。这时自镇流钨丝不仅帮助灯泡点亮,同时起着降压限流和改变光色的作用。

自镇流式高压汞灯线路简单,安装要求与外镇流式高压汞灯一样。由于它没有笨重的外镇流器,安装要容易得多。自镇流式高压汞灯不仅线路简单,安装方便,而且效率高,功率因数接近于1,能瞬时启辉,光色好。

5. 插座的安装

插座是台灯、风扇、电视机、电冰箱等家用电器和其他用电设备的供电点,传统插座一般不用开关控制而是直接接入电源,它始终是带电的,如图12-18所示。但是现在对于插拔使用较为平凡或者安装位置较低,为了安全起见,部分插座上也有电源控制开关。单相电源插座分双孔插座和三孔插座,安装时安装的高度可根据实际需要确定。安装的主要步骤和做法则根据插座的设计用途而有所不同,但是大多墙壁上的插座都是在墙壁留有的插座安装槽孔内安装,这些孔洞内藏有暗敷在墙壁中的电线。

图 12-18 插座

插座的接线孔是有一定排列顺序的,双孔插座的双孔水平排列时,相线接右孔,中性线接左孔(俗称"左零右火");三孔插座下方两孔是接电源线的,右孔接相线,左孔接零线,上面的插孔是接保护地线。接地的目的是为了避免因电气设备损坏漏电而引起触电事故。一般电气设备的金属外壳都通过导线接在三孔插座内较粗的那个插脚接线柱上,这样不至于使操作人员发生触电危险。接地的方法是将一根铜管或者铜棒埋入地下1m深左右,再将接在三孔插座接地插孔上的导线牢固地焊接在铜管上。

6. 照明设备安装的基本要求

(1) 灯具的安装高度:一般室内安装不低于1.8m,在危险潮湿场所安装则不能低于2.5m,如果难于达到上述要求时,应采取相应的保护措施或改用36V低压供电。

(2) 室内照明开关一般安装在门边便于操作的位置上,拉线开关安装的高度一般离地2~3m,扳把开关一般离地1.3~1.5m,与门框的距离一般为0.20m。

(3)明插座的安装高度一般离地 1.3~1.5m,暗插座一般离地 0.3m。同一场所安装高度应一致,其高度差不应大于 5mm,成排安装的插座高度差不应大于 2mm。

(4)固定灯具需用接线盒及木台等配件。安装木台前应预埋木台固定件或采用膨胀螺栓。安装时,应先按器具安装位置钻孔,并锯好线槽(明配线时),然后将导线从木台出线孔穿出后,再固定木台,最后安装挂线盒或灯具。

(5)采用螺口灯座时,为避免人身触电,应将相线(即开关控制的火线)接入螺口内的中心弹簧片上,零线接入螺旋部分。

(6)灯具超过 3kg 时,应预埋吊钩和螺栓。软线吊灯的质量限于 1kg 以下,超过时应加装吊链。

(7)照明装置的接线必须牢固,接触良好,接线时,相线或零线要严格区别,将零线接灯头上,相线须经过开关再接到灯头。

二、任务实施

(一)准备工作

(1)每 6 人一组进行分组。

(2)每组一套工具:验电笔、螺丝刀、电工刀、钢丝钳、剥线钳、尖嘴钳各一件,备用白炽灯、荧光灯、插座各一个,导线若干。

(3)每组分配一个电路实验板,在教师的指导下进行白炽灯、荧光灯、插座的安装。

(二)技术要求与注意事项

按理论知识中的规范操作连接线路及安装各灯具,指导老师检查合格后进行评判。

(三)操作步骤

1. 开关、插座的安装

1)清理

用錾子轻轻地将插座盒内残存的灰块剔掉,同时将其他杂物一并清出盒外,再用湿布将盒内灰尘擦净。如导线上有污物也应一起清理干净。

2)接线

(1)开关接线规定:电器、灯具的相线应经开关控制。开关接线时,应将盒内导线理顺,依次接线后,将盒内导线盘成圆圈,放置于开关盒内。

(2)插座接线规定:

①单相两孔插座有横装和竖装两种。横装时,面对插座的右极接相线,左极接零线;竖装时,面对插座的上极接相线,下极接零线。

②单相三孔及三相四孔的接地或接零线均应在上方。

③交、直流或不同电压的插座安装在同一场所时,应有明显的区别,且其插头与插座配套,均不能互相代用。

(3)接线:先将盒内甩出的导线留出维修长度(15~20cm)削去绝缘层,注意不要碰伤线芯,如开关、插座内为接线柱,将导线按顺时针方向盘绕在开关、插座对应的接线柱上,然后旋紧压头。如开关、插座内为插接端子,将线芯折回头插入圆孔接线端子内(孔经允许压双线时),再用顶丝将其压紧,注意线芯不得露。

(4)接线时应特别注意:为了保证安全和使用功能,在配电回路中的各种导线连接,均不得在开关、插座的端子处以套接压线方式连接其他支路。

2.白炽灯的安装

(1)根据安装要求确定安装方案,准备好所需材料(刀闸、灯座、白炽灯、开关、导线等)。

①两灯串联,如图12-19所示。

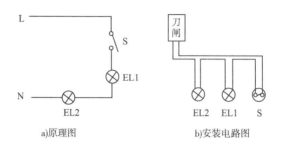

图12-19 白炽灯串联

②两灯并联,如图12-20所示。

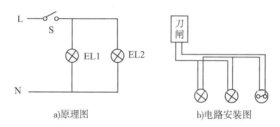

图12-20 白炽灯并联

(2)检查元器件。

(3)按照布线工艺,定位后布线。

(4)平灯座的安装。平灯座应安装在已固定好的木台上,如图12-21所示。平灯座上有两个接线桩,一个与电源中性线连接,另一个与来自开关的一根线(开关控制的相线)连接。插口平灯座上的两个接线桩可任意连接上述的两个线头,而对螺口平灯座有严格的规定:必须把来自开关的线头连接在连通中心弹簧片的接线桩上,电源中性线的线头连接在连通螺纹圈的接线桩上。

图12-21 平灯座

(5)照明开关的安装。首先在准备安装开关的地方钻孔,然后按照开关的尺寸安装线盒,接着按接线要求,将盒内甩出的导线与开关的面板连接好,将开关推入盒内对正盒眼,用螺钉固定。固定时要使面板端正,并与墙面平齐。

注意:相线(火线)进开关,根据标准规定,相线(火线)是红色线,零线(中性线)是黑色线,接地线是黄绿双色线。

(6)依照实际的安装位置,确定刀闸、开关、白炽灯安装位置并做好标记。

(7)定位划线。按照已确定好的开关、白炽灯的位置,进行定位划线,操作时要依据横平竖直的原则。

(8)截取导线。根据实际划线的位置及尺寸,量取导线。

(9)固定导线。

(10)安装开关和灯座。

(11)检查后通电试灯。

3. 荧光灯的安装

(1)根据安装要求确定安装方案,准备好所需材料(刀闸、灯座、荧光灯、开关、导线等),电路图如图12-22所示。

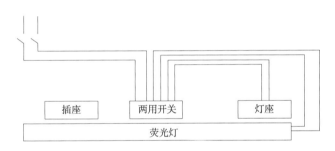

图12-22 荧光灯安装电路图

(2)安装荧光灯电路。

①布局定位。根据荧光灯电路各零部件的尺寸大小进行合理布局定位,在多功能实验台上安装荧光灯电路。

②电路连接。根据荧光灯电路图将实验台上荧光灯电路的各零部件用相应的导线连接起来,进行荧光灯电路的安装。灯座一端的电线与电源的零线连接,另一端与镇流器连接,电源的相线接入开关,连接开关和镇流器,镇流器必须与灯管串联,启动器与灯管并联。

③通电前检查。接好电路,用万用表电阻挡检查电路的通断。

④经老师检查合格后,合上开关,通电试验,仔细观察荧光灯电路的启动情况。

(3)注意事项。

①在通电试验中,严禁用手乱摸荧光灯。当出现故障时,一定要先脱离电源再找原因,不可在通电情况下排除故障。

②不允许带电接、拆线。发生异常现象,立即断开电源开关。

③万用表挡位不可拨错。

④实验过程中注意同学间相互协助。

⑤分工明确,注意教师引导。
⑥注意人身安全和设备安全。

三、技能考核标准

技能考核标准见表12-8。

技能考核标准　　　　　　　　　　　　　表12-8

序号	项目	操作内容	规定分	评分标准	得分
1	安全防护用品的准备	正确穿戴安全防护用品	10分	少一样安全防护用品扣1分	
2	工具材料的准备	基础工具的准备以及各个安装材料的准备	15分	(1)基础工具的准备,每少一样扣1分; (2)安装材料的准备,材料准备不齐全,每少一样扣1分	
3	插座的安装	根据线路图识图,选择导线和工具连接	25分	(1)器件固定不牢,每处扣1分; (2)相线未进开关,每处扣3分; (3)安装造成断路,每断路一次扣10分; (4)违反操作规程,每次扣5分; (5)安装过程中因操作不当,损坏一次插座扣5分	
4	白炽灯的安装	根据线路图识图,选择导线和工具连接	25分	(1)接线不规范,线路凌乱,每处扣2分; (2)接线不牢固,每处扣1分; (3)接错一处扣3分,严重错误,每处扣6分; (4)通电调试:第一次不成功,扣5分,第二次不成功,扣10分,第三次不成功,取消考评资格; (5)未通电调试,扣15分	
5	荧光灯的安装	根据线路图识图,选择导线和工具连接	25分	(1)接线不规范,线路凌乱,每处扣2分; (2)接线不牢固,每处扣1分; (3)接错一处扣3分,严重错误,每处扣6分; (4)通电调试:第一次不成功,扣5分,第二次不成功,扣10分,第三次不成功,取消考评资格; (5)未通电调试,扣15分	
		总分	100分		

四、思考与练习

(一)填空题

1. 光通量用符号_____表示,单位为_____。
2. 发光强度用符号_____表示,单位为_____。
3. 照度用符号_____表示,单位为_____。
4. 照明的方式一般分为一般照明、_____、_____三种方式。
5. 照明的种类有正常照明、_____、_____、_____、障碍照明五种。
6. 常用的电光源按发光原理可分为_____和_____两大类。
7. 白炽灯发光基本原理是利用电流通过灯丝把灯丝加热到_____发光。
8. 灯具的安装高度:一般室内安装不低于_____m,在危险潮湿场所安装则不能低于_____m,如果难于达到上述要求时,应采取相应的保护措施或改用_____V低压供电。

(二)单项选择题

1. 光通量用符号(　　)表示。
   A. Φ　　　　B. F　　　　C. A　　　　D. R
2. 电光源按工作原理分为气体放电光源和(　　)。
   A. 一般照明　　B. 热辐射光源　　C. 局部照明　　D. 混合照明
3. 室内白炽灯的安装通常有吸顶式、壁式和(　　)三种。
   A. 链吊式　　B. 悬吊式　　C. 管吊式　　D. 管吊式
4. 灯具质量超过3kg时,应预埋吊钩和螺栓。软线吊灯的质量限于(　　)以下,超过时,应加装吊链。
   A. 1kg　　　B. 6kg　　　C. 10kg　　　D. 30kg

(三)判断题

1. 卤钨灯是一种新型的气体放电光源。(　　)
2. 荧光灯是第三代电光源的代表作。(　　)
3. 白炽灯是热辐射光源。(　　)
4. 高压钠灯熄灭后不可以立即启动。(　　)
5. 传统插座一般不用开关控制而是直接接入电源,它始终是不带电的。(　　)
6. 白炽灯是第一代光源。(　　)
7. 电压大幅度下降时,白炽灯会突然熄灭,不能保持照明的连续性。(　　)

(四)简答题

1. 高压汞灯熄灭后为什么不可以立即启动?
2. 什么是卤钨循环?
3. 简述热辐射光源和气体放电光源的区别。

任务 13　电力电容器

> **学习目标**
>
> ❖ **知识目标**
> 1. 能正确说出电力电容器的结构；
> 2. 能分析电力电容器的型号；
> 3. 能正确说出电力电容器的补偿原理；
> 4. 能正确说出电力电容器接线方式；
> 5. 能正确说出电力电容器的检查与维修方法。
>
> ❖ **能力目标**
> 1. 能做到电力电容器的正确接线；
> 2. 能对电力电容器进行检查与维修。
>
> **建议课时**
>
> 6 课时。
>
> **任务描述**
>
> 通过对理论知识的学习，了解电力电容器；通过电力电容器的型号、编排顺序，正确识别电力电容器，学习电力电容器的补偿原理，识别电力电容器在电路系统中的应用。

一、理论知识准备

(一) 电容器类型

现在很多的电气和电子产品都需要用到电力电容器。电容器在电路中可储存、过滤或调节电流和电压。在汽车、输电网路和电力机车中，电力电容器是处理信号、保护电路和保证电源稳定可靠的关键器件。电力电容器主要用在输电网络技术、电动汽车、工业和消费电子产品领域。

1. 电容器

任何两块金属导体，中间用绝缘介质隔开，即形成一个电容器。

电容器的外形结构如图 13-1 所示。电容器电容的大小由电容器本身几何尺寸的大小和两个极板间的绝缘介质的特性来决定。

2. 电力电容器

电力电容器是一种静止的无功补偿设备。它的主要作用是向电力系统提供无功功率，提高功率因数。采用就地无功补偿,可以减少线路能量损耗和压降,改善电能质量和提高设备利用率。常见电力电容器外形如图 13-2 所示。

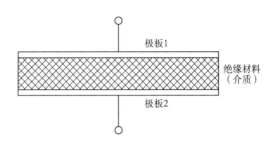

图 13-1　电容器外形及结构

3. 智能式电力电容器

智能电容器集成了现代测控、电力电子、网络通信、自动化控制、电力电容器等先进技术。智能组合式低压节能电力电容器是以自愈式低压电力电容器为主体,以智能测控处理器为控制中心,采用微电子软硬件技术对晶闸管实现过零控制,对机械式磁保持继电器的触点延时投切,实现机械式磁保持继电器与晶闸管复合开关电路对低压电力电容器的过零投切技术,进而对低压线路进行功率因素补偿。与传统的低压无功补偿产品相比,其操作更简单、界面更直观、对使用人员无专业要求,并具有自动循环投切;三相补偿、分相补偿、混合补偿、分级优化补偿、混合分级优化补偿;过电流/过电压/欠电压/欠电流、失压、缺相、谐波、温度等保护;测量、控制、通信等功能,如图 13-3 所示。

图 13-2　常见电力电容器　　　　　图 13-3　智能电力电容器

(二) 电力电容器的结构

电力电容器在电力系统中用途广泛,是电力系统中重要的工作元件之一。通常分为分散式电容器和集合式电容器。分散式电容器由一定数量的单体电容并联而成,结构形式简单,便于检修及更换,但占用空间较大。单元电容器是全密封的,其内部主要是多个并联的装有内熔断丝的小电容元件和液体浸渍剂。

单元电容器按设计要求并联和串联连接,固定在支架上,装入大油箱,注入绝缘油,组成集合式电容器,集合式电容器则由多个带小铁壳的单元电容器组成。

电力电容器的结构如图 13-4～图 13-6 所示。

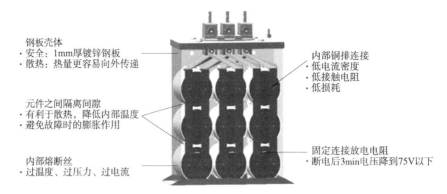

图 13-4 电力电容器结构图(一)

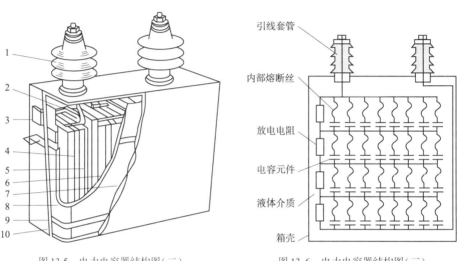

图 13-5 电力电容器结构图(二)
1-出线套管;2-出线连接片;3-连接片;4-扇形元件;5-固定板;6-绝缘件;7-包封件;8-连接夹板;9-紧箍;10-外壳

图 13-6 电力电容器结构图(三)

1. 外壳

电力电容器的外壳根据制作材料不同分为金属外壳、瓷绝缘外壳、胶木筒外壳等。通常采用 1.5~2mm 厚的冷轧薄钢板或不锈钢板制成的矩形外壳,其机械强度较高,易于焊接和散热,也便于安装。

2. 元件

元件是基本电容单元,它是由电介质和被它隔开的电极所构成的部件。高压并联电力电容器中的元件通常由两张铝箔作极板、中间夹多层薄层固体介质卷绕后压扁而成。用金属箔与绝缘纸或塑料薄膜叠起来一起卷绕,由若干元件、绝缘件和紧固件经过压装而构成电容芯子,并浸渍绝缘油。

3. 引线套管

电容极板的引线经串、并联后引至出线瓷套管下端的出线连接片。线路端子采用瓷质的油绝缘出线套管,外部采取多个伞裙的形式以增长爬电距离,表面涂釉烧结。

4. 绝缘件

电力电容器内部的绝缘件主要由电缆纸及电工纸板经剪切、冲孔、弯折而制成,由其构成元件间、元件组间、芯子对箱壳间、引出线对箱壳间、内部熔断丝对元件间等处的绝缘。

5. 熔断丝

熔断丝是设置在电力电容器内部的有选择性的限流熔断丝,设置方法是每个元件一个,故也称为元件熔断丝。熔断丝的动作是由元件击穿引起的,通过元件熔断丝动作将故障元件瞬时断开。

6. 内部放电电阻

电力电容器单元中的放电器是放电电阻,放电电阻接在电力电容器内部引出端之间,通常设置在电力电容器箱壳的顶盖下方。

(三) 电力电容器的型号

电力电容器型号由系列代号、浸渍介质代号、极间主介质代号、结构代号、第一特征代号、第二特征代号、第三特征代号和尾注号组成,如图13-7所示。

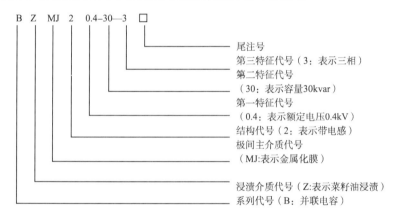

图13-7　电力电容器型号

1. 系列代号

用以表示电容器所属的系列,用大写汉语拼音字母表示,字母含义见表13-1。

电容器系列代号　　　　　　　　　　　表13-1

系列代号	字母含义	系列代号	字母含义
A	交流滤波电容器	M	脉冲电容器
B	并联电容器	O	耦合电容器
C	串联电容器	R	感应加热装置用
D	直流滤波电容器	X	谐振电容器
E	交流电动机电容器	Y	标准电容器
F	防护电容器	Z	直流电容器
J	均压电容器	ZO	直流耦合电容器

2. 浸渍介质代号

用以表示电容器中浸渍介质的种类,用大写汉语拼音字母表示,字母含义见表13-2。

浸渍介质代号　　　　　　　　　　　表 13-2

浸渍介质代号	字 母 含 义	浸渍介质代号	字 母 含 义
A	苄基甲苯	K	空气
B	异丙基联苯	L	六氟化硫
C	蓖麻油	S	石蜡
D	氮气	W	烷基苯
F	二芳基乙烷	Z	菜籽油
G	硅油		

注:1. 当浸渍介质为几种介质的混合物时,只表示主要浸渍介质的代号。

2. 国家已经取消:T——偏苯;Y——矿物油;W——烷基苯等。

3. 极间主介质代号

用以表示电容器中极间主介质的形式,用大写汉语拼音字母表示,字母含义见表 13-3。

极 间 主 介 质 代 号　　　　　　　表 13-3

极间主介质代号	字 母 含 义	极间主介质代号	字 母 含 义
D	氮气	M	全膜
F	膜纸复合	MJ	金属化膜
L	六氟化硫		

4. 结构代号

集合式电容器的结构代号为 H,充氮气的集合式电容器结构代号为 HD,冲六氟化硫气体的集合式电容器结构代号为 HL。

5. 第一特征代号

用以表示电容器的额定电压,单位 kV(E 系列的单位用 V)。

6. 第二特征代号

用以表示电容器的额定容量或额定电容,额定容量的单位为 kvar,额定电容的单位为 MF(Y 系列的单位用 pF)。

7. 第三特征代号

用以表示并联、串联、交流滤波电容器的相数或感应加热装置用电容器的额定频率。单相以"1"表示,三相以"3"表示;感应加热装置用电容器的额定频率的单位为 kHz。

8. 尾注号

用以表示电容器的主要结构和使用特征,用大写汉语拼音字母表示。主要使用特征表示方法见表 13-4。

尾 注 号 字 母　　　　　　　　　表 13-4

尾注号字母	字 母 含 义	尾注号字母	字 母 含 义
F	中性点非有效接地使用	S	水冷式(自冷式不用字母表示)
G	高原地区使用	TH	湿热带地区使用
H	污秽地区使用	W	户外使用(户内不用字母表示)
K	有防爆要求地区使用		

注:字母 F、H 仅耦合电容器使用。

(四)电力电容器的补偿

1. 电力电容器的补偿原理

把具有容性功率负荷的装置与感性功率负荷的装置并接在同一电路,当容性负荷释放能量时,感性负荷吸收能量,而感性负荷释放能量时,容性负荷吸收能量,能量在两种负荷之间交换。这样,感性负荷所吸收的无功功率可由容性负荷输出的无功功率中得到补偿,这就是电力电容器的补偿原理,又称无功补偿的原理。如图13-8和图13-9所示,在第一个1/4周期内,电流由零逐渐增大,电感吸收功率,转化为磁场能量,而电容放出储存在电场中的能量,而第二个1/4周期,电感放出磁场能量,电容吸收功率,以后的1/4周期重复上述循环。因此,当电感和电容并联接在同一电路、电感吸收功率时,正好电容放出能量,电感放出能量时又正好电容吸收功率,能量在它们之间相互交换,即感性负荷所需无功功率,可由电容器的无功输出得到补偿,这就是并联电容器的补偿作用。

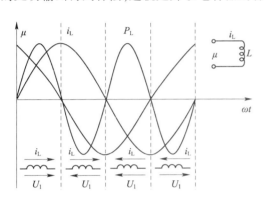

图13-8 电感中电流、电压和功率的变化　　图13-9 电容中的电流、电压和功率的变化

2. 电力电容器的补偿方式

(1)集中补偿:把电容器组集中安装在电力电容器箱的一次或二次侧母线上,并装设自动控制设备,使之能随负荷的变化而自动投切。

(2)分组补偿:补偿的无功不再通过主干线以上线路输送,从而降低配电变压器和主干线路上的无功损耗,因此分组补偿比集中补偿降损节电效益显著。

(3)个别补偿:即对个别功率因数特别不好的大容量电气设备及所需无功补偿容量较大的负荷,或由较长线路供电的电气设备进行单独补偿。把电容器直接装设在用电设备的同一电气回路中,与用电设备同时连接。

3. 智能式电力电容器补偿方式

采用智能式低压电力电容器可实现单相分别补偿,解决三相电源负荷不平衡状况;对无功缺额较大的一相电源进行单独补偿,达到最优化的补偿效果。普通无功补偿装置是无法做到分相补偿电源的。只有智能式电力电容器由于采用了数字化控制技术,因而可以实现单独的控制,做到全面的单项电源的智能型补充。

智能式电力电容器补偿可单台使用,也可多台联机使用,经通信接口联机,系统可自动产生一个主机,其余则为从机,构成系统工作,个别从机故障可自动退出,不影响其余工作;主机故障自动退出后在其余从机中自动产生一个新的主机,组成一个新的系统,根据无功功率缺额自动进行工作。采用智能式低压电力电容器补偿效果显著(可达0.98精确补偿)并且系统中的中央处理控制器可控 64 个以上回路,实现精细补偿。智能式电力电容器多台联机补偿如图 13-10 所示。

图 13-10　智能式电力电容器多台联机补偿

(五)并联电力电容

并联电力电容器,原称移相电容器,是电力系统中应用广泛的重要设备,如图 13-11 所示。主要用于补偿电力系统感性负荷的无功功率,以提高功率因数,改善电压质量,降低线路损耗。是电力系统的重要设备。

图 13-11　并联电力电容器

1. 并联电力电容器分类

(1)高压并联电容器:其额定电压在 1.0kV 以上,大多为油浸电容器。

(2)低压并联电容器:其额定电压在 1.0kV 及以下,大多为自愈式电容器,以前曾生产过油浸低压电容器,现在已经不多见了。

(3)自愈式低压并联电容器:其额定电压在 1.0kV 及以下。

(4)集合式并联电容器(也称密集型电容器):准确地说应该称作并联电容器组,额定电压在 3.5~66kV。

(5)箱式电容器:其额定电压多在 3.5~35kV,与集合式电容器的区别是:集合式电容器是由电容器单元(单台电容器有时又称电容器单元)串并联组成,放置于金属箱内。箱式电容器是由元件串并联组成芯子,放置于金属箱内。

2. 集合式电容器的作用

(1)补偿无功功率,提高负荷的功率因数。

(2)减少线路输送的无功功率,降低功率损耗和电能损耗。

(3)提高用电设备的电力。

(4)改善电压质量。线路并联电力电容器可以补偿线路的容性充电电流,限制系统电压升高和操作过电压的产生,保证线路的可靠运行。

3. 并联补偿电容器装置

并联补偿电容器装置接线图如图 13-12 所示。

QS——断路器,其作用是关、合电容器组。

QF——隔离开关,其作用是:在开断电容器组后打开,以防止断路器误合造成事故。操作顺序是在断路器开断后打开,在断路器合闸前先关合。

K——接地开关,在断路器合闸前打开,在断路器开断后合上,以防止断路器误合造成人身或设备事故。

BL——避雷器,现多用金属氧化物避雷器,以前曾用碳化硅避雷器,现在几乎已被淘汰,其作用是过电压保护(雷电过电压和操作过电压)。

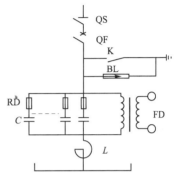

图 13-12　并联补偿电容器装置接线图

RD——熔断器,其作用是切除单台故障电容器,在设备安全允许切除台数之内时,让电容器装置继续运行。

FD——放电线圈,其作用是在装置退出运行时,将电容器中残存的电荷放掉,其具体要求是在规定的时间内(标准规定为 5s),电容器两端的残存电压降到规定值(标准归规定为50V),以保证人员和装置在再次合闸时的安全。放电线圈的二次电压提供继电保护的信号。

L——串联电抗器,其作用是抑制合闸涌流和抑制电力系统的谐波放大。

(六)电力电容器的安装要求与接线方式

1. 电力电容器的安装要求

(1)安装电力电容器时,每台电容器的接线最好采用单独的软线与汇流排(俗称母线)相连,不要采用硬母线(汇流排)连接,以防止装配应力造成电容器套管损坏,破坏密封而引起的漏油。

(2)电力电容器回路中的任何不良接触,均可能引起高频振荡电弧,使电容器的工作电场强度增大和发热而早期损坏。因此,安装时必须保持电气回路和接地部分良好的接触。

(3)较低电压等级的电力电容器经串联后运行于较高电压等级网络中时,其各台的外壳对地之间,应通过加装相当于运行电压等级的绝缘子等措施,使之可靠绝缘。

(4)电力电容器经星形连接后,用于高一级额定电压,且系中性点不接地时,电力电容器的外壳应对地绝缘。

(5)电力电容器安装之前,要分配一次电容量,使其相间平衡,偏差不超过总容量的 5%。当装有继电保护装置时还应满足运行时平衡电流误差不超过继电保护动作电流的要求。

(6)对个别补偿电力电容器的接线应做到:对直接起动或经变阻器起动的感应电动机,其提高功率因数的电容可以直接与电动机的出线端子相连接,两者之间不要装设开关设备或熔断器;对采用星形或三角形联结起动器起动的感应式电动机,最好采用三台单相电力电容器,每台电力电容器直接并联在每相绕组的两个端子上,使电力电容器的接线总是和绕组的接法相一致。

(7)对分组补偿低压电力电容器,应该连接在低压分组母线(共同线路)电源开关的外侧,以防止分组母线(汇流排)开关断开时产生的自激磁现象。

(8)集中补偿的低压电力电容器组,应专设开关并装在线路总开关的外侧,而不要装在低压母线(汇流排)上。

2.电力电容器的接线方式

电容器的接线通常分为三角形和星形两种方式。此外,还有双三角形和双星形之分。

1)单星形接线的电力电容器组

采用这种接线方式,当一台电容器因故障击穿短路时,由于三相电源中其余两相电源的阻抗限制,故障电流将减小到一定范围,并使故障影响减轻。星形接线的最大优点是可以选择多种保护方式。少数电容器故障击穿短路后,单台的保护熔断丝可以将故障电容器迅速切除,不致造成电容器爆炸。由于上述优点,各电压等级的高压电容器组现已普遍采用星形接线,如图13-13所示。

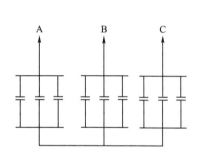

图13-13　采用单星形接线的电力电容器组

2)双星形接线的电力电容器组

双星形接线,是将电容器平均分为两个电容相等或相近的星形接线电容器组,并联到电网母线,两组电容器的中性点之间经过一台低变比的电流互感器连接起来。这种接线可以利用其中性点连接的电流保护装置,当电容器故障击穿切除后,会产生不平衡电流,使保护装置动作将电源断开,这种保护方式简单有效,不受系统电压不平衡或接地故障的影响,如图13-14所示。

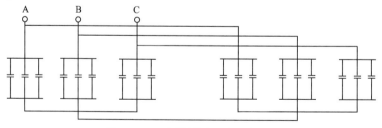

图13-14　双星形接线的电力电容器组

3)三角形接线的电力电容器组

采用这种接线方式,电力电容器直接承受线间电压,任何一台电容器因故障被击穿时,就形成两相短路,故障电流很大,如果故障不能迅速切除,故障电流和电弧将使绝缘介质分解产生气体,使油箱爆炸,甚至波及邻近的电容器,因此要特别注意安全操作。图 13-15 所示为三角形接线、图 13-16 所示为双三角形接线。

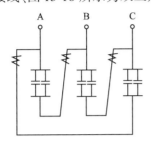
图 13-15 三角形接线的电力电容器组

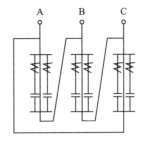
图 13-16 双三角形接线的电力电容器组

3. 补偿电容器接线方式

补偿电容器接线方式的不同,决定了补偿方式的不同。目前补偿电容器的接线方式有三角形接线法、星形接线法、三角形和星形相结合 3 种接法。

1) 补偿电容器三角形接线

三角形接线对应于三相共补的方式,如图 13-17、图 13-18 所示。传统的低压补偿大都是采用三相共补的方式,根据控制器统一采样,各相投入相同的补偿容量。这种补偿方式其优点是投资少,控制方便;缺点是补偿精度差。

图 13-17 补偿电容器三角形接线

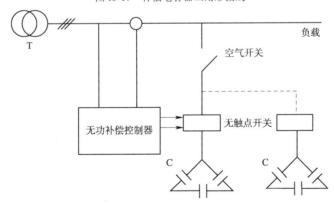
图 13-18 电容器三角形接线

2) 补偿电容器星形接线

星形接线对应于三相分补方式。如图 13-19、图 13-20 所示。三相分补方式就是各相分别取样,按照需要分别投入不同的补偿容量。此种方法适用于各相负载相差较大、其功率因数值也有较大差别的场合。与三相共补不同的是:控制器分相进行工作,互不影响。当然,其价格高于三相共补的装置,一般要贵 20% ~ 30%。星形接线时由于中性点引起的电压漂移,使部分相欠电压而部分相过电压,更严重的是当发生单相接地时,其余两相将升为线电压(中性点不接地系统),电容器很容易损坏。

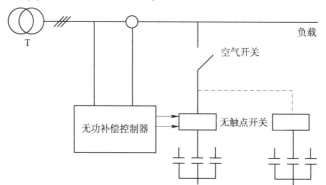

图 13-19　补偿电容器星形接线

图 13-20　星形连接电容器接线

3)三角形和星形相结合的补偿电容接线

三角形和星形相结合接线对应于三相共补与三相分补相结合的方式,如图 13-21 所示。三相共补部分的电容器为△接线,三相分补部分的电容器为Y接线。采用此种接线方式的补偿装置,运行方式机动灵活。三角形接线可以防止因电容器组容量不对称(如个别电容器的熔断器熔断)而出现的过电压。

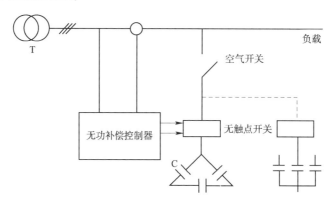

图 13-21　补偿电容器三角形和星形结合接线

一般来说三角形接线方式优于星形接线方式,这是因为:

(1)三角形接线可以防止因电容器组容量不对称(如个别电容器的熔断器熔断)而出现的过电压。电容器对过电压是最敏感的。

(2)三角形接线若发生一相断线,只是使各相的补偿容量有所减小,但不至于严重不平衡。而星形接线若发生一相断线,就会使该相失去补偿,严重影响电能质量。

(3)避免中线电流。如果采用星形连接,那么晶闸管中电流为三角形接法的3倍,而且在连接后可能有较大的中线电流,将产生较大的电压漂移,影响工作时的准确,可能会产生冲击电流。

(七)电力电容的检查与维修

电容器在电路的各种设备中属于可靠性比较薄弱的电器,其绝缘性比同级电压的其他设备差,内部元件发热较多,而散热情况又欠佳,内部故障机会较多。制造电力电容器的内部材料可燃物成分大,所以运行中极易着火。因此,对电力电容器的运行应尽可能创造良好的低温和通风条件,也要做好电力电容器的日常检查与维修。

1. 电力电容器的保护

如采用平衡或差动继电保护或采用瞬时作用过电流继电保护,对于3.15kV及以上的电容器,必须在每个电容器上装置单独的熔断器,熔断器的额定电流应按熔断丝的特性和接通时的涌流来选定,一般为1.5倍电容器的额定电流为宜,以防止电容器油箱爆炸。

如果电压升高是经常的及长时间的,需采取措施使电压升高不超过1.1倍额定电压;用合适的电流自动开关进行保护,使电流升高不超过1.3倍额定电流。

如果电容器同架空线连接时,可用合适的避雷器来进行大气过电压保护。在高压网络中,短路电流超过20A时,并且短路电流的保护装置或熔断丝不能可靠地保护对地短路时,则应采用单相短路保护装置。

2. 电力电容器的运行

1)电力电容器的接通和断开

(1)电力电容器组在接通前应用绝缘电阻表检查放电电路。

(2)接通和断开电容器组时,必须考虑以下几点:

①当母线(汇流排)上的电压超过1.1倍额定电压最大允许值时,禁止将电容器组接入电网。

②在电容器组自电网断开后1min内不得重新接入,但自动重复接入情况除外。

③在接通和断开电容器组时,要选用不能产生危险过电压的断路器,并且断路器的额定电流不应低于1.3倍电容器组的额定电流。

2)电力电容器的放电

(1)电容器每次从电网中断开后,应该自动进行放电。其端电压迅速降低,不论电容器额定电压是多少,在电容器从电网上断开30s后,其端电压应不超过65V。

(2)为了保护电容器组,自动放电装置应装在电容器断路器的负荷侧,并经常与电容器直接并联(中间不准装设断路器、隔离开关和熔断器等)。具有非专用放电装置的电容器组,例如:对于高压电容器用的电压互感器,对于低压电容器用的白炽灯泡,以及与电动机直接连接的电容器组,可以不另装放电装置。使用灯泡时,为了延长灯泡的使用寿命,应适当地增加灯泡串联数。

(3)在接触自电网断开的电容器的导电部分前,即使电容器已经自动放电,还必须用绝缘的接地金属杆,短接电容器的出线端,进行单独放电。

3)电力电容器的运行监测

(1)电容器应有值班人员,应做好设备运行情况记录。

(2)对运行的电容器组的外观巡视检查,应按规程规定每天都要进行,如发现箱壳膨胀应停止使用,以免发生故障。

(3)检查电容器组每相负荷可用安培表进行。

(4)电容器组投入时环境温度不能低于-40℃。运行时环境温度:1h 平均不超过+40℃,2h 平均不得超过+30℃,及一年平均不得超过+20℃。如超过时,应采用人工冷却(安装风扇)或将电容器组与电网断开。

(5)安装地点的温度检查和电容器外壳上最热点温度的检查可以通过水银温度计等进行,并且做好温度记录(特别是夏季)。

(6)电容器的工作电压和电流,在使用时不得超过1.1倍额定电压和1.3倍额定电流。

(7)接上电容器后,将引起电网电压升高,特别是负荷较轻时,在此种情况下,应将部分电容器或全部电容器从电网中断开。

(8)电容器套管和支持绝缘子表面应清洁、无破损、无放电痕迹,电容器外壳应清洁、不变形、无渗油,电容器和铁架子上面不应积满灰尘和其他脏东西。

(9)必须仔细地注意接有电容器组的电气线路上所有接触处(通电汇流排、接地线、断路器、熔断器、开关等)的可靠性。因为在线路上一个接触处出了故障,甚至螺母旋得不紧,都可能使电容器早期损坏和使整个设备发生事故。

4)电力电容器组合闸操作

电容器不允许装设自动重合闸装置,相反应装设无压释放自动跳闸装置。主要是因电容器放电需要一定时间,当电容器组的开关跳闸后,如果马上重合闸,电容器是来不及放电的,在电容器中就可能残存着与重合闸电压极性相反的电荷,这将使合闸瞬间产生很大的冲击电流,从而造成电容器外壳膨胀、喷油甚至爆炸。

电力电容器组合闸操作时必须注意的事项:

(1)在正常情况下,全电路停电操作时,应先断开电容器组断路器后,再拉开各路出线断路器。恢复送电时应与此顺序相反。图13-22 所示为电力电容器的组合闸操作检查。

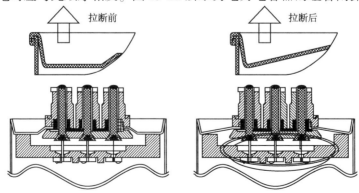

图13-22 电力电容器的组合闸操作检查

(2)事故情况下,全电路无电后,必须将电容器组的断路器断开。

(3)电容器组断路器跳闸后不准强行送电。保护熔断丝熔断后,未经查明原因之前,不准更换熔断丝送电。

(4)电容器组禁止带电荷合闸。电容器组再次合闸时,必须在断路器断开3min之后才可进行。

5)电力电容器运行中故障紧急处理

(1)当电容器喷油、爆炸着火时,应立即断开电源,并用砂子或干式灭火器灭火。此类事故多是由于系统内、外过电压,电容器内部严重故障所引起的。为了防止此类事故发生,要求单台熔断器熔断丝规格必须匹配,熔断器熔断丝熔断后要认真查找原因,电容器组不得使用重合闸,跳闸后不得强送电,以免造成更大损坏的事故。

(2)电容器的断路器跳闸,而分路熔断器熔断丝未熔断。应对电容器放电3min后,再检查断路器、电流互感器、电力电缆及电容器外部等情况。若未发现异常,则可能是由于外部故障或母线(汇流排)电压波动所致,并经检查正常后,可以试投,否则应进一步对保护做全面的通电试验。通过以上的检查、试验,若仍找不出原因,则应拆开电容器组,并逐台进行检查试验。但在未查明原因之前,不得试投运。

(3)当电容器的熔断器熔断丝熔断时,应向值班调度员汇报,待取得同意后,再断开电容器的断路器。在切断电源并对电容器放电后,先进行外部检查,如套管的外部有无闪络痕迹、外壳是否变形、漏油及接地装置有无短路等,然后用绝缘摇表摇测极间及极对地的绝缘电阻值。如未发现故障迹象,可换好熔断器熔断丝后继续投入运行。如经送电后熔断器的熔断丝仍熔断,则应退出故障电容器,并恢复对其余部分的送电运行。

3. 电力电容器的维护

电力电容器维护得好,对其使用寿命的延长和电器的安全运行相当重要。

(1)安装电力电容器时,电源线与电容器的接线柱螺钉必须要拧紧,不能有松动,以防松动引起发热而烧坏设备。

(2)运行一段时间后,考虑到热胀冷缩,应定期检查各连接点的螺钉,并再次拧紧。

(3)定期清除电容器上的灰尘,以防灰尘产生静电导致短路。

(4)电容器的外壳必须有良好的接地,选用的电容切换器应带放电触点的接触器。有了良好的双重放电功能(电容器有放电电阻),才能避免电容器的余电未放光就马上投切,对电容器造成冲击,而影响导电容器的使用寿命(指起动频繁的工作条件)。

(5)选配电容器的容量应有足够的宽余量,配置控制器使电容器有轮流休息的时间(指基本三班运转的企业)。

(6)对有行车、吊车或大功率电动机的企业,最好使用就地补偿,这样电容器随电动机同步运行,效果最好。

(7)根据各企业实际的情况,如需使用特殊专用电容器的,就必须选配特殊专用电容器,这和电容器的使用寿命有密切的关系。

(8)电容器在运行中,总是要产生热量的,要特别注意通风冷却。

电力电容器的使用寿命与供电质量、运行电压、电流和环境温度、运行时间的长短及配套电器密切相关,这些因素都会直接影响电容器的寿命与容量的降低。

(9)一般正常的情况下,每年电容器的容量下降10%~12%,容量的损耗随着电容器的运行逐年增加。为此,如果有运行年限过长(4年以上)电容器,建议最好更换新的电容器。否则,容量过低的电容器会影响补偿效果,而且随着介质的恶化,其可靠性也会降低。

(10)如果电容器在运行一段时间后,需要进行耐压试验,如图13-23所示。

图13-23 电力电容器的耐压试验

(11)对电容器电容和熔断丝的检查,每月不得少于一次。在一年内要测电容器2~3次,目的是检查电容器的可靠情况,每次测量都应在额定电压下或近于额定值的条件下进行。

(12)由于继电器动作而使电容器组的断路器跳开,此时在未找出跳开的原因之前,不得重新合上。

(13)在运行或运输过程中如发现电容器外壳漏油,可以用锡铅焊料钎焊的方法修理,但应注意烙铁不能过热,以免银层脱焊。

4. 电容器的检修

1)电容器的检修操作步骤

(1)检查前操作步骤:断开电容器开关,逐个断开低压侧各出线开关,断开高压侧的断路器,经验电确认无电后,合上接地开关,并锁好高压开关柜,挂上"禁止合闸,有人工作!""已接地!"的警示牌,检查无误后,拉开高压进线隔离开关,对受电柜侧的母排用导线短接并挂接地线,对变压器两侧设备进行充分放电后,开始维护作业。

(2)维护操作完毕送电操作步骤:拆除所有接地线、短接线,检查是否留有工具在柜内,确定无误后,合上高压进线隔离开关,合上运行变压器的高压断路器,取下警示牌,向变压器送电;听变压器运行有无异常声音,闻有无异常气味,看三相电压是否正常,然后再合上低压侧各出线开关,合上电容器开关,注意观察负荷变化。

(3)恢复送电后的检查:对停电受影响的区域进行重点巡视检查,排除因停电造成的故障、隐患;在《值班记录》上做好相关停送电的记录。

2)电力电容器检修项目及质量标准

电力电容器检修项目及质量标准见表13-5。

电力电容器部件检修及质量标准表　　　　　　　　　　表13-5

序号	项目	检修工艺	质量标准
1	检查金属膨胀器(金属膨胀器式)	(1)检查膨胀器的波纹片焊缝是否渗漏,如波纹片焊接处开裂或永久变形,应更换; (2)检查膨胀器放气阀内有无气体,如有气体应查明原因,并放掉残存气体; (3)检查膨胀器的油位指示机构或油温压力指示机构是否灵活可靠,如有卡滞应打磨光滑后涂黄油; (4)检查波纹式膨胀器顶盖外罩的连接螺钉是否齐全,有无锈蚀,若短缺应补齐,并清除顶盖与外罩的锈蚀	(1)膨胀器密封可靠,无渗漏,无永久变形; (2)放气阀内无残存气体; (3)油位指示或油温压力指示机构灵活,指示正确; (4)波纹片膨胀器上盖与外罩连接可靠,不得锈蚀卡死,保证膨胀器内压力异常增大时能顶起上盖

续上表

序号	项目	检修工艺	质量标准
2	检查储油柜（储油柜式）	检查一次引线的连接紧固情况	一次引线连接可靠
3	检查瓷套	（1）清除瓷套外表积污，注意不得划伤釉面； （2）用环氧树脂修补碰掉的瓷裙边小破损，或用强力胶修复；如瓷套径向有穿透性裂纹，外表破损面超过单个伞裙10%或破损总面积虽不超过单伞的10%，但同一方向破损伞裙多于两片，应更换	（1）瓷套外表清洁无积污； （2）瓷套外表应光洁完好
4	检查油箱底座	（1）检查并配齐设备铭牌及标示牌； （2）清扫外表积污与锈蚀； （3）清扫二次接线端子与接线板； （4）清擦电压电容器N端小瓷套、电流电容器末屏及监测屏小瓷套； （5）检查放油阀	（1）铭牌及标示牌齐全； （2）外表清洁； （3）二次接线板及端子密封完好，无渗漏，氧化，无放电烧伤痕迹； （4）小瓷套清洁，无渗漏，无放电烧伤痕迹； （5）放油阀密封完好，无渗漏

二、任务实施

1. 准备工作

(1) 6人一组进行分组。

(2) 每组一套工具：绝缘钳子、钢丝钳、尖嘴钳、活动扳手各一把。

(3) 每组：集合式并联电容器一台、智能电容器一台。

2. 技术要求与注意事项

查看集合式并联电容器部件检修及质量标准表进行规范操作。

3. 操作步骤

(1) 每组组长将集合式并联电容器、智能电容器放置好，组内每位同学轮流操作。

(2) 每位同学使用所给工具练习集合式并联电容器部件、智能电容器检修。

三、技能考核标准

技能考核标准见表13-6。

技能考核标准　　　　　　　　　　　表13-6

序号	项目	操作内容	规定分	评分标准	得分
1	检查金属膨胀器（金属膨胀器式）	（1）检查渗漏； （2）检查气体； （3）检查油位	20分	（1）选用工具不当扣3分； （2）检查油液时未检查渗漏、气体、油位，视情扣1～5分； （3）螺栓不按规范连接或连接不牢固，视情扣1～10分	

续上表

序号	项目	操作内容	规定分	评分标准	得分
2	检查储油柜（储油柜式）	检查一次引线的连接紧固情况	20分	(1)选用工具不当扣3分； (2)一次引线不按规范连接或连接不牢固,视情扣1~10分； (3)不按规范进行安全处理,视情扣1~5分	
3	检查瓷套	清除积污 修补瓷裙或更换	25分	(1)选用工具不当扣3分； (2)未清洁瓷套外表积污,视情扣1~5分； (3)未检查修补瓷裙或更换瓷套,视情扣1~15分； (4)不按规范进行安全处理,视情扣1~5分	
4	检查油箱底座	(1)检查铭牌及标示牌； (2)清洁外表； (3)清洁接线端子与接线板； (4)检查放油阀	25分	(1)选用工具不当扣3分； (2)不检查铭牌及标示牌,视情扣1~5分； (3)不清洁外表、接线端子与接线板,视情扣1~15分； (4)不按规范检查放油阀,视情扣1~5分	
5	检修安全注意事项	(1)按检修安全注意事项进行操作； (2)按规定通电检查电力电容器	10分	(1)选用工具不当扣3分； (2)不按检修安全注意事项进行操作,视情扣5~10分； (3)不按规定通电检查电力电容器,视情扣5~10分	
	总分		100分		

四、思考与练习

(一)填空题

1.电容器在电路中可_____、过滤或调节_____和_____。

2.电力电容器可用在_____、_____、_____和消费电子产品领域。

3.电容器一般有常规电容器、_____和_____三种形式。

4.智能电容器集成了现代测控,_____,_____,电力电容器等先进技术。

5.电力电容器的内部结构由_____、_____、出线套管和导电杆、_____、_____、内部放电器件等组成。

6.电力电容器的型号由_____、_____、极间主介质代号、_____、第一特征代号、第二特征代号、第三特征代号和_____组成。

7.电力电容器的补偿方式有：_____补偿、_____补偿、_____补偿。

8.采用智能式低压电力电容器可实现_____,解决三相负荷不平衡状况;对无功缺额较大的一相进行_____,达到最优化的补偿效果。

9.智能电容器可单台使用、也可多台联机使用,经_____联机,系统可自动产生一个主机,其余则为_____,构成系统工作,个别_____故障自动退出,不影响其余工作,主机故障自动退出后在其余从机中自动产生一个新的主机,组成一个新的系统工作,根据无功功率缺额自动进行投切。

10.电容器的检查前操作步骤:断开电容器开关,逐个断开低压侧各出线开关,断开高压侧的断路器,经验电确认无电后,合上接地开关,并锁好高压开关柜,挂上"_____,_____!""_____!"的警示牌,检查无误后,拉开高压进线隔离开关,对受电柜侧的母排用导线短接并挂接地线,对变压器两侧设备进行充分放电后,开始维护作业。

(二)单项选择题

1.智能电容器属于( )。
   A.常规电容器　　　B.电力电容器　　　C.整流电容器　　　D.滤波电容器

2.电力电容器的补偿原理是通过( )实现的。
   A.并联电容器　　　B.串联电容器　　　C.整流电容器　　　D.滤波电容器

3.电力电容器的安装对人员的要求,以下正确的是( )。
   A.经验丰富的退休职工　　　　　　B.大专以上学历员工
   C.有车辆维修经验的员工　　　　　D.有电力电容器安装资历的员工

4.以下电力电容器运行中故障紧急处理错误的是( )。
   A.电力电容器着火时,用砂子或干式灭火器灭火
   B.电容器的断路器跳闸,未查明原因之前,不得试投运
   C.电力电容器着火时,可用水降温或灭火
   D.电容器的熔断丝熔断时,可换好熔断器熔断丝后继续投入运行

5.以下电力电容器的维护事项中错误的是( )。
   A.安装电力电容器时,电源线与电容器的接线柱螺钉必须要拧紧,不能有松动
   B.运行一段时间后,应不定期检查各连接点的螺钉,视情况拧紧
   C.定期清除电容器上的灰尘,以防灰尘产生静电导致短路
   D.电容器的外壳必须有良好的接地,选用的电容切换器应带放电触点的接触器

(三)判断题

1.任何两块金属导体,中间用绝缘介质隔开,即形成一个电容器。　　　　　　　(　　)

2.随着我国高速列车和风力发电等技术的发展,我国的电力电容器制造技术也有了高速的发展。　　　　　　　　　　　　　　　　　　　　　　　　　　　　　　　(　　)

3.并联补偿可以减少线路电压损失,提高线路末端电压水平,减少电网的功率损失和电能损失,提高输电能力。　　　　　　　　　　　　　　　　　　　　　　　　(　　)

4.感性负荷所吸收的无功功率可由容性负荷输出的无功功率中得到补偿,这就是无功补偿的原理。　　　　　　　　　　　　　　　　　　　　　　　　　　　　　(　　)

5.智能式低压电力电容器不可实现三相分别补偿,解决不了负荷平衡状况。　　(　　)

6.智能电容器可单台使用、也可多台联机使用,经通信接口联机。　　　　(　　)

7.采用智能式低压电力电容器可实现单相分别补偿,解决三相负荷不平衡状况;对无功缺额较大的一相进行单独补偿,达到最优化的补偿效果。　　　　(　　)

(四)简答题

1.说明电力电容器型号 BZMJ20.4-30-3 各字母代表的含义。

2.简述电力电容器的结构形式。

3.简述电力电容器的补偿原理。

4.什么是智能电容器?

5.简述智能式电力电容器补偿方式。

6.简述电容器的检修操作步骤。

项目四
新能源汽车安全技术专业知识

项目概述

本项目主要学习新能源汽车的部件认知及安全操作,分为 8 个任务学习。

任务 14　新能源汽车认知

任务 15　新能源汽车高低压防护用品认知

任务 16　新能源汽车高压安全断电

任务 17　混合动力电动汽车高压部件认知

任务 18　纯电动汽车高压部件认知

任务 19　高压漏电检测

任务 20　高压互锁检测

任务 21　新能源汽车安全充电操作

通过 8 个任务学习,你将了解新能源汽车的定义、种类、安全操作,并对纯电动汽车与混合动力电动汽车有更深一步的理解。做到将低压电工与新能源汽车有机结合起来,为日后从事新能源汽车维修奠定扎实的基础。

任务14　新能源汽车认知

学习目标

◆ 知识目标

1. 能正确描述新能源汽车的定义；
2. 能正确叙述新能源汽车的类型；
3. 能举例说出新能源汽车的5种车型。

◆ 能力目标

1. 能识别混合动力电动汽车；
2. 能识别纯电动汽车；
3. 能识别其他类型新能源汽车。

建议课时

6课时。

任务描述

你知道什么叫作新能源汽车吗？哪些类型的汽车可以被称为新能源车？新能源汽车与传统汽车相比，各有什么优缺点？

一、理论知识准备

(一)新能源及新能源汽车的定义

1. 新能源的定义

新能源又称非常规能源，是指传统能源之外的各种能源形式，刚开始开发利用或正在积极研究、有待推广的能源，如太阳能、地热能、风能、海洋能、生物质能和核聚变能等。

联合国开发计划署(UNDP)曾把新能源分为三大类。

(1)大中型水电。

(2)新可再生能源，包括小水电、太阳能、风能、现代生物质能、地热能、海洋能(潮汐能)。

(3)传统生物质能。

人们对水电的开发利用已经有了相对较长的历史，有关它的开发利用技术也已十分成熟，与其相关的产业均已具有相当的规模。而那些未被联合国开发计划部署的核能、可燃冰和氢能等，由于均拥有巨大的开发潜力，有的很有可能成为未来的重要能源。

2. 新能源汽车的定义

我国2017年7月1日正式实施了《新能源汽车生产企业及产品准入管理规定》，此规定明确指出:新能源汽车是指采用新型动力系统,完全或主要依靠新型能源驱动的汽车,包括插电式混合动力(含增程式)汽车、纯电动汽车和燃料汽车等。

(二)新能源汽车的分类

新能源汽车包括的范围较广,各国分类也不相同。目前,我国新能源汽车主要包括纯电动汽车、混合动力电动汽车、氢能源汽车、燃料电池电动汽车及其他新能源汽车等。

1.纯电动汽车

1)纯电动汽车的定义

在 GB/T 19596—2017 中纯电动汽车的定义为:驱动能量完全由电能提供的、由电机驱动的汽车。电机的驱动电能来源于车载可充电储能系统或其他能量储存装置。

2)纯电动汽车的优点

纯电动汽车较传统汽车相比,具有以下优点。

(1)不排放有害气体和温室气体、噪声低。纯电动汽车在使用过程中没有内燃机汽车工作时产生的废气,不产生排气污染,是真正意义上的零排放、零污染汽车。传统汽车内燃机的燃烧过程、配气机构的机械运动和活塞连杆机构的运动的噪声,只有与其相当的空气压缩机、散热风扇、传动机构的噪声,噪声级明显低于内燃机汽车。

(2)能源效率高,且多样化。对纯电动汽车的研究表明,其总的能源效率已超过汽油机汽车。特别是在城市街道运行时,汽车走走停停,行驶变化频繁,而纯电动汽车由于停驶时不消耗电能,在制动过程中又可以实现制动能量的回收利用,所以优势明显。

由于纯电动汽车以蓄电池为车载电源,向蓄电池充电的电力可以由煤炭、天然气、水力、核能、太阳能、风力、潮汐等多种能源转化。因此,纯电动汽车的应用可有效地减少对石油的依赖,可将有限的石油用于更重要的地方。

(3)结构简单,使用维修方便。与内燃机汽车、混合动力电动汽车和燃料电池电动汽车相比,纯电动汽车结构简单,动力传动部件减少,维护工作量小,当电动机采用无刷永磁直流电动机、交流异步电动机或开关磁阻电动机时,电动机本身无须维护。此外,纯电动汽车的动力驱动系统、电子控制系统的故障检修比发动机及其电子控制系统要简单得多,纯电动汽车的动力驱动系统、电子控制系统的故障检修比发动机及其电子控制系统要简单得多。

3)限制发展纯电动汽车的条件

(1)价格和使用成本高。与普通内燃机汽车相比,同等动力的纯电动汽车的价格成本往往是前者的两倍以上。这是因为纯电动汽车使用的动力源包括电动机、蓄电池、电动机控制系统的价格成本高,特别是大型纯电动汽车,要远程高速行驶,就要加大电动机功率和电池电容量,从而加重车身,进而增加成本,导致经济性下降。

(2)航里程短,充电时间长。一般国内的纯电动汽车的续航里程多为150km左右,再加上天气、路况、电池等方面因素,实际的续航能力也就100km出头。开车出门之前需要好好规划路线,这点确实比较麻烦。就以最常见的北汽E150EV纯电动汽车为例,厂家标定的续航里程为150km,经过实际体验,它平均的续航里程在120km左右,如果使用低于电池容量的20%,那么对电池的使用寿命影响还是很大的。一般正常的充电时间为8km左右,快速充电也得需要1~2h。

(3)配套设施不完善。推广和应用纯电动汽车要有完善的基础设施和相关装备,包括充电站网络、蓄电池营销和服务网络、车辆维修网络。有了这些基础设施和相关装备才能解决充电的方便性。要是基础设施不完善,充电的方便性得不到解决,纯电动汽车就无法推广和应用。

目前,国内的充电站如凤毛麟角,难寻其踪,还需要一段比较长的时间建设配套基础设施。

4)纯电动汽车车型介绍

(1)腾势。比亚迪戴姆勒是2010年在深圳成立的合资公司,如今旗下唯一的产品为腾势纯电动汽车。腾势400尊贵版以及荣耀版,享受8年或15万km免费维护。腾势400纯电动汽车如图14-1所示,2017年2月20日上市,三款车型的官方售价区间为36.98万~43.28万元。腾势400首发亮相于2016成都车展,新车在现款腾势电动车的基础上对三电系统(电池、电机、电控)进行了提升,续航里程升至400km。其车身尺寸为4642mm×1850mm×1642mm,轴距为2880mm,最小离地间隙为120mm,最高车速为150km/h。腾势400新荣耀版车型,该车型搭载的电机最大功率为135kW(184Ps),最大转矩为300N·m。

图14-1 腾势纯电动汽车

腾势400电池采用磷酸铁锂电池,容量为62kW,在综合工况下续航里程可达到352km,以60km/h匀速行驶,续航里程可到达473km。充电可选择多种不同的方式,家庭220V、380V和公共充电站380V,快充1h,慢充5h。

(2)特斯拉Model S。特斯拉Model S是一款由美国特斯拉(Tesla)汽车公司制造的全尺寸高性能电动轿车,外观造型方面,该车定位一款四门Coupe车型,动感的车身线条使人过目不忘。此外在前脸造型方面,该车也采用了自己的设计语言。另值得一提的是,特斯拉Model S的镀铬门把手在触摸之后可以自动弹出,充满科技感的设计从拉开车门时便开始体现。于2012年年中投入销售,而它的竞争对手则直指宝马5系。在特斯拉汽车公司中,Model S拥有独一无二的底盘、车身、发动机以及能量储备系统。

如图14-2所示,特斯拉Model S外观采用最新的家族式设计元素,新增LED前照灯,动力强悍,最高车速为250km/h,实测百公里加速为4.9s。

图14-2 特斯拉Model S

2.混合动力电动汽车

1)混合动力电动汽车的定义

在国家标准GB/T 19596—2017中,混合动力电动汽车的定义为:能够至少从下述两类

车载储存的能量中获得动力的汽车:

——可消耗的燃料。

——可再充电能/能量储存装置。

2)混合动力电动汽车分类

(1)按照动力系统结构形式划分。根据混合动力电动汽车的零部件的种类、数量和连接关系,可以将其分为串联式混合动力电动汽车、并联式混合动力电动汽车和混联式混合动力电动汽车。

(2)按照外接充电能力划分。按照是否能够外接充电,可分为可外接充电式混合动力电动汽车和不可外接充电式混合动力电动汽车。

可外接充电式混合动力电动汽车是一种被设计成可以在正常使用情况下从非车载装置中获取能量的混合动力电动汽车,插电式混合动力电动汽车属于此类型。

不可外接充电式混合动力电动汽车是一种被设计成在正常使用情况下从车载燃料中获取全部能量的混合动力电动汽车。

(3)按行驶模式选择方式划分。按照行驶模式不同,可分为有手动选择功能的混合动力电动汽车和无手动选择功能的混合动力电动汽车。

具备手动选择行驶模式功能的混合动力电动汽车,车辆可选择的行驶模式包括纯电动模式、热机模式和混合动力模式。

不具备手动选择行驶模式功能的混合动力电动汽车,车辆的行驶模式可根据不同工况自动切换。

3)混合动力电动汽车车型介绍

(1)比亚迪唐。比亚迪唐是一款全新双模混动 SUV,比亚迪唐有唐 60、唐 80 和唐 100 三款车型,比亚迪唐如图 14-3 所示。

图 14-3　比亚迪唐

比亚迪唐搭载了三擎双模动力系统,其由一台 2.0TI 涡轮增压发动机和前后两个电机组成,可实现前轮与后轮独立动力输出。在混合动力模式下,三个"引擎"同时发力,可迸发出 371kW 的最大功率和 820N·m 的峰值转矩。传动系统,与之匹配的是 6 速湿式双离合变速器。据官方表示,比亚迪唐 0~100km/h 的加速时间仅需 4.9s,最高时速 180km/h。百公里油耗仅为 2L,其中,唐 60 纯电续驶里程可达 60km;唐 80 纯电续驶里程可达 80km;唐 100 纯电续驶里程可达 100km,日常代步完全可以实现零油耗。

(2)宝马 I8。宝马 I8 如图 14-4 所示。官方报价为人民币 1988000 元。作为跑车,宝马 I8 兼具紧凑型车辆的耗油量和排放量,令其在同级别市场掀起一场风暴。插电式混合动力尤为显著的优势源于电动机和内燃发动机的同步协作,令车辆展现出了高效并出色的道路动态性能。宝马I8搭载1.5L涡轮增压3缸发动机,输出功率为170kW,0~100km/h加速时间为4.4s,百公里油耗为2.1L。

图14-4　宝马I8

3. 燃料电池电动汽车

1) 燃料电池电动汽车的定义

燃料电池电动汽车是以燃料电池系统作为单一动力源或者是以燃料电池系统与可充电储能系统作为混合动力源的电动汽车,如图14-5所示。

2) 燃料电池电动汽车特点

燃料电池主要有以下优点。

(1) 零排放,绿色环保。与传统汽车相比,燃料电池电动汽车主要使用氢燃料,其排放物是水,减少了温室气体的排放,同时减少了机油泄漏带来的水污染。

(2) 能量转换效率高,节约能源。燃料电池直

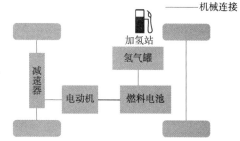

图14-5　燃料电池电动汽车结构简图

接通过化学反应产生电能,无热能转换过程,故不受卡诺循环的限制,能量转换效率高,实际能量转换效率高达50%~70%。

(3) 燃料多样化,优化了能源消耗结构。燃料电池所使用的氢燃料来源广泛,自然界中,氢能大量存储在水中,可采用水分解制氢,也可以从可再生能源获得,可取自天然气、丙烷、甲醇、汽油、柴油、煤以及再生能源。

(4) 续驶里程长,性能优于其他电池的电动汽车。采用燃料电池发电系统作为能量源,克服了纯电动汽车续驶里程短的缺点,其长途行驶能力及动力性已经接近于传统汽车。

(5) 运行平稳、噪声低。燃料电池属于静态能量转换装置,除了空气压缩机和冷却系统以外无其他运动部件。因此,与内燃机汽车相比,摆脱了发动机的轰鸣,运行过程中噪声和振动都较小。

燃料电池电动汽车缺点。

(1) 燃料电池电动汽车的制造成本和使用成本过高。制约燃料电池电动汽车推广应用的最大因素之一是燃料电池的生产成本一直居高不下。

(2) 起动时间长,系统抗震能力还需提高。采用氢气为燃料的FCEV起动时间一般需要超过3min,而采用甲醇或者汽油重整技术的FCEV则长达10min,比起内燃机汽车起动的时

间长得多,影响其机动性能。此外,当 FCEV 受到振动或者冲击时,各种管道的连接和密封的可靠性需要进一步的提高,以防止泄漏,降低效率,严重时引发安全事故。

(3)经济且无污染地获取纯氢燃料还存在技术难点。通过重整或改质技术转化传统的化石燃料获取纯氢天然气,不仅要消耗大量的能量,而且并没有从根本上摆脱对化石能的依赖,也没有从根本上消除对环境的污染。自然界中,氢能大量存储在水中,虽然取之不尽,但直接使用热分解或是电解的办法从水中制氢显然不划算。因此,多数科学家都将目光转向了利用太阳能,但是还存在许多技术障碍。

(4)氢燃料电池电动汽车燃料的供应还有大量的技术问题有待解决。通常氢能以三种状态存储和运输:高压气态、液态和氢化物形态,由于氢气是最小的分子,很容易造成泄漏。

(5)加氢站等基础网络设施建设几乎为零。目前全球范围内投入使用的加氢站仅有 100 多家,且大部分是用于实验用途的。

图 14-6　丰田 Fine-X

3)燃料电池电动汽车车型介绍

(1)丰田 Fine-X。丰田 Fine-X 为 4 轮转向与 4 轮驱动的燃料电池混合动力电动汽车,如图 14-6 所示。Fine-X 不仅装备了当时先进性能的燃料电池系统且具有良好的动力性和操纵稳定性,包括采用 4 轮独立的大转角转向系统,并在 4 轮中各设有一台轮毂电机。采用 4 轮独立控制的轮毂电机和能量型的燃料电池电动汽车混合动力系统结构,如图 14-7 所示。

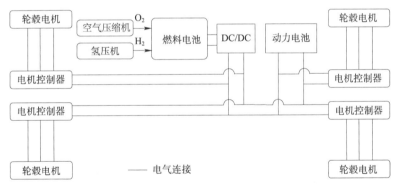

图 14-7　丰田 Fine-X 结构

该车采用的燃料电池组和 70MPa 氢燃料箱设计在地板下,通过采用轮内电动机对四个车轮进行驱动,实现了真正的燃料电池电动汽车式封装;燃料电池组采用新型合金催化剂,大幅度减少了贵金属的使用量;车顶采用带铰链的"鸥翼"式车门,前座椅为旋转式,座椅靠背和地板均使用植物材料;车轮可实现四轮独立转向,在原地旋转角度近 90°,可在静止时旋转、也可仅旋转前轴或后轴进行转向等。

(2)通用 Sequel。通用 Sequel 是首辆一次燃料可以行使 480km 的燃料电池电动汽车,如图 14-8 所示。通用 Sequel 的驱动系统有 3 台电机,其中包括两台轮毂电机。一台横向安装的 3 相 60kW 电机负责驱动前轮,两台 3 相 25kW 轮毂电机负责驱动后轮。能量型驱动系统结构,即燃料电池通过 DC/DC 变换器与高压总线连接,结构如图 14-9 所示。

图 14-8 通用 Sequel

从起步加速到 48km/h 仅用 3s 时间,加速到 96km/h 也只用不到 10s 的时间。总功率达到 110kW,轮毂电机提供的总转矩达到惊人的 3398N·m,这种大转矩使得驾驶"Sequel"能享受到极大的乐趣。

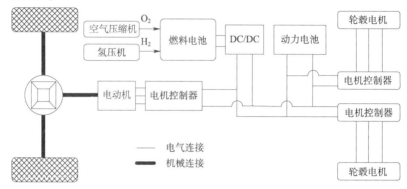

图 14-9 通用 Sequel 结构

(3)丰田 MIRAI。丰田 MIRAI 氢燃料电池电动汽车于 2014 年发布,如图 14-10 所示。它是世界上第一个出现在大众市场的燃料电池电动汽车。

"MIRAI"的动力系统被称作 TFSC(Toyota FC Stack),即丰田燃料电池堆栈,是以燃料电池堆栈为核心组件的混合动力系统。动力系统为单电机前轮驱动,燃料电池通过升压 DC/DC 变换器与高压总线连接,蓄电池采用氢镍动力电池组。系统结构如图 14-11 所示。

TFSC 没有传统的汽油发动机,也没有变速器。发动机舱内部是电动机和电动机的控制单元。在驾驶舱底部布置着的燃料电池堆栈是整套系统的核心。在车身后桥部分放置着一个氢

图 14-10 丰田 MIRAI

镍动力电池组和前后两个高压储氢罐,没有油箱和大面积的锂离子电池。

燃料电池组最大输出功率为 114kW,功率输出密度为 3.1kW/L。比之前丰田公布的 FCHV-adv 燃料电池车要高 2.2 倍。同时它的最大转矩为 335N·m,10s 内可以完成百公里加速,完全能够应付平常的行车需求。充满燃料的"MIRAI"拥有近似于传统汽油车款的巡航里程,达到约 500km;燃料回填补满的时间也仅需约 3min,与传统汽油车的加油时间相近。

(4)大众 Hymotion。大众 Hymotion 氢燃料电池电动汽车于 2014 年发布,如图 14-12 所示。

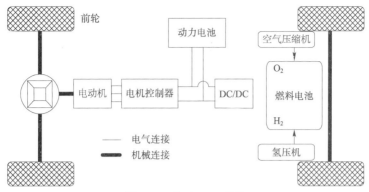

图 14-11　丰田 MIRAI 结构

图 14-12　大众 Hymotion

大众 Hymotion 混合驱动系统采用双电机后轮驱动,两电机分别通过轮边减速器驱动左右后车轮,采用锂电池组,由 e-Golf 上的电池组改进而来。燃料电池通过 DC/DC 变换器与高压总线连接。氢燃料被储存在四个纤维容器内,并置于车身下方,如图 14-13 所示。

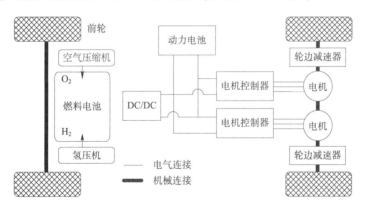

图 14-13　大众 Hymotion 结构

氢燃料电池动力系统最大功率为 95.6kW,其 0 ~ 100km/h 加速时间为 10s。充满氢气后,大众"Hymotion"将拥有 500km 的续航里程,当氢气用尽时,仅需要 3min 便可充满。

二、任务实施

(一) 准备工作

(1) 防护装备:常规实训工装。

(2)车辆、台架、总成:实训中心现有新能源汽车。

(3)专用用具:无。

(二)技术要求与注意事项

(1)为了避免人身伤害,请勿接触高电压线束(橙色)及其接头,以及其他高压零部件。

(2)请遵循高压部件所附的警告标签。

(3)请勿拆卸高压零部件,如位于前机舱中的电机控制器和位于后行李舱的高压配电箱。

(三)操作步骤

本实操任务以比亚迪 e6 和比亚迪秦为例。

1.纯电动汽车认知

1)外观特征认知

(1)纯电动汽车车辆上标识有 EV 字样,如图 14-14 所示。

(2)纯电动汽车上有两个充电口,分别是直流快充口和交流慢充口,如图 14-15 所示。

图 14-14　纯电动汽车标识　　　　　　图 14-15　纯电动汽车

2)车内饰认知

(1)比亚迪 e6 驾驶室内有 3 个踏板,分别是驻车踏板、制动踏板和加速踏板,如图 14-16 所示。

(2)机舱盖开启开关,位于主驾驶室驻车踏板左侧,如图 14-17 所示。

图 14-16　驻车踏板、制动踏板和加速踏板　　　　图 14-17　机舱盖开启开关

(3)换挡杆如图 14-18 所示,主要有 P 挡、N 挡、R 挡和 D 挡。

(4)起动按钮如图4-19所示。

图 14-18　换挡杆

图 14-19　起动按钮

(5)仪表显示主要包括电池电量、故障警告、电机功率及挡位显示,如图4-20所示。

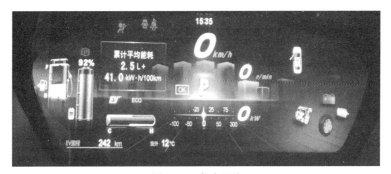

图 14-20　仪表显示

(6)多媒体机控制操作面板如图14-21所示。

3)高压部件认知

(1)动力电池位于汽车的底部,是整车动力的来源,动力电池外形如图14-22所示。

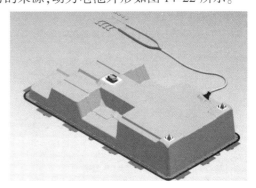

图 14-21　多媒体机控制操作面板

图 14-22　动力电池

(2)维修开关是电动汽车中一种常见的手动操作设备,用于使电动车辆紧急断电,从而对车辆进行维修或更换零件。维修开关的安装位置及外观如图14-23所示。

(3)高压配电箱位于后排座椅与行李舱之间,电池管理器及车载充电器位于行李舱内,安装位置如图14-24所示。

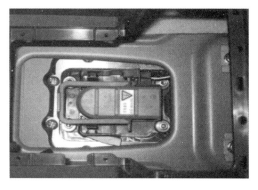

图 14-23 维修开关安装位置及外观

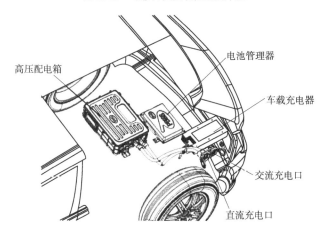

图 14-24 高压配电箱、电池管理器及车载充电器安装位置

(4)电机控制器及 DC 总成均位于前机舱内,其安装位置如图 14-25 所示。

2.混合动力电动汽车部件认知

1)机舱部件认知

比亚迪秦机舱部件如图 14-26 所示。

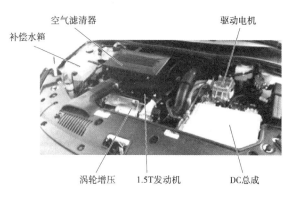

图 14-25 电机控制器及 DC 总成　　　图 14-26 比亚迪秦机舱部件认知

2)车内饰认知

(1)加油口盖及行李舱开关,位于主驾驶室车门下部,如图 14-27 所示。

(2)充电口开关,位于车门内侧把手下方,如图14-28所示。

图14-27 加油口盖及行李舱开关

图14-28 比亚迪秦充电口开关

(3)换挡杆。比亚迪秦主要有P挡、N挡、R挡和D挡,如图14-29所示。

(4)起动按钮如图14-30所示。

图14-29 比亚迪秦换挡杆

图14-30 起动按钮安装位置

3)高压部件认知

(1)动力电池安装在后排座椅与行李舱之间。电池包组的安装位置及顺序如图14-31所示。

(2)维修开关的安装位置如图14-32所示。

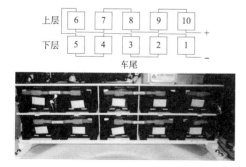

图14-31 动力电池包安装位置及顺序

图14-32 维修开关安装位置

(3)高压配电箱位于后行李舱电池支架右上方。其功用是将电池包的高压直流电分配给整车高压电器使用,其上游是电池包,下游是驱动电机控制器及DC总成、PTC加热器、电动机压缩机、漏电传感器;也将车载充电器的高压直流分配给电池包。高压配电箱的安装位置如图14-33所示。

图14-33 高压配电箱安装位置

(4)漏电传感器位于车身后围搁物板前加强横梁上。主要用于电动汽车直流动力电源母线与其外壳、车身底盘之间的绝缘阻抗检测,通常检测与动力电池输出相连接的负极母线与车身底盘之间的绝缘电阻,来判断动力电池包的漏电程度。漏电传感器如图14-34所示。

(5)驱动电机控制器及DC总成安装在前舱左侧,如图14-35所示。

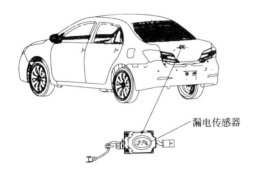

图14-34 漏电传感器安装位置　　　　图14-35 驱动电机控制器及DC总成

三、技能考核标准

技能考核标准见表14-1。

技 能 考 核 标 准　　　　表14-1

序号	项目	操作内容	规定分	评分标准	得分
1	纯电动汽车部件认知	(1)外观特征认知; (2)车内饰部件认知; (3)高压部件认知	50分	(1)能正确说出充电口的位置10分; (2)能正确说出车内饰各个部件的名称20分; (3)能正确说出纯电动汽车各个高压部件的名称20分	

· 210 ·

续上表

序号	项目	操作内容	规定分	评分标准	得分
2	混合动力电动汽车部件认知	(1) 机舱部件认知； (2) 车内饰部件认知； (3) 高压部件认知	50 分	(1) 能正确说出混合动力电动汽车机舱内各个部件的名称 20 分； (2) 能指出车内饰的充电口、加油口盖及机舱盖开关安装位置 10 分； (3) 能说出混合动力电动汽车各个高压部件的名称 20 分	
	总分		100 分		

四、思考与练习

(一) 填空题

1. 联合国开发计划署(UNDP)把新能源分为大中型水电、_____、传统生物质能。
2. 新能源汽车是指采用_____和驱动方面的先进技术,形成的技术原理先进,具有新技术、新结构的汽车。
3. 我国新能汽车主要包括_____、_____、氢能源汽车、_____及其他新能源汽车等。
4. 按照动力系统结构形式划分。根据混合动力电动汽车的零部件的种类、数量和连接关系,可以将其分为_____、_____和混联式混合动力电动汽车。
5. 燃料电池电动汽车是以燃料电池系统作为_____或者是以_____与_____作为混合动力源的电动汽车。
6. 通常氢能以三种状态存储和运输:高压气态、_____和_____形态。

(二) 单项选择题

1. 纯电动汽车是指驱动能量完全由(　　)提供的、由电机驱动的汽车。
    A. 发动机　　　　B. 发电机　　　　C. 电动机　　　　D. 电能
2. 以下(　　)车型不是纯电动车。
    A. 腾势　　　　　B. 比亚迪 e6　　　C. 宝马 i3　　　　D. 比亚迪唐
3. 丰田 Fine-X 属于(　　)。
    A. 纯电动汽车　　　　　　　　　　B. 燃油车
    C. 混合动力电动汽车　　　　　　　D. 燃料电池电动汽车
4. (　　)是世界上第一个出现在大众市场的燃料电池电动汽车。
    A. 丰田 MIRAI　　B. 通用 Sequel　　C. 丰田 Fine-X　　D. 大众 Hymotion
5. 特斯拉 Model S 最高车速为(　　)。
    A. 180km/h　　　B. 250km/h　　　C. 280km/h　　　D. 300km/h

(三) 判断题

1. 非常规车用燃料是指汽油、柴油、天然气、乙醇等。　　　　　　　　(　　)
2. 混合动力电动汽车不排放有害气体和温室气体。　　　　　　　　　　(　　)
3. 燃料电池具有零排放、绿色、环保等特点。　　　　　　　　　　　　(　　)
4. 本田 Fine-X 为 4 轮转向与 4 轮驱动的燃料电池混合动力电动汽车。　(　　)

(四)简答题

1. 简述纯电动汽车的特点。
2. 简述燃料电池电动汽车的特点。
3. 写出你知道的三款混合动力电动汽车。

任务 15　新能源汽车高低压防护用品认知

学习目标

◆ 知识目标

1. 能说出常用的个人防护用品和使用方法；
2. 能说出常用的场地防护用品和使用方法；
3. 能说出车辆的防护用品(车内、车外)和使用方法；
4. 能描述有哪些常用的绝缘工具和使用方法。

◆ 能力目标

1. 能识别各种防护用品；
2. 会正确使用各种防护用品；
3. 能识别各种绝缘工具；
4. 会正确使用各种绝缘工具。

任务描述

由于新能源汽车和传统汽车存在着本质的区别,因此,在对其进行维修作业时,必须要做好相应的高低压防护,在保护好车辆不受划伤的前提条件下,更重要的是保护好维修人员的安全,保证维修人员在进行维修作业时,高压系统不会对维修人员造成不必要的伤害。

一、理论知识准备

新能源汽车有一个非常明显的特点,就是整车带有高压动力回路,其回路最高电压可达600V以上甚至更高。因此,考虑到新能源汽车带来环保效益的同时,高压安全问题同样不容忽视。所以,在推广新能源汽车时,如何保证驾驶人员、乘车人员以及汽车维修人员的安全成了关注的重点。为保证人体、汽车电气设备的安全,在使用、维修的同时,必须把"电气安全工作"放在首位。每个维修人员都应贯彻"安全第一、预防为主、综合治理"的方针,建立其正确的防护意识,采取各种切实有效的措施以防止触电事故的发生。

(一)新能源汽车个人防护用品认知

"安全第一、预防为主、综合治理"是电力工种长期坚持的基本方针,不断地提高广大电力工作人员的安全生产技能是保证安全生产的基本措施。由于新能源汽车动力系统部分均使用高压电为其提供动力,因此,当动力系统出现故障时,要对其进行必要的维护检查,则要先了解新能源汽车安全操作常用的防护用品。

1. 安全帽

1) 安全帽的作用

安全帽是用来保护使用者头部或减缓外来物体冲击伤害的个人防护用品,在对纯电动汽车进行维护作业时,防止维修人员的头部与车身或举升机碰撞而伤害维修人员,保护维修人员的头部不受伤害,如图15-1所示。

2) 防护原理

(1) 使冲击力传递分布在头盖骨的整个面积上,避免打击一点。

(2) 头与安全帽顶的空间位置构成一个能量吸收系统,可起到缓冲作用,因此,可减轻或避免伤害。

3) 安全帽结构

安全帽由帽壳、帽衬、下颚带、吸汗带、通气孔组成。

4) 使用安全帽注意事项

(1) 使用完好无破损的安全帽。

图15-1 安全帽佩戴示意图

(2) 系紧下颚带,以防止工作过程中或外来物体打击时脱落。

(3) 帽衬完好。帽衬破损后,一旦受到意外打击时,帽衬失去或减少了吸收外部能量的作用,安全帽就不能很好的保护戴帽人。

(4) 所用的安全帽应符合国家的有关技术规定。

(5) 有问题的安全帽应及时更换。玻璃钢及塑料安全帽正常使用周期为4年。

2. 护目镜

1) 护目镜的作用

护目镜的作用是防护眼睛或面部免受紫外线、红外线和微波等电磁波的辐射,粉尘、烟尘、金属和砂石碎屑以及化学溶液溅射的损伤,如图15-2所示。

2) 注意事项

(1) 护目镜要选用经产品检验机构检验合格的产品。

(2) 护目镜的宽窄和大小要适合使用者的脸型。

(3) 镜片磨损粗糙、镜架损坏,会影响操作人员的视力,应及时调换。

图15-2 护目镜实物

(4) 护目镜要专人使用,防止传染眼病。

(5) 焊接护目镜的滤光片和保护片要按规定作业需要选用和更换。

(6) 防止重摔重压,防止坚硬的物体摩擦镜片和面罩。

3) 保养方法

(1) 放置方法。如果是暂时性放置眼镜,请将眼镜的凸面朝上,若将凸面朝下摆放眼镜,会磨花镜片。如果长时间放置,则要放在眼镜盒里面。

(2) 擦镜片方法。使用清洁的专用擦镜布,注意务必用手托住擦拭镜一侧的镜框边沿,轻轻拭擦镜片。避免用力过度造成镜框或镜片的损伤。

(3) 镜片沾灰尘或脏东西时干擦容易磨花镜片,建议清水冲洗再用纸巾吸干水分后用专用眼镜布擦干。镜片很脏时建议用低浓度的中性洗剂清洗,然后用清水冲洗擦干。

(4)请使用眼镜盒。不戴眼镜时,请用眼镜布包好放入眼镜盒。保存时要避免与防虫剂、洁厕用品、化妆品、发胶、药品等腐蚀性物品接触,否则会引起镜片、镜架劣化、变质、变色。

(5)眼镜变形时会给鼻子或耳朵造成负担,镜片也容易松脱。建议定期到专业店进行整形调整。

3.绝缘手套

所谓绝缘,是指用绝缘材料把带电体封闭起来,借以隔离带电体或不同电位的导体,使电流能按一定的通路流通。良好的绝缘是保证设备和线路正常运行的必要条件,也是防止触电事故的重要措施。绝缘手套是在高压电气设备上进行操作时必须使用的安全用具,如用来操作高压隔离开关、高压跌落开关及装拆接地线、在高压回路上进行验电等工作,如图15-3所示。

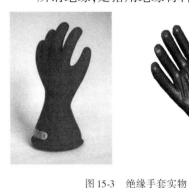

图15-3　绝缘手套实物

1)使用及保管注意事项

(1)每次使用绝缘手套前应进行外部检查,查看表面有无损伤、磨损、破漏、划痕等。如有砂眼漏气情况,禁止使用。检查方法是,手套内部进入空气后,将手套朝手指方向卷曲,并保持密闭,当卷到一定程度时,内部空气因体积压缩压力增大,手指膨胀,细心观察有无漏气,漏气的绝缘手套不得使用。

(2)使用绝缘手套,不能抓拿表面尖利、带刺的物品,以免损伤绝缘手套。

(3)绝缘手套使用后应将沾在手套表面的脏污擦净、晾干。

(4)绝缘手套应存放在干燥、阴凉、通风的地方,并倒置在指形支架或存放在专用的柜内,绝缘手套上不得放置任何物品。

(5)绝缘手套不准与油脂、溶剂接触,合格与不合格的绝缘手套不得混放一处,以免使用时造成混乱。

(6)绝缘手套每半年检验一次,检验标准按规定执行并登记记录,超检验周期的绝缘手套不准使用。

2)使用绝缘手套常见的错误

(1)不做漏气检查,不作外部检查。

(2)一只手戴绝缘手套或时戴时不戴。

(3)绝缘手套表面严重脏污也不清擦。

(4)用后乱放,不做清洁擦拭。

(5)检验标签脱落或超过检验周期仍使用。

4.绝缘鞋

1)绝缘鞋的作用

绝缘鞋的作用是在人体与地面间保持绝缘,高压操作时使用人用来与大地保持绝缘的安全用具,可以作为防跨步电压的基本安全用具,如图15-4所示。

图15-4　绝缘鞋实物

2）使用及保管注意事项

(1) 绝缘鞋不得当作雨鞋或作其他用,一般胶鞋也不能代替绝缘鞋使用。

(2) 绝缘鞋在每次使用前应进行外部检查,表面应无损伤、磨损、破漏、划痕等,有破漏、砂眼的绝缘禁止使用。

(3) 为方便操作人员使用,现场应配大号、中号绝缘鞋各两双。

(4) 存放在干燥、阴凉的专用柜内,其上不得放置任何物品。

(5) 不得与油脂、溶剂接触,合格与不合格的绝缘鞋不准混放,以免使用时拿错。

(6) 每半年对绝缘鞋试验一次,试验标准按《安规》规定执行并登记记录,不合格的绝缘鞋应该及时收回。

(7) 超检验期的绝缘鞋禁止使用。

(二) 新能源汽车场地防护用品认知

1. 绝缘垫

绝缘垫又称绝缘胶垫,是由特种橡胶制成,如图 15-5 所示,用于加强工作人员对地的绝缘。因此,可以视为一种固定的绝缘靴,具有较大电阻率和耐电击穿能力,用于配电房等工作场合的台面或铺地绝缘材料。

绝缘胶垫的作用:电力工作人员在工作时,手和脚必须至少有一个不带电,这样电路形不成闭路,才不会对人的安全造成伤害。铺设绝缘胶垫正是保证了人的脚对地的绝缘,根据配电室耐压等级选择相应的绝缘垫有着举足轻重的作用。

2. 警示牌

由于新能源汽车的动力驱动系统均为高压电,在对其进行维修作业时,存在高压触电的危险,因此,一定要在作业场所的周围醒目的地方放上警示牌,如图 15-6 所示,以提示周围的非维修人员,车辆正在维修作业中,请勿进入维修区域。

图 15-5　绝缘垫实物　　　　　　　图 15-6　维修警示牌

3. 维修遮栏

由于新能源汽车和传统汽车的结构上有着本质的区别,维修时使用的工位也不一样,为了将新能源汽车维修工位和传统汽车维修工位明显区分开,通常使用遮栏将维修区域围起来,如图 15-7 所示,以防止其他非维修人员进入维修区域,发生意外。

图 15-7 维修遮栏

遮栏通常包括一根不锈钢管,一条不等长度的拉带,一个底座,一个不锈钢盖。不锈钢管总高为 900mm,不锈钢管直径为 62mm,底座直径为 320mm。底座用于支撑,底座外底部有橡胶圈,可消除移动时的噪声,能保护地面。拉带宽 50mm,长度不等,颜色有红、黄、白、蓝、工行灰、邮政绿色、电网绿等几种。不锈钢管的上端配有十字拉带头。拉带在使用时请轻拉轻放,为了能增长使用寿命,建议拉动护带时不要拉满。

(三) 车辆防护用品认知

1. 机舱防护三件套

由于维修人员工作服的原因,为了防止维修人员工作服上的坚硬物体(如纽扣、拉链等)在维修人员进行操作时,划伤车身的漆面,通常会使用防护三件套对车身进行必要的保护。即进气格栅布、左右两侧翼子板布,如图 15-8 所示。

图 15-8 机舱防护三件套

三件套通常使用皮革做原材料,在与车身贴合的上端,将会把强力磁铁放置于皮革内部,可以将三件套紧紧地吸附在车身上,以便能够有效地保护好车身的漆面。

在部分质量较好的三件套中,除了在其上端加入强力磁铁以外,还加装了辅助挂钩,进一步加强三件套在翼子板上的稳固性,让三件套装上以后更加稳固,更加可靠,以防止维修人员维修时损坏车身的漆面。在部分质量较好的三件套内层,为了提高三件套对车身的保护能力,厂家会在其内部加入加绒结构的皮革,使其内层更柔软,整体材料更加结实,同时也增强了手感。在外部边缘处,通常会使用丝带包边的处理方式,增强其结构,使之更加耐磨损,使用时间更长。

如果使用定制的防护三件套,可以在外面定制专属的图案,使其既能够充分地保护翼子板的漆面,同时又能够宣传企业的理念、企业文化等。

使用时,首先区分清楚正方面,一般在外侧都会印刷有企业的标识 LOGO,让有标识的一面朝向车体的外面。同时,在安放三件套时,一定要将强力磁铁或挂钩挂紧在左右翼子板或进气格栅上,使其能够充分地保护车身部分的漆面。

2. 室内五件套

汽车在检查、维护、修理、定位等过程中，都需要维修技师对其进行作业，而在作业时，维修工作人员难免会进入到驾驶室内进行必要的操作。由于维修人员身上、手上及工作服上难免有些油质污垢，如果不对驾驶室内给以必要的防护，一定会弄花弄脏用户车辆的内饰，而用户当然不希望看到自己的爱车被弄脏。因此，为了对用户的爱车室内进行必要的保护，给用户留下良好的企业形象，同时又方便维修技师必要的作业、试车等。汽车4S店均使用室内五件套，在用户进厂时由服务顾问将其安放到位，防止维修技师在维修作业或试车时弄脏用户的车辆的内室。

目前，较为常用的室内五件套通常有一次性使用的和可反复使用的两种，由于可反复使用的室内五件套存在脏污后清洗的问题，故企业更多使用一次性的室内五件套。即一次性转向盘套、座椅套、脚垫、换挡杆套和驻车制动器手柄套，如图15-9所示。通过室内五件套的使用，防止维修人员在室内操作时弄脏驾驶室，既能提高4S店的服务品质，又能有效提升顾客满意度，减少顾客的投诉。通常，室内五件套主要用于汽车4S店、修理厂、快修店、连锁店、服务站等。

图15-9　室内五件套

使用时，有标识一面要朝向上，脚垫要尽量平整的垫在车厢地板上，座椅套要从上往下地套上，并要求平整。转向盘套、换挡杆套和驻车制动器手柄套要尽量套到底部，防止维修人员试车时脱落，而弄脏相应的部件。

(四) 新能源汽车维修工具认知

由于纯电动汽车动力驱动系统使用的是高压电，当车辆出现故障时，在对其进行维修的过程中，如果使用一般的维修工具，会带来触电的危险，将严重伤害维修人员，因此，对纯电动汽车进行维修时，必须使用绝缘工具，确保维修人员的安全。绝缘工具包括螺钉旋具、钳类、套筒及其附件、棘轮扳手、镊子、电工刀、锯架、绝缘夹、滑套、电缆剪、活扳手、开口扳手、梅花扳手等，如图15-10所示，为维修人员提供广泛适用的选择范围。

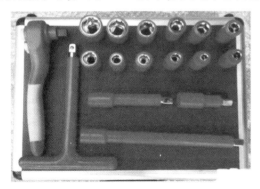 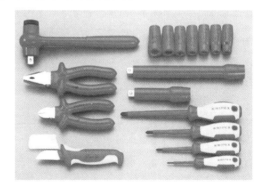

图15-10　绝缘工具

1. 绝缘工具的要求

产品符合国家标准生产,并通过 GS 认证,符合高品质工具的要求。

2. 绝缘性能检测

1)高压测试

10000V 高压水槽检测,无电流击穿,无电花火现象。

2)冲击检测

金属重物从高处坠落,冲击产品。绝缘层不能有剥落、裂纹、断裂等现象。

3)拉拔检测

对绝缘层施加 500N 的拉力,绝缘层不能与工件本体分离。

4)阻燃检测

用明火烧绝缘层 10s 后,移除明火,在 20s 内绝缘层上的火焰高度不应超过 120mm。

5)冷冻检测

工具放置在 -40℃的环境中 2h 后取出,用金属重物从高处坠落,冲击产品。绝缘层不能有剥落、裂纹、断裂等现象。

3. 绝缘工具的使用注意事项

(1)绝缘工具不可以粘有油污,这样会腐蚀工具绝缘层,对油污及时擦拭干净。

(2)绝缘工具不可以长时间放在阳光下暴晒,会加剧工具的绝缘层老化。

(3)绝缘工具在掉入水中后需要经过烘干处理后,检查无任何表面损伤方可使用。

(4)绝缘工具在放置时请远离辐射源,避免造成工具绝缘层的影响。

二、任务实施

(一)准备工作

(1)防护装备:绝缘防护用品、防护三件套、室内五件套。

(2)车辆、台架、总成:新能源汽车(E6 或秦)一辆。

(3)工具、设备:绝缘工具、常用工具车一辆。

(4)辅助耗材:毛巾、劳保用品。

(二)操作步骤

(1)在车辆前端放置维修警告牌。

(2)场地周围安装维修遮栏。

(3)打开车门,安装脚垫、座椅套、转向盘套、换挡杆套、驻车制动器手柄套,拉动机舱盖手柄,如图 15-11 所示。

(4)打开并支撑机舱盖,支撑位置如图 15-12 所示,安装机舱三件套。

(5)检查安全帽外观是否有破损。

(6)检查安全帽下颚带是否有效。

(7)调整帽檐长度,试戴安全帽。

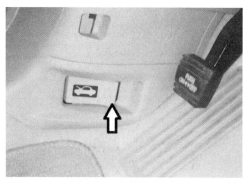

图 15-11 机舱盖手柄位置

(8) 检查护目镜镜面有无破损、镜架有无破损异常。
(9) 在手套背面检查绝缘手套的绝缘等级是否符合要求,如图 15-13 所示。

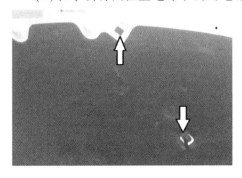

图 15-12 机舱盖支撑位置

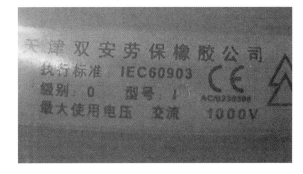

图 15-13 绝缘手套绝缘等级

(10) 检查绝缘手套有无破损,绝缘是否良好,试戴绝缘手套。
(11) 检查绝缘鞋有无破损,绝缘等级是否符合要求。
(12) 试穿绝缘鞋。
(13) 识别各绝缘工具。
(14) 举升车辆到适合高度,在作业区域安放绝缘垫。
(15) 落下车辆,收回所有防护用品。

三、技能考核标准

技能考核标准见表 15-1。

技能考核标准 表 15-1

序号	项目	操作内容	规定分	评分标准	得分
1	警示牌	将警示牌放置于工位正前方	8 分	(1) 竖直放置 4 分; (2) 位置于场地前面 4 分	
2	维修遮栏	拉开遮栏带,围住维修工位	8 分	(1) 竖起遮栏 4 分; (2) 扣上带 2 分; (3) 围住维修工位 2 分	
3	安放五件套	打开车门,安放室内五件套	10 分	五件套安装到位各 2 分	
4	开机舱盖	找到并拉动机舱盖拉手	8 分	(1) 找到位置 2 分; (2) 拉动 4 分; (3) 确保拉开 2 分	
5	支撑机舱盖	拉开机舱盖,支撑杆,检查支撑是否到位	8 分	(1) 按压手柄 2 分; (2) 位置 2 分; (3) 支撑可靠 2 分; (4) 检查 2 分	
6	安放三件套	机舱三面安放三件套	10 分	(1) 位置正确 4 分; (2) 固定可靠 4 分; (3) 车身无裸露 2 分	

续上表

序号	项 目	操作内容	规定分	评分标准	得分
7	安全帽	检查、调整、试戴安全帽	8分	(1)检查2分; (2)调整4分; (3)试戴并可靠锁止2分	
8	护目镜	检查镜片、镜架	8分	(1)检查镜片4分; (2)镜架4分	
9	绝缘手套	检查,试戴	8分	(1)绝缘等级4分; (2)是否绝缘4分	
10	绝缘鞋	检查、试穿	8分	(1)有无破损4分; (2)试穿正确4分	
11	举升车辆	高度合适	8分	(1)支撑位置正确4分; (2)检查安全2分; (3)高度合适2分	
12	绝缘垫	位置正确	8分	(1)检查4分; (2)位置正确4分	
		总分	100分		

四、思考与练习

(一) 填空题

1. 个人防护用品通常包括_____、_____、_____和绝缘鞋。
2. 场地防护用品一般是指_____、_____和绝缘垫等几种。
3. 室内五件套通常包括_____、_____、_____、脚垫和座椅套。

(二) 单项选择题

1. 在对新能源汽车进行断电操作时,一般选择最大电压在(　　)的绝缘手套。
　　A. 1000 V　　　　B. 5000 V　　　　C. 10 kV　　　　D. 20 kV
2. 在拆卸蓄电池负极接线柱时,优先使用(　　)扳手。
　　A. 开口　　　　　B. 梅花　　　　　C. 套筒　　　　　D. 活动

(三) 判断题

1. 使用绝缘手套时必须要检查其绝缘性能。　　　　　　　　　　　　(　　)
2. 使用安全帽时不必检查有无破损情况。　　　　　　　　　　　　　(　　)
3. 不同绝缘等级的绝缘手套,其厚度是一样的。　　　　　　　　　　(　　)
4. 维修新能源汽车可以使用维修内燃机汽车的工位。　　　　　　　　(　　)
5. 安装机舱三件套时,不必区分左右两侧。　　　　　　　　　　　　(　　)
6. 维修新能源汽车可以不用防护用品。　　　　　　　　　　　　　　(　　)

(四) 简答题

1. 绝缘工具通常包括哪几种?
2. 机舱三件套通常包括哪些?

任务16 新能源汽车高压安全断电

学习目标

❖ **知识目标**

完成本项目学习后,你应能:
1. 讲述维修开关的位置和作用;
2. 讲解维修开关使用时的注意事项;
3. 描述高压安全断电的目的和原理。

❖ **能力目标**

1. 对混合动力电动汽车进行高压安全断电;
2. 对纯电动汽车进行安全断电。

任务描述

在对新能源汽车进行维修诊断时,都要进行高压断电,即将动力驱动系统的高压电源部分断开,以防止维修人员的触电伤亡。

一、理论知识准备

由于新能源汽车的动力驱动系统均为高压,在对新能源汽车进行维修诊断时,如果不把高压电源断开,则存在触电的危险。因此,在对新能源汽车进行维修作业之前,务必断开高压电源。而进行高压断电最直接的方法,就是通过拆除维修开关的方式断开高压电源,确保维修人员的安全。

(一)维修开关

1. 安装位置

1)秦维修开关

秦的维修开关位于动力电池包总成上方的左上角,用于连接动力电池的一个正极和一个负极,如图16-1所示。

图16-1 秦维修开关的安装位置

2) E6 的维修开关

如图 16-2 所示,位于前后排座椅之间通道上,串联在动力电池包中,用于在车辆维修或发生紧急事件时快速断开高压回路,从而保证人员安全。

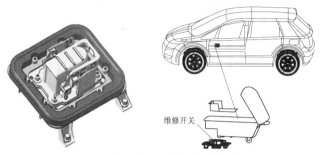

图 16-2　E6 维修开关的安装位置

2. 功用

功用是在车辆维修时直接断开高压回路,从而保证操作人员的安全。

3. 使用

维修开关正常状态时,开关手柄处于水平位置;需要拔出时,应先将手柄旋转至竖直状态,再向上拔出;需要插上时,应先沿竖直方向用力向下插入,再将手柄旋转至水平状态。

(二) 新能源汽车高压断电

1. 高压断电目的

混合动力电动汽车,在使用传统内燃机作为动力的同时,也使用电机作为驱动装置,而电机的驱动电路部分均为高压电。如果在对混合动力电动汽车进行维修作业时,不及时断开高压电路,就会存在维修人员触电的风险。因此,在对混合动力电动汽车进行维修作业之前,必须对车辆进行高压断电操作,以免对维修人员造成不必要的伤害。

2. 高压断电原理

如图 16-3 所示,在混合动力电动汽车上,维修开关是串联在动力电池模组之间的一个部件,高压动力电池模组通过维修开关的连接以后,才能对外进行充电、放电。

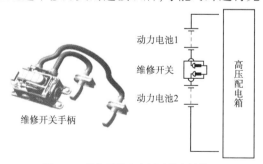

图 16-3　维修开关在高压系统中的位置

当车辆处于纯电模式运行时,维修开关将动力电池模组串联为一个整体——电池包,再通过动力电池包的正负极母线,实现电能的释放,以驱动电机运转,带动车轮转动,从而实现对车辆的驱动。

当车辆通过充电接口对动力电池进行充电或是进行能量回收时,电能通过高压配电盒后进入动力电池,对动力电池进行充电。如果维修开关断开,动力电池中电池模组之间没有形成闭合回路,虽然电能进入到高压配电盒,但是由于电池包中电池模组处于断开的状态,没有形成闭合回路,因此,不能对动力电池进行充电。

在对车辆进行维修作业时,只有先将维修开关拔出,断开动力电池包中电池模组的连接电路,如图16-4所示,才能确保动力电池不会对外放电,这样,就能够确保维修人员对车辆进行维修作业时,不会触电。

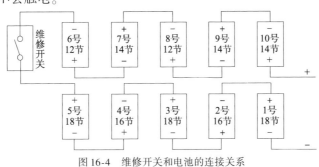

图16-4 维修开关和电池的连接关系

3. 注意事项

(1)纯电动车高压电可达到300V以上,为确保人身安全,切记维修车辆时一定要拔掉维修开关。

(2)若需进行维修开关的拔插操作,必须确保整车低压电源已经关闭,起动按钮未按下起动。

(3)在整车上ON挡电的状态时,严禁插拔维修开关手柄和壳体上的插接件。

(4)车辆处于充电状态时,不得将维修开关手柄和壳体上的插接件拔出。

(5)严禁在无维修开关手柄的情况下,将液体、固体等倒入维修开关的插针孔内,严禁在维修开关的插针孔内有液体、固体的情况下插入维修开关手柄。

(6)严禁在无维修开关手柄的情况下,找其他导电金属代替维修开关。

(7)严禁在无维修开关手柄的情况下,将手指直接伸入到维修开关的插针孔内,防止触电伤亡。

(8)严禁在未有新能源汽车维修人员陪同的情况下私自拆卸维修开关。

(9)严禁重物挤压或者捶打维修开关所有部分,当维修开关任何部位出现较大面积的凹陷、裂纹、破损时,需要立即停止车辆的使用,并及时与厂家授权的汽车服务站取得联系。

4. E6高压断电过程

(1)切断低压电路。

(2)切断高压电路。

(3)拆卸后排座椅。

(4)拆卸动力电池包正、负极母线。

5. 秦高压断电过程

(1)切断低压电路。

(2)切断高压电路。

二、任务实施

(一)准备工作

(1)防护装备:绝缘防护用品、防护三件套、室内五件套。

(2)车辆:新能源汽车二辆,包括混合动力一辆,纯电动汽车一辆。

(3)工具、设备:绝缘工具、常用工具车一辆。

(4)辅助耗材:毛巾、劳保用品。

(二)技术要求与注意事项

(1)绝缘手套的正确选择与使用。

(2)操作注意事项,参考理论讲解部分。

(3)注意听从实训老师的安排指导。

(三)操作步骤

1. E6 高压断电过程

1)切断低压电路

(1)关闭一键起动按钮,在驾驶人左下侧拉动机舱盖手柄内侧,如图 16-5 所示,解锁机舱盖。

(2)打开机舱盖,并可靠支撑机舱盖。

向上按压机舱盖锁止手柄,抬起机舱盖,竖起支撑杆,找到机舱盖上支撑位置,如图 16-6 所示,将支撑杆上端插入支撑孔,确保支撑可靠。

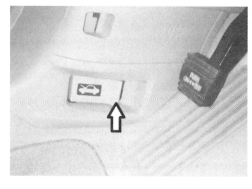

图 16-5　机舱盖开启手柄

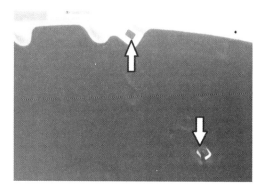

图 16-6　机舱盖支撑位置

(3)安装机舱防护三件套。打开翼子板防护垫,将防护垫上的钩子勾住左右两侧翼子板和机舱前部,并确保翼子板垫尽量覆盖车身前部,如图 16-7 所示。

(4)拆卸蓄电池负极接线柱。用6.5系列套筒扳手拧松蓄电池负极紧固螺母,轻微搬动负极线,从负极接线柱上拆下蓄电池搭铁线,如图 16-8 所示。

图 16-7　机舱三件套安装规范

图 16-8　拆卸蓄电池负极

(5)检查手套绝缘性能,戴好绝缘手套。选择合适电压等级的绝缘手套,如图16-9所示,双手拿住手套上边缘,快速卷曲绝缘手套2~3圈,检查是否存在漏气现象。绝缘性能良好的手套不应漏气。

2)切断高压电路

(1)打开车辆内室储物盒,并取出内部物品。向上抬起杂物箱锁止手柄,打开杂物箱盖,如图16-10所示,并将杂物箱盖开启后靠近座椅靠背,注意用力适中。

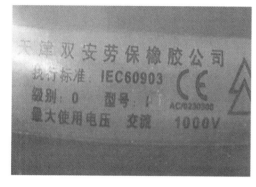  

图16-9 手套绝缘等级　　　　　　　　图16-10 打开杂物箱

(2)取出储物盒底部隔板,露出ipad安装盖板。拿住杂物箱底部隔板后端的凸台,如图16-11所示,如图取出底部隔板。

(3)使用十字螺丝刀将ipad安装盖板螺钉(4pcs)拧下,并掀开盖板,如图16-12所示。

图16-11 取出底部隔板　　　　　　　　图16-12 取出杂物箱安装底板

选择合适大小的十字螺丝刀,对角预松后,拆卸底板四个固定螺钉。

(4)拔掉USB接口、点烟器连接线,并取出维修开关上盖板,如图16-13所示。拔下接口线和点烟器连接线时,注意要先按下插接器的锁止机构,再拔下插接器。

图16-13 拆卸杂物箱底部插接器

(5)拉动维修开关手柄呈竖直状态,向上提拉,取出维修开关,如图16-14所示。
(6)使用电工绝缘胶布封住维修开关插接件母端,如图16-15所示。

图16-14　拆下维修开关　　　　　　　　　　图16-15　封闭插接件母端

3)拆卸后排座椅

(1)取下后排座椅两侧螺钉盖板,如图16-16所示。
(2)拆下座椅弯折处螺钉,如图16-17所示。

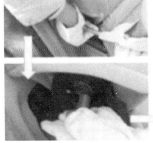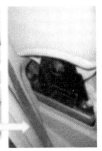

图16-16　座椅两侧螺钉盖板　　　　　　　　图16-17　拆弯折处螺钉

(3)同时拉动座椅两侧弯折处黑色拉绳,并将座椅靠背前倾,取出座椅靠背,如图16-18所示。

图16-18　拆后座椅靠背

(4)拆掉座椅安全带后缝隙处螺钉并取出座椅,如图16-19所示。
(5)卸掉座椅横梁固定螺钉以及安全带固定螺钉,如图16-20所示。

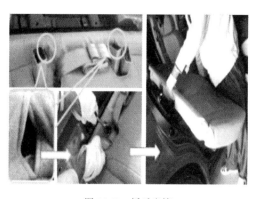

图16-19　拆后座椅　　　　　　　　　图16-20　拆横梁固定螺钉

(6) 取出横梁。

4) 动力电池包正负极母线的拆卸

(1) 车辆处于解锁状态,按压行李舱上开启开关,如图16-21所示,打开行李舱,取出行李舱内物品,如图16-22所示。

图16-21　行李舱上开启开关　　　　　图16-22　行李舱杂物

(2) 拆卸高压配电箱保护盖板固定螺钉,如图16-23所示。

(3) 拔掉高压配电箱保护盖板上的信号连接线接口,如图16-24所示。

图16-23　配电箱固定螺钉　　　　　　图16-24　拔出连接线接口

(4) 取出高压配电箱保护盖盖板,取出高压配电箱总成,如图16-25所示。

(5) 取掉动力电池与高压配电箱之间正负极母线接插件的红色卡扣,如图16-26所示,轻提黑色卡扣,听到"咔"声响后,向上用力拔掉插接件。

图 16-25　高压配电箱总成

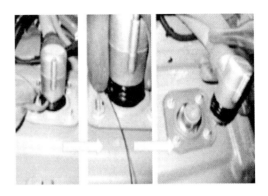

图 16-26　拆卸母线卡扣

（6）拆掉正负极引出固定板，并使用保护盖或电工绝缘胶布对正负极引出进行防护，如图 16-27 所示。

图 16-27　对电池极柱的保护

2. 秦高压断电过程

（1）关闭一键起动按键，指示灯熄灭。驾驶人左下侧地板上，拉动行李舱开启手柄，如图 16-28 中箭头所指的位置，打开行李舱。

（2）拆卸行李舱内左右两侧防护板。

（3）用 6.5mm 系列套筒扳手松开低压铁电池（蓄电池）负极线紧固螺栓，从低压铁电池（蓄电池）负极桩头上拆除负极线，如图 16-29 中箭头所示。

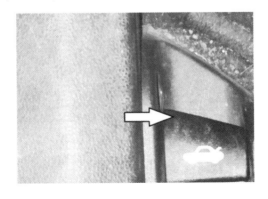

图 16-28　行李舱开启手柄位置

图 16-29　低压铁电池（蓄电池）负极接线柱

(4) 打开左后侧车门,往左右两边移开安全带,拆卸后排座椅靠背,露出维修开关,如图 16-30 中箭头所示。

(5) 检查绝缘手套绝缘性能,并戴好绝缘手套。

(6) 将维修开关手柄向上旋转到竖直的状态。

(7) 沿竖直方向向上拉动维修开关,拔出维修开关,如图 16-31 所示。

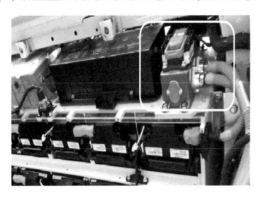
图 16-30 秦维修开关的位置

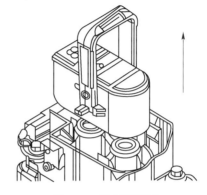
图 16-31 拔出维修开关

(8) 手柄拔出后应妥善保管,维修结束后,在沿竖直方向向下,将维修开关插到底部,最后将手柄重新旋转到水平状态。

三、技能考核标准

技能考核标准见表 16-1。

技能考核标准　　　　　　　　　　表 16-1

序号	项目	操作内容	规定分	评分标准	得分
1	关闭起动按钮	按压起动按钮	4 分	(1) 轻微按压 2 分; (2) 确认指示灯熄灭 2 分	
2	拉动机舱盖拉手	拉动拉手前端,解锁机舱盖	6 分	(1) 拉动 3 分; (2) 听到解锁声音 3 分	
3	打开机舱盖并支撑	按压机舱盖手柄,抬起机舱盖,竖起支撑杆,找到支撑位置并支撑	6 分	(1) 支撑位置正确 3 分; (2) 确认可靠 3 分	
4	机舱防护	安装机舱三件套	4 分	(1) 勾(贴)紧翼子板 2 分; (2) 翼子板无外漏 2 分	
5	拆卸蓄电池负极	用小扳手拆卸负极紧固螺栓,取下负极线	6 分	(1) 套筒合适 3 分; (2) 力度合适 3 分	
6	打开杂物箱	按下手柄,竖起杂物箱盖	4 分	(1) 按压手柄 2 分; (2) 打开力度合适 2 分	
7	取下底部垫子	拿着后侧凸台取出垫子	2 分	拿住凸起部分 2 分	
8	拆卸底部底板	中型十字螺丝刀对角预松后,拆下底板	4 分	(1) 工具选对 2 分; (2) 对角预松 2 分	
9	拆除底部插接器	压下锁止机构,拔出插头	4 分	按压下锁止机构 4 分	

续上表

序号	项目	操作内容	规定分	评分标准	得分
10	检查并戴好绝缘手套	选用绝缘等级合适的手套,检查气密性,并戴好	6分	(1)等级合适2分; (2)有无破损2分; (3)试穿正确2分	
11	拆除维修开关	拉直手柄,向上拔出	6分	(1)手柄竖直3分; (2)力度合适3分	
12	拆座椅两侧螺钉盖板	轻微按下卡扣,脱出锁止后取下盖板	4分	(1)找到盖板2分; (2)按压锁扣2分	
13	拆座椅螺钉	选用12.5mm的套筒扳手	6分	(1)套筒合适3分; (2)力度合适3分	
14	取下后排座椅坐垫	拆后排座椅	4分	(1)座椅干净2分; (2)不碰撞车辆2分	
15	拆卸横梁螺栓	拆卸横梁	4分	(1)套筒合适2分; (2)力度合适2分	
16	打开行李舱取杂物	取出行李舱杂物	6分	(1)按压开关3分; (2)有序取出3分	
17	拆配电箱盖板螺钉	拆卸螺钉	4分	(1)套筒合适2分; (2)力度合适2分	
18	拆信号连接线	拆卸信号线	6分	(1)按下锁止机构3分; (2)拆固定卡3分	
19	拆母线卡扣	拆卡扣	6分	(1)平行拔出3分; (2)力度合适3分	
20	取下母线	拆卸母线	4分	(1)轻微向上2分; (2)力度合适2分	
21	5S	5S管理	4分	(1)车辆清洁2分; (2)场地清洁2分; (3)不做整项为0分	
		总分	100分		

四、思考与练习

(一)填空题

1.维修开关一般是_____连在电池模组电路中。

2. 维修开关正常状态时,开关手柄处于_____位置。
3. E6 的维修开关位于_____。
4. 秦的维修开关位于_____。

(二)单项选择题
1. 秦的低压铁电池一共有( )极柱。
   A. 2 个 　　　　 B. 3 个 　　　　 C. 4 个 　　　　 D. 5 个
2. 秦的高压动力电池共有( )组。
   A. 8 　　　　 B. 9 　　　　 C. 10 　　　　 D. 11

(三)判断题
1. 在检修新能源汽车高压系统部件时,一定要拆下维修开关,以避免维修人员触电。
　　　　　　　　　　　　　　　　　　　　　　　　　　　　　　　　　　　　( )
2. 在整车上 ON 挡电的状态下,严禁插拔维修开关手柄和壳体上的插接件。 ( )
3. 在拆卸维修开关时,可以不用先断开低压蓄电池的负极。 ( )
4. 当维修开关拆下以后,可以放在座位上,无须专人保管。 ( )

(四)简答题
1. 简述维修开关的功用。
2. 简述拆卸 E6 正负极母线的流程。

任务 17　混合动力电动汽车高压部件认知

学习目标

◆ 知识目标
1. 能正确说出混合动力电动汽车上的高压部件;
2. 能描述各高压部件的作用及安装位置。

◆ 能力目标
1. 能在实车上找到高压部件,并说出名称;
2. 能叙述找到的高压部件的作用。

建议课时

8 课时。

任务描述

依据混合动力电动汽车各高压部件理论知识的学习和认知,能在实训车辆上找到各个高压部件,并能对相应的部件说出其作用。

一、理论知识准备

(一) 混合动力电动汽车高压部件的布置

混合动力电动汽车的高压部件有动力电池包、车载充电器、充电口、高压配电箱、维修开关、驱动电机控制器与DC总成、电动压缩机、PTC水加热器、空调配电盒及直流母线,它们大多布置在车辆的前机舱和行李舱,布置位置如图17-1所示。

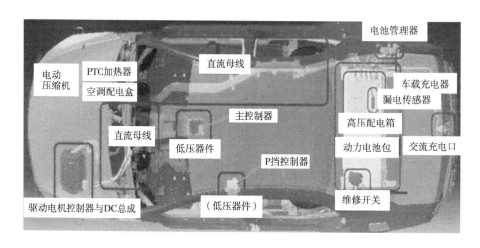

图17-1 比亚迪秦混合动力电动汽车的高压器件布置图

(二) 混合动力电动汽车高压部件

1. 动力电池

混合动力电动汽车具有两套蓄电池系统:一套12V直流低压蓄电池,它主要是为车上常规的低压用电器提供电量;另一套是电压更高的直流蓄电池系统,即高压动力电池,并在其周围设有电池管理系统和漏电传感器,对高压动力电池组进行监测管理和安全保护。

混合动力电动汽车的高压动力电池根据车型不同,其电压有36～600V不等的动力电池类型。所有混合动力电动汽车的动力电池,为了获取所需的最大直流电源电压,均是采用串联方式将多个单体蓄电池连接的蓄电池包。

1) 比亚迪秦动力电池

新能源动力电池是采用高功率镍氢电池,而比亚迪秦的动力电池是采用比亚迪自主生产的镍氢铁锂电池,它可以为车载的电动机和发电机提供最佳的电力。

比亚迪秦的动力电池在供电时,经过DC/DC转换器将其存蓄的直流电转换后,给电动机提供交流电能驱动汽车行驶。相反,在充电时,存储外接充电器整流的直流电源,或在回馈能量时,动力电池存储电动机、发电机产生并经DC/DC转换器转换后的直流电。

比亚迪秦的动力电池安装在后排座椅与行李舱之间,如图17-2所示。有的车辆为扩大行李舱的使用空间,将动力电池设计安装在车辆乘客室的底部,以降低电池组的重心,保持车身稳定。

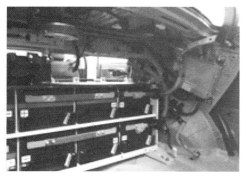 

a)秦车型动力电池组（行李舱）　　　　　　b)秦车型动力电池组（驾驶舱后排座椅后）

图 17-2　秦动力电池的安装位置

比亚迪秦动力电池包总成及单体电池如图 17-3 所示，其组成及参数如下。

a)动力电池包总成　　　　　　　　　　　b)单体电池模组

图 17-3　秦动力总成包及单体模组结构

（1）比亚迪秦电池包的组成：
①动力电池模组（分 10 个模组，共 152 个单体）。
②动力电池串联线。
③动力电池采样线。
④电池信息采集器。
⑤接触器、熔断器。
⑥电池包护板。
⑦安装支架。
（2）比亚迪秦电池包的参数：
①每个单体为 3.3V。
②电池包的标称电压为 501.6V。
③标称容量为 26A·h。
④一次充电 13kW·h。

动力电池分 10 个模组，如图 17-4 所示。动力电池通过串联线串联为一体，共计 152 节单体，每个单体的电压为 3.3V。电池组标称总电压为 501.6V，标称容量为 26A·h，存蓄的电量为 13kW·h，具有高容量、超耐用、零污染、零排放的特点。

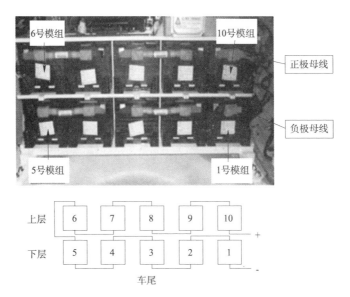

图17-4 比亚迪秦动力电池模组结构

动力电池包高压线束为橙色,正极线缆两端头有红色标识,负极线缆两端头为黑色标识,以便于区分识别,长、短串联线束,如图17-5所示。

电池包采样线束如图17-6所示,动力电池采样线的主要功能是用来连接电池管理控制器和电池信息采集器,实现二者之间的通信及信息交换的作用。

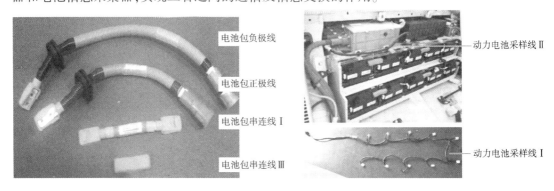

图17-5 电池包高压线缆　　　　　　　　图17-6 电池包采样线缆

2)电池管理系统

电池管理系统,除具备基本的电池能量管理、电池热管理功能外,还具有电池单体自动均衡功能。在整车运行过程中,监控整个电池组的单体性能参数,通过电池均衡功能达到及时、自动维护的目的,极大地减少了动力电池维护的时间成本,延长电池的使用寿命,提升各阶段的性能。

秦车型电池管理系统为分布式电池管理系统,位于行李舱车身右C柱内板后段,如图17-7所示。由1个电池管理控制器(BMS)、10个电池信息采集器(BIC)及1套动力电池采样线组成。10个电池信息采集器(BIC)分别位于10个动力电池模组的前端,如图17-8所示。采集对应模组的电压、温度等信息后通过CAN线传给电池管理控制器(BMS),即电池管理控制器(BMS)是电池管理系统的中央控制单元。

图 17-7　BYD 秦电池管理器

图 17-8　电池信息采集器（BIC）安装位置

电池管理控制器(BMS)如图 17-9 所示,它具有对动力电池的电压电流检测、充放电管理、接触器控制、电池异常状态报警和保护、电池存储电量(SOC)计算、自检及通信等功能。

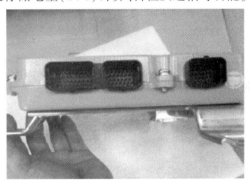

图 17-9　电池管理控制器(BMS)结构图

3）漏电传感器

漏电传感器用于对电动汽车直流动力电源母线与其外壳、车身底盘之间的绝缘阻抗进行检测,通常检测与动力电池输出相连接的负极母线与车身底盘之间的绝缘电阻,来判断动力电池包的漏电程度。当动力电池包漏电时,漏电传感器发出一个信号给电池管理控制器,电池管理控制器接到漏电信号后,进行相关保护操作并报警,防止动力电池包的高压外泄,造成人或者是物品的伤害和损失。

漏电传感器主要监测与动力电池输出相连的负极母线与车身底盘之间的绝缘电阻。

漏电传感器位于车身后围搁物板前加强横梁上,如图 17-10 所示。

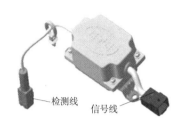

图 17-10 漏电传感器及安装位置

动力电池包的负极与车身绝缘阻值为 100~120kΩ,为一般漏电;若绝缘阻值小于或等于 20kΩ,为严重漏电。

2. 车载充电器

车载充电器,简称 OBC,其功用是将交流充电口传递过来的交流电源转换为直流高压电为动力电池充电,同时在充电过程中给低压铁电池进行补充充电。

车载充电器安装在行李舱右后侧位置,如图 17-11、图 17-12 所示。

图 17-11 车载充电器
1-220V 交流输出;2-低压插接件;3-高压直流输出

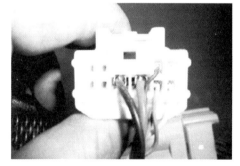

图 17-12 车载充电器外观结构

车载充电器充电控制原理:外接交流充电连接装置与车载充电器总成连接无误后,车载充电器总成控制交流充电连接装置输出的 220V 交流电,并控制交流充电及 OFF 挡充电继电器吸合,通过交流充电及 OFF 挡充电继电器,给电池管理控制器及高压配电箱提供低压电源;同时,车载充电器总成与电池管理控制器进行通信,在充电允许的情况下,电池管理控制器控制交流充电接触器及负极接触器吸合;车载充电器检测到动力电池组的反灌电压后,输出充电电压给动力电池包进行充电。

3.高压配电箱

混合动力电动汽车的高压配电箱,安装在行李舱电池包支架右上方,如图 17-13 所示。

图 17-13　比亚迪秦配电箱安装位置

高压配电箱的作用是将电池包的高压直流电分配给整车的高压电器使用,其上游是电池包,下游是驱动电机控制器及 DC 总成、PTC 水加热器、电动压缩机、漏电传感器;也将车载充电器的高压直流电分配给电池包。

高压配电箱外部有高压端子、低压线束、漏电传感器检测线、空调熔断器、车载充电器熔断器,高压端子连接孔等,如图 17-14、图 17-15 所示。

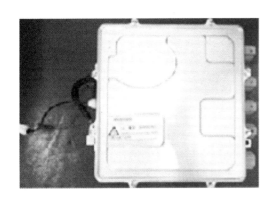

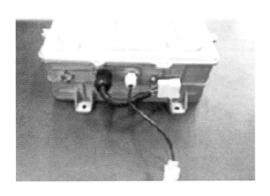

图 17-14　高压配电箱外部结构

高压配电箱内部结构有接触器、熔断器、霍尔电流传感器等部件,如图 17-16 所示。

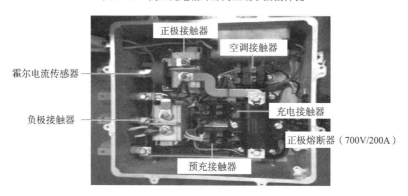

图 17-15　高压配电箱外部高压端子插接件孔

图 17-16　高压配电箱内部结构

4. 维修开关

维修开关(Service Switch)连接动力电池的一个正极和一个负极。维修开关是电动车辆中一个常用的手动操作设备,位于电池包总成上方的左上角,如图 17-17 所示。在进行车辆维修时,若检修所有高压模块器件、检修所有动力电池包四周的零部件、检修其他以需要拆卸或移动高压器件为前提的零部件时,需要提前做好安全准备工作,即直接拔出维修开关,断开高压回路,从而保证操作人员的人身安全。

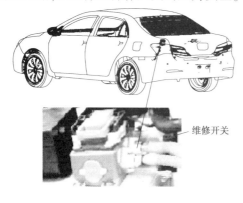

图 17-17　维修开关位置

维修开关正常状态时,手柄处于水平位置,需要拔出时,应先戴好安全防护手套,将手柄旋转至竖直状态,再向上拔出;需要插上时,应先沿竖直方向用力向下插入,再将手柄旋转至水平状态,如图 17-18 所示。

图 17-18　维修开关取出、闭合锁止状态

5. 交流充电口

交流充电口又称为慢充口,位于行李舱后门正中部,如图 17-19 所示。用于将外部的电源用充电设施连接到车辆充电回路上。车辆外部通过充电枪及车载充电器连接到交流电充电设备(充电桩),车辆内部通过橙色的高压电缆连接在车载充电器和配电箱上。

充电口开锁键在驾驶人侧车门按键处,按下该按键,如图 17-19 即可弹开充电口盖。交流充电口外壳材料为热塑性塑料,阻燃等级为 UL94V-0;密封件为橡胶或硅胶,充电口材料阻燃、环保、耐磨、耐候、耐冲击、高抗油、抗紫外线;内部金属插针为铜合金,表面镀银 + 顶部热塑性塑料。其金属针脚周围塑料上铸有相应的字母标识,如图 17-20 所示。

图 17-19　交流充电口及开盖钮

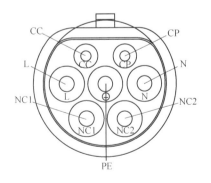

图 17-20　车载充电口结构及针脚字母标识

6. 高压电缆

高压电缆是连接动力电池与每个高压负载的神经,由高压电缆将动力电池的电输送到每个高压负载,保障负载动力输送的稳定性,高压电缆均为橙色线缆,如图 17-21 所示。

图 17-21　高压电缆

整车高压电缆有电池包正、负极连接线；电池包串联线Ⅰ、Ⅱ；高压配电箱；交流充电口；电池管理器；驱动电机控制器直流母线；空调高压线；PTC 小线；车载充电器小线；维修开关；漏电传感器及其他零部件自带的高压橙色线束，如图 17-22 所示。

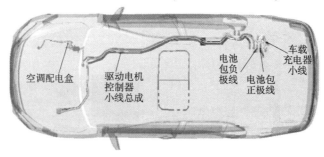

图 17-22　整车高压线束布置结构图

7. 驱动电机控制器及 DC 总成

混合动力电动汽车的驱动系统普遍采用以计算机为核心的现代计算机技术和自动控制技术，各种智能控制系统的应用，使得混合动力电动汽车更加安全、节能、环保和舒适。

电机电控的主要部件是驱动电机控制器总成，驱动电机控制器是比亚迪秦整车动力控制的大脑，结合动力电池的当前能力，实时响应用户的驾驶需求，分配发动机和驱动电机动力总成输出的转矩、功率，使整车动力性和经济性达到完美平衡。该总成由驱动电机控制器和 DC/DC 两个高压零部件集成一体安装在发动机舱左侧，如图 17-23 所示。

图 17-23　驱动电机控制器及 DC 总成

比亚迪秦在驱动电机控制器上同时集成了双向 DC/DC 变换器，可将整车高压转为低压，供整车低压电器及蓄电池充电使用，也可将发电机输出的低压电升压为高压电，供空调使用或对动力电池包进行维护。同时，比亚迪秦搭载的电控系统具有质量轻、尺寸小的特点，实现了效率、防护等级的提升。

电机控制器的类型为电压型逆变器，利用 IGBT 将直流电转换为交流电，主要功能是控制电动机和发电机，根据不同工况控制电机的正转、反转、功率、转矩、转速等，即控制电机的前进、倒退，维持电动汽车的正常运转。关键零部件为 IGBT，IGBT 实际为大电容，目的是为了控制电流的工作，保证能够输出、输入合适的电流参数供给电动机或蓄电池。

电机控制器总成周围有信号接插件插孔,如有 12V 电源线、CAN 线、挡位、节气门、制动控制线、旋变和电机过温信号线、预充满信号线、两根动力电池正、负极接插件,三根电机三相线接插件等,其他还有两个水套接头及其他周边附件,如图 17-24 所示。

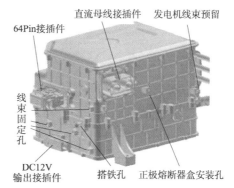

a)驱动电机控制器的高压输入、输出线缆及周边接插件位置名称

b)驱动电机控制器高压线缆的接头和插孔

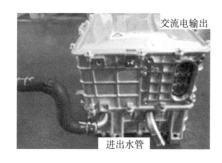

c)驱动电机控制器的冷却水管接口和线缆插孔

图 17-24　驱动电机控制器及 DC 总线

8. 电机

秦搭载比亚迪全新研发的高性能大功率驱动电机,如图 17-25 所示,具有轻量化、高转速、高效率的优势。

该电机整体结构紧凑,空间尺寸相较于同参数电机减小了50%,电机总质量只有28kg,电机功率质量比可达到3.9kW/kg,同时有效提升了电机效率94%的覆盖范围,拓宽了制动回馈的高效区,使整车节能更加有效。据数据显示,比亚迪秦电机最高转速可达12000r/min,在混合动力模式下,能爆发出250N·m的最大转矩。

电机设计在变速器上方,如图17-25所示,通过减速器的齿轮将动力传递到变速器。电机通过一组三相高压线与电机控制器连接高压系统;电机上还有旋变温度接插件,用来传递电机内部定子线圈的温度信号;电机冷却液温度传感器接插件的低压连接线束,将电机的温度信号传递给冷却控制单元进行管理。因此,电机内部也铸有水道,靠冷却液来进行冷却,其水道与发动机冷却系统的水道相通,由电机冷却液的进出水管进行循环流动,如图17-26所示。

图17-25 电机及变速器

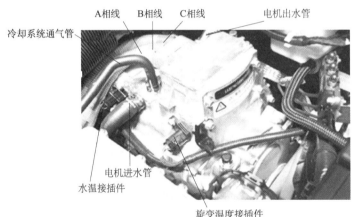

图17-26 电机的高压线、低压接插件及进出水管

(1)比亚迪秦电机的工作参数:
①额定功率:40kW。
②最大功率:110kW。
③最大转速:12000r/min。
④最大转矩:250N·m。

(2)电机的特点:
①交流永磁同步电机。
②高密度、小型轻量化、高效率。
③高可靠性、高耐久性、强适应性。

9. PTC 加热器

比亚迪秦车搭载了两套暖风形式,制热一般采用发动机或PTC加热器管道中冷却液的余热来采暖。动力电池电量低时或发动机工作时,热水取暖系统的热源通常采用发动机运

行加热冷却液,使冷却液流进采暖器芯体,再利用鼓风机将冷空气吹向采暖器芯体吸收热量变成热空气,之后进入车室内使温度提高。

动力电池电量充足时,在纯电模式状态下则是利用PTC电加热器取暖,结构如图17-27所示,主要是依靠动力电池的电量对PTC热敏电阻元件通电产生热量,将冷却液加热,再利用鼓风机将冷空气吹向采暖器芯体吸收热量变成热空气,进入车室内增加车室的温度。

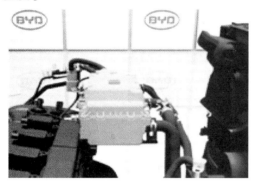 

图17-27　秦车型PTC加热器外观结构图

混合动力电动汽车在纯电动模式行驶过程中,利用PTC加热器采暖的方式,对整车采暖结构改变较小,靠PTC电动水泵进行循环,该空调采暖系统可以在发动机不起动的情况下正常运行,满足乘员的舒适性。PTC加热器安装于发动机舱右上侧,如图17-28所示。

图17-28　秦车型PTC加热器安装位置

PTC电加热器是采用PTC热敏电阻元件为发热源的一种加热器。PTC热敏电阻通常是用半导体材料制成的,它的电阻随温度变化而急剧变化,当外界温度降低,PTC电阻值随之减小,发热量反而会相应增加。按材质可以分为陶瓷PTC、热敏电阻和有机高分子PTC热敏电阻。PTC热敏电阻元件因具有随环境温度高低的变化,其电阻值随之增加或减小的变化特性,所以PTC加热器具有节能、恒温、安全和使用寿命长等特点。混合动力电动汽车空调辅助电加热器广泛采用陶瓷PTC热敏电阻。

10. 电动空调压缩机

混合动力电动汽车纯电动模式时采用电动空调压缩机取代机械压缩机,空调为电动空调,而对应的采暖系统为PTC加热器采暖,能对驾驶舱迅速地进行制冷、制热。

电动空调压缩机作为汽车空调制冷系统的心脏,维持制冷剂在制冷系统内的循环流动

(气-液),吸入来自蒸发器的低温、低压制冷剂蒸气,压缩制冷剂蒸气使其压力升高,并将制冷剂送往冷凝器。也是制冷系统中低压和高压、低温和高温的界线。安装于发动机右侧,与驾驶舱的机舱之间,靠皮带和电池离合器驱动,如图 17-29 所示。

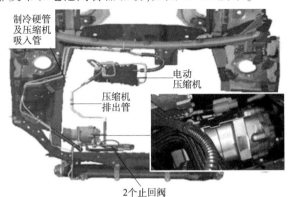

图 17-29 电动压缩机的安装位置

电动空调压缩机上集成有压缩机控制器。空调压缩机控制器将高压直流电转换成三相交流电而驱动空调压缩机。高压电池组的直流电经电池管理系统后,由电机控制器为空调压缩机驱动电机供电,空调电机带动压缩机产生制冷效果。控制器将电池管理系统送来的电池组电量信号以及室内传感器送来的温度控制信号进行处理后,通过输出端控制驱动空调电机,从而通过驱动电机控制压缩机的功率、转速。

电动压缩机上布置有高压线缆插头和低压线缆插头,如图 17-30 所示,压缩机本体上有制冷剂循环的进出管路。

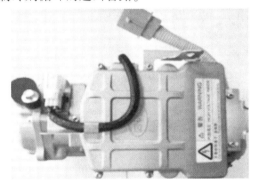 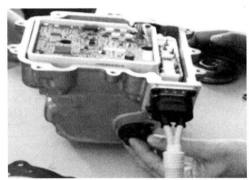

图 17-30 电动空调压缩机的高、低压线缆

混合动力电动汽车的电动空调压缩机一般为涡旋式压缩机,压缩机内部工作分为吸气、压缩和排气等过程。

电动压缩机的工作电压范围在 DC330~450V;控制电源电压范围在 DC9~15V;电机的额定输入功率为 2437W。电机类型为直流无刷无传感器的 6 极电机。

二、任务实施

(一)准备工作

(1)高压防护手套、机舱防护三件套。

(2)车辆:比亚迪秦混合动力电动汽车及车钥匙。
(3)摆放好安全标识,掩好车辆三角挡块。

(二)技术要求与注意事项

(1)分析比亚迪秦汽车高压部件布置图,明确需要识别部件英文字母,查找资料书(附件),明确需要识别部件安装位置。

(2)做好实训安全操作准备:做好举升、安全防护、安全提示、工具设备准备等工作。

(3)在整车实训时需先拆除后排座椅、行李舱盖及电池包后护板、机舱底部护板,便于查找识别。

(4)结束后恢复实训场地:如解除车辆举升状态,收拾清洁工具、设备,清洁清扫场地。

(三)操作步骤

本操作实训任务主要是对混合动力电动汽车(以比亚迪秦为例)高压部件的安装布置进行查找,并进行认知,为后续操作打好基础。

(1)抠起行李舱盖开启拉扣,行李舱盖随即弹起,如图 17-31 所示。

图 17-31　开启维修盖

(2)查找认识动力电池包的安装位置,并能区分正、负极母线,如图 17-32 所示。

图 17-32　行李舱电池包及正、负极母线

(3)查找认识电池管理器及电池包信息采样线束,如图 17-33 所示。

(4)查找认识漏电传感器,如图 17-34 所示。

图 17-33 电池管理器(左)、电池包信息采样线

（5）查找认识车载充电器，如图 17-35 所示。

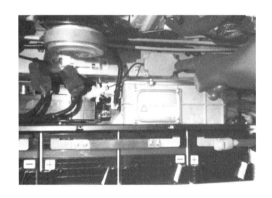

图 17-34 漏电传感器

图 17-35 车载充电器

（6）查找认识高压配电箱，如图 17-36 所示。
（7）查找认识维修开关，如图 17-37 所示。

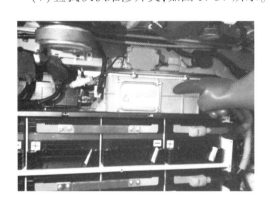

图 17-36 高压配电箱

图 17-37 维修开关

（8）查找认识交流充电口，如图 17-38 所示。
（9）查找认识高压电缆线，如图 17-39 所示。

图 17-38　交流充电口

图 17-39　高压电缆线

（10）抠起机舱盖开启拉扣，机舱盖随即弹起，用手解开保险卡扣并支撑稳固机舱盖，铺设好翼子板保护垫，如图 17-40 所示。

图 17-40　开启机舱盖并铺好保护垫

（11）查找认识驱动电机控制器及 DC 总成，如图 17-41 所示。

（12）查找认识电机，如图 17-42 所示。

图 17-41　电机及 DC 控制器　　　　　　　图 17-42　电机

(13) 查找认识 PTC 加热器，如图 17-43 所示。

图 17-43　PTC 加热器

(14) 举升车辆，从机舱下方查找认识空调电动压缩机，如图 17-44 所示。

图 17-44　空调电动压缩机

三、技能考核标准

技能考核标准见表 17-1。

技能考核标准　　　　　　表 17-1

序号	项目	操作内容	规定分	评分标准	得分
1	汽车行李舱部位高压部件	开启行李舱盖	5 分	能正确开启行李舱盖	
2		查找识别比亚迪秦车型的动力电池包	8 分	能正确找到并认识动力电池包	
3		查找识别电池管理器	5 分	能正确找到并认识电池管理器	
4		查找识别漏电传感器	8 分	能正确找到并认识漏电传感器	
5		查找识别车载充电器	8 分	能正确找到并认识车载充电器	
6		查找识别高压配电箱	8 分	能正确找到并认识高压配电箱	
7		查找交流充电口	10 分	能正确找到并开启交流充电口，并认识交流充电口	

续上表

序号	项目	操作内容	规定分	评分标准	得分
8	汽车驾驶乘客室及机舱内部底盘	查找识别维修开关	5分	能正确找到并认识维修开关	
9		查找识别高压电缆线	5分	能正确找到并认识高压电缆线束	
10		开启机舱盖,铺设保护垫	10分	能正确开启机舱盖,并规范地铺设保护垫	
11		查找识别驱动电机控制器及DC总成	5分	能正确找到并认识驱动电机控制器及DC总成	
12		查找识别电机	5分	能正确找到并认识电机	
13		查找识别PTC加热器	8分	能正确找到并认识PTC加热器	
14		查找识别空调电动压缩机	10分	能正确找到并认识空调电动压缩机	
	总分		100分		

四、思考与练习

(一)填空题

1.混合动力电动汽车行李舱和后排位置处的高压部件有_____、_____、_____、高压配电箱、_____、_____、_____、_____、_____等部件。

2.混合动力电动汽车的高压动力电池电压有从_____V到_____V等不同电压电池类型。

3.比亚迪秦的动力电池安装在_____与_____之间,电池包的标称电压为_____V。

4.秦车型电池管理系统为_____电池管理系统,位于_____。

5.漏电传感器主要监测与动力电池输出相连的_____与_____之间的_____。

6.高压配电箱的作用是将电池包的_____分配给整车的_____使用。

7.交流充电口又称为_____,位于_____。

8.秦车型的电机控制器可将整车_____转为_____,供整车_____电器及充电使用,也可将发电机输出的_____电升压为_____电。

9.秦的驱动电动机最大功率为_____kW;最大转速为_____r/min;最大转矩为_____N·m。

10.混合动力电动汽车纯电动模式时采用_____取代机械压缩机,利用_____取暖,PTC加热器安装于_____。

(二)单项选择题

1.混合动力电动汽车的电池包电量供给( )。
  A.驱动电机 B.低压蓄电池
  C.全车用低压用电设备 D.驱动电机和全车低压用电设备

2.秦车型电池管理系统由( )个电池管理控制器,10个电池信息采集器及10个电池信息采集器组成。
  A.10 B.1 C.5 D.11

3. 动力电池包的负极与车身绝缘阻值大于或等于( )kΩ,为不漏电。
   A. 20　　　　B. 100～120　　　C. 125～130　　　D. 501.6
4. 车载充电器检测到动力电池组的反灌( )后,输出充电( )给动力电池包进行充电。
   A. 电流、电流　　B. 电压、电压　　C. 电压、电流　　D. 电流、电压
5. 在维修高压部件之前时,应先穿戴好安全( )对维修开关进行拔、插。
   A. 鞋　　　　B. 帽　　　　C. 防护手套　　　　D. 眼镜
6. 比亚迪秦车型充电口开锁键在驾驶人( )按键处。
   A. 侧座椅下面　　B. 侧车门上　　C. 仪表台板　　D. 左脚侧
7. 比亚迪秦车型高压导线均为( )色线缆。
   A. 红　　　　B. 褐　　　　C. 橙　　　　D. 黑
8. 秦搭载比亚迪全新研发的高性能大功率驱动电机,将其设计在( )上方。
   A. 发动机飞轮　　B. 驱动轮　　C. 驱动桥　　D. 变速器
9. 比亚迪秦汽车在纯电状态下,利用( )加热器管道中冷却液来取暖。
   A. IGBT　　　B. BMS　　　C. PTC　　　D. DC/DC
10. 混合动力电动汽车的电动空调压缩机一般为涡旋式压缩机,压缩机内部工作分为吸气、压缩、( )等过程。
   A. 做功　　　B. 吸热　　　C. 交换　　　D. 排气

(三) 判断题
1. 混合动力电动汽车的动力电池安装在行李舱和后排座椅之间,所以取消了燃油箱。( )
2. 混合动力电动汽车的动力电池包由10个电池模块并联连接组成的。( )
3. 电池管理控制器,用字母"BMS"表示,它是电池管理系统的中央控制单元。( )
4. 漏电传感器安装在电池包负极与车身后围搁物板前加强横梁的搭铁线上。( )
5. 车载充电器,用字母"OBC"表示,其功用是将直流电源转换为交流高压电。( )
6. 高压配电箱是将电池包的高压直流电分配给整车的高压部件使用。( )
7. 维修开关串联连接动力电池的正极或负极电缆线,起到切断电源的作用。( )
8. 混合动力电动汽车交流充电口位于行李舱后门正中部,又称为快速充电口。( )
9. 电机控制器及DC总成由驱动电机控制器和DC/DC两个高压零部件组成一体。( )
10. 秦搭载的驱动电机是直流永磁同步电机。( )

(四) 简答题
1. 比亚迪电池包的基本参数有哪些?
2. 比亚迪秦电池包的组成部件有哪些?
3. 维修开关的作用是什么?
4. 简述秦车型交流充电口上各针脚字母代表的意义。
5. 比亚迪秦整车高压电缆线有哪些?
6. 电机控制器总成周围有什么信号接插件插孔?
7. 简述比亚迪秦电动机的工作参数和空调电动压缩机的参数。
8. 在混合动力电动汽车上使用PTC电加热器有什么特点?

任务 18　纯电动汽车高压部件认知

学习目标

❖ **知识目标**
1. 能正确叙述纯电动汽车的高压部件组成；
2. 能正确叙述纯电动汽车高压部件的作用。

❖ **能力目标**
1. 能够正确识别纯电动汽车的高压部件；
2. 能够在纯电动汽车上找到各高压部件。

建议课时
8 课时。

任务描述
纯电动汽车的高压部件有哪些？各高压部件的作用是什么？你能在纯电动汽车上找到这些高压部件吗？

一、理论知识准备

纯电动汽车的高压部件有动力电池包、电池管理控制器、漏电传感器、高压配电箱、维修开关、充电口、驱动电机控制器、驱动电机、DC/DC & 空调驱动器、PTC 水加热器、空调配电盒及直流母线，它们大多布置在车辆的前舱和行李舱，布置位置如图 18-1 所示。

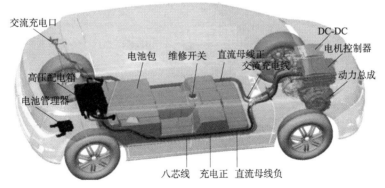

图 18-1　比亚迪 e6 电动汽车的高压器件布置图

（一）动力电池

动力电池位于车底，是整车的动力来源。根据电池种类的不同可分为：锂电池、镍氢电池和铅酸类电池。比亚迪 e6 采用的为磷酸铁钴锂电池（LiFePO4），磷酸铁锂动力电池是用磷酸铁钴锂材料做电池正极的锂离子电池，它是锂离子电池家族的新成员。

1. 作用

动力电池的作用是储存电能、释放电能。

2. 磷酸铁钴锂电池的特点

(1) 高效率输出。标准放电为2~5C，连续高电流放电可达10C，瞬间脉冲放电(10s)可达20C。

(2) 高温时性能良好。外部温度65℃时内部温度则高达95℃，电池放电结束时温度可达160℃，电池的结构安全、完好。

(3) 即使电池内部或外部受到伤害，电池不燃烧、不爆炸，安全性最好。

(4) 极好的循环寿命，国家要求电池循环500次以上，保证电池容量80%以上比亚迪动力电池经4000次循环，其放电容量仍大于75%。

(5) 过放电到0V也无损坏。

(6) 可快速充电。

(7) 低成本。

(8) 对环境无污染。

(9) 电池寿命：满足电动车行驶60万km，使用10年。e6先行者电池具有8重全面防电：地板屏蔽、漏电保护器、高压线自屏蔽、电池包自密封、电池锁止机构、强撞击自动断电、异常状态监视报警系统、防短路散压阀及应急开关自熔熔断丝，保证消除漏电隐患，保证电动车安全品质。

3. 动力电池包组成及参数

1) 比亚迪e6动力电池包组成(图18-2)

(1) 共有96个单体。

(2) 电压采样线束1条(96+1)。

(3) 温度采样线束1条(96+11)。

(4) 正负极母线各1条。

(5) 托盘1个。

2) 比亚迪e6动力电池参数

(1) 每个单体3.3V，单体电池如图18-3所示。

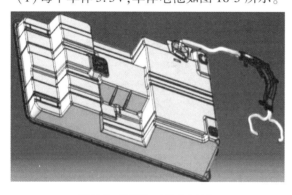

图18-2 比亚迪e6动力电池包

图18-3 单体电池

(2) 电池包标称电压316.8V，容量220A·h，总共由11个模组构成，共96节电池，如图18-4所示。

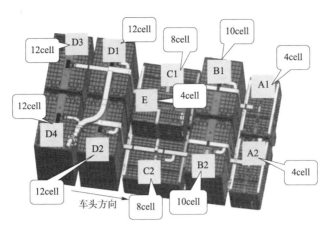

图 18-4 动力电池包模组

（3）一次充电 63.4kW·h。

4. 动力电池包安装位置

比亚迪 e6 动力电池包安装在汽车底部，如图 18-5 所示。

拆卸动力电池正极、负极接柱时
注意锁紧装置的拆卸、安装

图 18-5 动力电池包安装位置

5. 动力电池包的链接

动力电池包电缆的链接如图 18-6 所示，动力电池包上面装有维修开关、正负极接柱（接柱直接与高压配电箱相连）、电压和温度采样线等。从高压配电箱出来到电机控制器及 DC 的线束如图 18-7 所示。

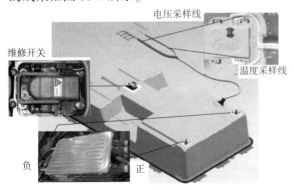

图 18-6 动力电池电缆的链接图

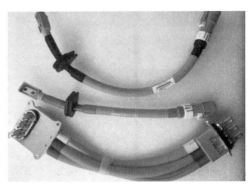

图 18-7 动力线束

6. 动力电池包的安全

2009年比亚迪e6已经通过国家碰撞试验(图18-8),碰撞完成后没有发生过短路或漏电现象;电池包拆下后均没有漏液现象,且能够继续正常使用,电池能够保证自身的安全。

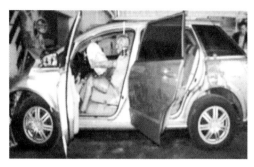

a) 正碰　　　　　　　　　　　　　　b) 侧碰

图 18-8　碰撞试验

(二) 电池管理控制器

电池管理控制器(Battery Management System)简称BMS,位于后行李舱备胎处。主要管理动力电池的充放电接触器控制,功率限制,充放电电流检测;电池温度、电压采样等,在电池出现漏电、碰撞、电压过高过低或温度过高过低时及时控制接触器以保护动力电池的装置,是整车高压系统重要的控制器之一。

1. 作用

主要作用是动力电池状态监测、充放电功能控制、预充控制等。

2. 安装位置

BMS的安装位置如图18-9所示,外形如图18-10所示。

图 18-9　BMS 安装位置　　　　　　　图 18-10　BMS 外形图

(三) 漏电传感器

1. 作用

漏电传感器如图18-11所示,主要是用来监测电池总成与车身的漏电流。

2. 判断漏电的依据

根据动力电池正负极与车身的绝缘阻值来判断是否漏电,当绝缘阻值为 120~140kΩ 时,可判定是一般漏电;当绝缘阻值小于或等于 20kΩ 时,判定为严重漏电。

3. 安装位置

比亚迪 e6 漏电传感器安装在高压配电箱下面,安装位置及外形如图 18-12 所示。

图 18-11　漏电传感器　　　　　　　　　图 18-12　漏电传感器安装位置

(四)高压配电箱

1. 作用

高压配电箱:(High Voltage Distribution Assy)简称 HVDB,高压配电箱的作用是将整车高压电集中控制,实现电源分配、接通、断开。

2. 安装位置

高压配电箱的安装位置如图 18-13 所示。

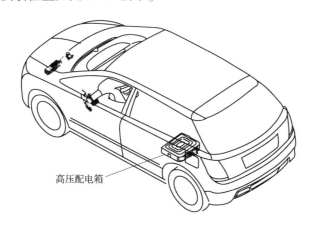

图 18-13　高压配电箱安装位置

3. 外部连接

高压分配箱外形及外部连接的线束如图 18-14 所示。

4. 内部结构

高压分配箱的内部结构如图 18-15 所示,侧面熔断丝盒如图 18-16 所示。

图18-14　高压分配箱外部连接的线束

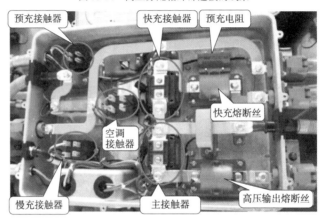

图18-15　高压分配箱的内部结构图

图18-16　高压分配箱的侧面熔断丝盒

(五)维修开关

1. 作用

维修开关是电动车辆中一种常用的手动操作设备,用于使电动车辆紧急断电,从而对车辆进行维修及更换零部件等。

2. 安装位置

维修开关的安装位置及外形如图18-17所示。

项目四 新能源汽车安全技术专业知识

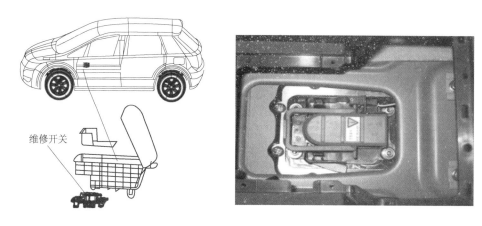

图 18-17 维修开关的安装位置及外形

3. 拔维修开关

维修开关的拔下过程如图 18-18 所示。

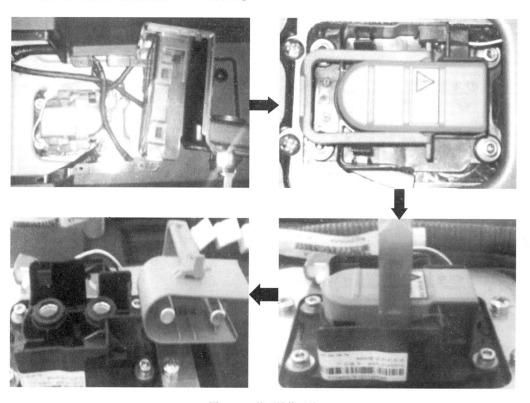

图 18-18 拔下维修开关

(六)充电口

1. 作用

比亚迪 e6 的交流充电口又称慢充口,用于将外部交流充电设备的交流电源连接到车辆直流充电回路上,车辆外部通过高压线连接到交流充电设备,车辆内部通过高压线连接车载充电器上。充电口外形如图 18-19 所示。

· 257 ·

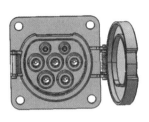

图 18-19　充电口

2. 安装位置

比亚迪 e6 的充电口安装在车辆左侧,如图 18-20 所示。

图 18-20　比亚迪充电口安装位置

(七)驱动电机控制器

驱动电机控制器为电压型逆变器,利用 IGBT 将直流电转换为交流电,额定电压为 330V,主要功能是控制电动机和发电机等根据不同工况控制电机的正反转、功率、转矩、转速等。即控制电机的前进、倒退、维持电动车的正常运转,关键零部件为 IGBT,IGBT 实际为大电容,目的是为了控制电流的工作,保证能够按照人们的意愿输出合适的电流参数。

驱动电机控制器总成包含上中下三层,上下层为电动机控制单元,中层为水道冷却单元,总成还包括信号接插件(包含 12V 电源/CAN 线/挡位、节气门、制动/旋变/电机过温信号线/预充满信号线等),2 根动力电池正负极接插件,3 根电机三相线接插件和 2 个水套接头及其他周边附件。

1. 作用

(1)具有最高输出电压、电流限制功能:限制交流侧的最高输出电流,限制直流侧的最高输出电压。

(2)具有控制电机正向驱动、反向驱动、正转发电、反转发电的功能。

(3)具有根据目标转矩进行运转功能,对接收到的目标转矩具有限幅和平滑处理功能,转矩的整率在 ±5%。

(4)CAN 通信:通过 CAN 总线能接收控制指令和发送电机参数,及时把电机转速、电机电流、旋转方向传给相关 ECU,并接受其他 ECU 传递的信息。

(5) 能够根据不同转速和目标转矩进行最优控制功能。

(6) 电压跌落、过温保护：当电机过温、散热器过温、功率器 IPM 过温、电压跌落时发出保护信号，停止控制器运行。

(7) 最高工作转速：在额定电压，运行所能达到的最高转速为 7500r/min。

(8) 具有动力电池充电保护信号应急处理功能。

(9) 半坡起步功能。

(10) 能量回馈功能。

(11) 防止电机飞车、防止 IPM 保护。

2. 安装位置

电机控制器安装在车辆的前舱，位置如图 18-21 所示。

3. 电机控制器外围线束

电机控制器上面主要有低压线束接插件和高压线束接插件，高压接插件线束及各接插件接口定义如图 18-22 所示。

图 18-21　电机控制器安装位置

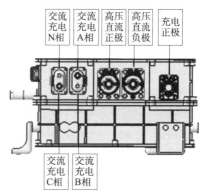

图 18-22　电机控制器高压接插件及各接口定义

低压接插件线束如图 18-23 所示。

a) 电机控制器低压接插件安装位置

图　18-23

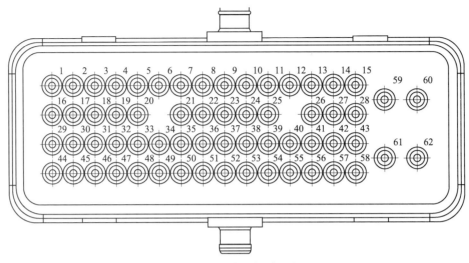

b) 电机控制器低压接插件针脚

图18-23 电机控制器低压接插件

(八) 动力电机

1. 作用

动力电机额定功率为75kW,最大功率为120kW,电机由外圈的定子与内圈的转子组成,是汽车的唯一动力源,可向外输出转矩,驱动汽车前进后退;同时也可以作为发电机发电(例如,在高坡下滑、高速滑行以及制动过程中把势能或者动能通过电机转化为电能存储)。

2. 电机参数

(1) 电机最大输出转矩:450N·m。

(2) 电机额定输出功率:75kW。

(3) 电机最大输出功率:120kW,驱动电机具有一定的过载能力,采用峰值功率进行描述,它表示电动汽车行驶的后备功率,与整车的加速、爬坡性能相关。

(4) 电机最大输出转速:7500r/min。

(5) 动力总成总质量:130kg。

3. 电机安装位置

比亚迪 e6 电机安装位置及外形如图18-24所示。

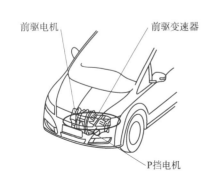

图18-24 驱动电机安装位置及外形

4.驱动电机外部元件

驱动电机外部元件如图18-25所示,各元件的名称见表18-1。

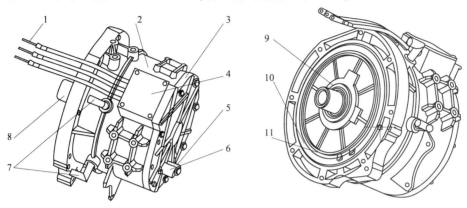

图18-25 驱动电机外部元件

电机外部元件名称 表18-1

序 号	零 件 编 号	名 称	数 量
1		三相电缆线	
2	BYDe6-2103211B-A1	机壳	1
3	BYDe6-2103711B-A1	端盖	1
4	BYDe6-2103426B-A1	接线盒盖	1
5	接插件 8282-4472-30 中间侧	温度传感器接插件	1
6	接插件 8282-4472-30 中间侧	旋变接插件	1
7	BYDe6-2103214A-B1	进出水管	1
8	BYDe6-2103411B-A1	轴	2
9	GB/T 1387—1992 85×60×8	内骨架油封	1
10	BYDe6-2103522B-A1	挡水环	1
11	GB/T 894.1—1986 φ280	弹性挡圈	1

(九)DC/DC & 空调驱动器

1.作用

DC/DC& 空调驱动器是 DC/DC 变换器和空调驱动器的总称,DC/DC 变换器的作用是将电池包的高压直流电转换成低压直流电供整车低压电器使用。空调驱动器的作用主要是将电池包的高压直流电逆变成三相电、单相电,分别供空调压缩机和 PTC 制热使用。

2.安装位置

DC/DC& 空调驱动器位于前舱,在电机控制器的旁边,如图18-26所示。

DC/DC& 空调驱动器外部接线如图18-27所示。

图18-26 DC/DC& 空调驱动器安装位置

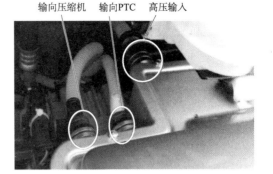

图 18-27 DC/DC & 空调驱动器外部接线

(十) 空调压缩机及 PTC 加热器

1. 作用

e6 车型的空调系统采用机电一体化压缩机制冷及 PTC 制热模块采暖。与常规车型空调系统相比，主要设计区别在于电动压缩机及 PTC 制热。常规车辆上，制冷压缩机靠皮带轮，通过发动机曲轴带动转动。其转速只能被动地通过发动机转速来调节，空调系统无法主动地对压缩机转速进行调节。制热方面，通过发动机冷却液的热量来制热，其局限在发动机起动、暖机阶段制热效果不好。而 e6 先行者车型，空调系统的压缩机为电动压缩机，其驱动靠高压电驱动，其转速可被系统主动地调节，其调节范围在 0~4000r/min。这样保证了良好的制冷效果，同时也节省了电能。在制热方面，通过约 3000W 的 PTC 制热模块制热，同时可调节制热量。

2. 空调压缩机

参数：

(1) 工作电压：330V。

(2) 制冷剂型号和加注量：R134a 550g。

(3) 压缩机油型号和加注量：RL68H 120mL。

空调压缩机的外形如图 18-28 所示。

图 18-28 空调压缩机

3. PTC 加热电阻

PTC 加热电阻如图 18-29 所示。

图 18-29 PTC 加热电阻

二、任务实施

1. 准备工作

(1) 防护装备：常规实训着装、绝缘手套。
(2) 教学设施、台架、总成：比亚迪 e6 整车一辆。
(3) 专用工具：拆卸工具一套。
(4) 手工工具：无。
(5) 辅助材料：无。

2. 技术要求与注意事项

(1) 操作中没有教师的允许，车辆不能通电试车。
(2) 操作中必须戴绝缘手套。
(3) 操作中车先使点火开关处于"OFF"挡位，再取下维修开关、最后断开蓄电池负极线。
(4) 电池及高压配电箱识别按要求进行外围部件的拆卸。
(5) 拆卸的各部件必须按规定位置摆放。

3. 操作步骤

1) 动力电池及高压配电箱识别

(1) 起动按钮打到 OFF 挡，等待 5min。
(2) 戴好绝缘手套。
(3) 拔下维修开关，流程如图 18-30 所示。

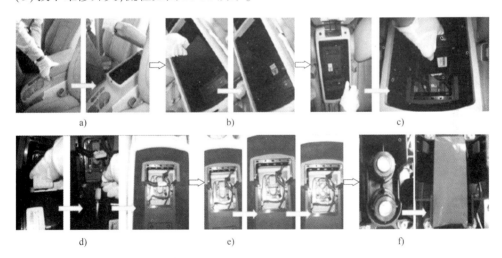

图 18-30　拔下维修开关

① 打开车辆内室储物盒，并取出内部物品。
② 取出储物盒底部隔板。
③ 使用十字螺丝刀将安装盖板螺钉（4pcs）拧下，并掀开盖板。
④ 取出维修开关上盖板。
⑤ 拉动维修开关手柄呈竖直状态，向上提拉，取出维修开关。
⑥ 使用电工绝缘胶布封住维修开关接插件母端。

(4)打开车辆前舱发动机罩。打开左前车门,找到前舱发动机罩开启按钮(开启按钮位于驾驶室驻车踏板旁边),向外拉起,接着打开前舱发动机罩锁,就可打开前舱,开启过程如图 18-31 所示。

图 18-31 前舱开启

(5)拆卸蓄电池负极线。使用梅花扳手,拧下 12V 铅酸蓄电池负极的固定螺栓,拔下 12V 铅酸蓄电池负极接线,如图 18-32 所示。

图 18-32 拆卸蓄电池负极线

(6)后排座椅拆卸。
①拆下坐垫。
②拆下靠背固定螺栓(固定螺栓 6 颗,中间 2 颗,边上各 2 颗)。
③取下后排靠背,如图 18-33 所示。

图 18-33 后排座位拆卸

(7)找到动力电池的安装位置。动力电池安装在车辆底部,动力电池的正负接线柱如图 18-34 所示。

(8)识别高压配电箱各高压接插件,如图 18-35 所示。

2)比亚迪 e6 电池管理器识别

(1)打开行李舱盖,如图 18-36 所示。

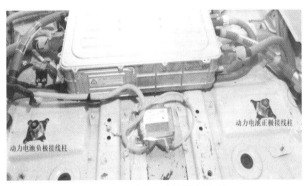

图 18-34 动力电池接线柱识别

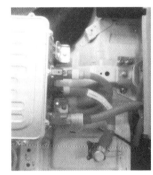

图 18-35 高压配电箱安装位置及各接插件识别

图 18-36 行李舱开启

(2) 在行李舱位置即可看到电池管理器,如图 18-37 所示。

3) 比亚迪 e6 永磁同步电机控制器、DC 及空调驱动器、驱动电机识别

(1) 电机控制器识别。比亚迪 e6 车型的电机控制器安装在车辆的前舱,电机控制器低压接插件安装在右侧,位置如图 18-38 所示。

(2) 电机控制器高压接插件识别。比亚迪 e6 车型电机控制器高压接插件分别安装在后侧和前侧下方,后侧安装位置如图 18-39 所示。

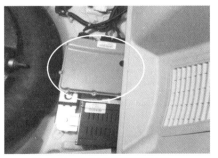

图 18-37 电池管理器安装位置

图 18-38　电机控制器及低压接插件的安装位置

（3）识别驱动电机。驱动电机安装在电机控制器的下面，电机的三相高压线与电机控制器相连，如图 18-40 所示，图中橙色即为三相高压线。

图 18-39　电机控制器高压接插件安装位置　　　图 18-40　电机三相高压线安装位置

（4）识别比亚迪 e6 车型的 DC/DC& 空调驱动器。比亚迪 e6 车型的 DC/DC& 空调驱动器安装位置如图 18-41 所示。

图 18-41　DC/DC& 空调驱动器安装位置

（5）识别比亚迪 e6 车型的 DC/DC& 空调驱动器外部接线，如图 18-42 所示。

项目四　新能源汽车安全技术专业知识

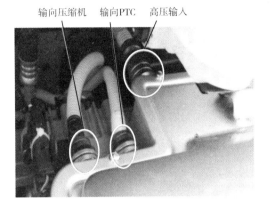

图 18-42　DC/DC& 空调驱动器外部接线

4) 5S 管理

恢复座椅及各接线，做好 5S 管理。

三、技能考核标准

技能考核标准见表 18-2。

技能考核标准　　　　表 18-2

序号	项目	操作内容	规定分	评分标准	得分
1	点火开关打到 OOF 挡操作	在比亚迪 e6 车上把点火开关打到 OOF 挡	2 分	能正确操作点火开关,使点火开关处于 OOF 挡(2 分)	
2	比亚迪 e6 断开维修开关操作	比亚迪 e6 维修开关断开	5 分	能正确操作断开维修开关(5 分)	
3	蓄电池负极断开操作	比亚迪 e6 铅酸蓄电池负极断开	5 分	能正确操作断开比亚迪 e6 铅酸蓄电池负极(5 分)	
4	比亚迪 e6 后排座椅拆卸	比亚迪 e6 后排座椅拆卸	5 分	(1)找到比亚迪 e6 后排座椅拆卸螺栓(2 分); (2)能正确拆卸后排座椅(5 分)	
5	比亚迪 e6 动力电池	(1)比亚迪 e6 动力电池安装位置识别; (2)动力电池正负极柱识别	5 分	(1)找到比亚迪 e6 动力电池安装位置(2 分); (2)找到动力电池正负极柱(3 分)	
6	比亚迪 e6 高压配电箱	(1)识别高压配电箱安装位置; (2)识别高压配电箱外部接插件	15 分	(1)能找到高压配电箱(5 分); (2)能正确识别高压配电箱外部接插件(10 分)	
7	比亚迪 e6 电池管理器	比亚迪 e6 电池管理器识别	8 分	(1)能正确打开行李舱(3 分); (2)找到电池管理器(5 分)	

续上表

序号	项目	操作内容	规定分	评分标准	得分
8	比亚迪e6电机控制器	(1)识别电机控制器安装位置; (2)识别电机控制器低压接插件; (3)识别电机控制器高压接插件; (4)识别电机控制器高压接插件	20分	(1)能正确打开前舱发动机罩(5分); (2)能找到电机控制器(5分); (3)能正确识别电机控制器低压接插件(5分); (4)能正确识别电机控制器高压接插件(5分)	
9	比亚迪e6驱动电机	(1)驱动电机安装位置识别; (2)驱动电机高压线识别	10分	(1)找到比亚迪e6驱动电机安装位置(5分); (2)识别比亚迪e6驱动电机的三相高压线(5分)	
10	比亚迪e6 DC/DC&空调驱动器	(1)识别DC/DC&空调驱动器安装位置; (2)识别DC/DC&空调驱动器低压接插件; (3)识别DC/DC&空调驱动器高压接插件	15分	(1)能正确找到DC/DC&空调驱动器(5分); (2)能正确识别DC/DC&空调驱动器低压接插件(5分); (3)能正确识别DC/DC&空调驱动器高压接插件(5分)	
11	部件恢复及5S管理	(1)恢复拆卸的各部件; (2)5S管理	10分	(1)能正确恢复拆卸的各部件(10分); (2)能进行5S管理(5分)	
	总分		100分		

四、思考与练习

(一)填空题

1. 动力电池根据电池种类的不同可分为：_____、_____、_____。

2. 驱动电机控制器的主要功能是控制驱动电机的_____、_____、_____、_____等。

3. 驱动电机控制器总成包含上中下三层,上下层为_____单元,中层为_____单元。

4. DC/DC变换器的作用是将电池包的_____转换成_____供整车低压电器使用。

5. 空调驱动器的作用是主要是将电池包的_____逆变成三相电、单相电,分别供_____和_____制热使用。

(二)单项选择题

1. 比亚迪e6电池满足电动车行驶60万km,使用(　　)年。
   A. 10　　　　B. 20　　　　C. 30　　　　D. 40

2. 比亚迪e6动力电池包共有(　　)个单体。
   A. 68　　　　B. 84　　　　C. 96　　　　D. 106

3. 比亚迪e6动力电池包安装在汽车的(　　)。
   A. 前舱　　　B. 底部　　　C. 行李舱　　D. 车顶

4. 漏电传感器根据动力电池正负极与车身的(　　)来判断是否漏电。
   A. 绝缘阻值　B. 电压　　　C. 电流　　　D. 距离

5. 比亚迪 e6 驱动电机额定功率为(　　)kW。
   A. 50　　　　　B. 75　　　　　C. 110　　　　　D. 120
6. 当动力电池正负极与车身的绝缘阻值为 120～140kΩ 时可判定是(　　)。
   A. 不漏电　　　B. 一般漏电　　C. 严重漏电　　D. 不确定

(三)判断题

1. 动力电池的作用是储存电能、释放电能。(　　)
2. 维修开关是电动车辆中一种常用的自动断电设备,用于使电动车辆紧急断电。(　　)
3. 比亚迪 e6 的交流充电口又称慢充口,用于将外部交流充电设备的交流电源连接到车辆直流充电回路上,车辆外部通过高压线连接到交流充电设备。(　　)
4. 电机控制器上面主要有低压线束接插件和高压线束接插件。(　　)
5. e6 先行者车型空调系统的压缩机为电动压缩机,其转速可被系统主动地调节,其调节范围在 0～8000r/min。(　　)

(四)简答题

1. 纯电动汽车的高压部件有哪些?
2. 电池管理控制器的功能有哪些?
3. 高压配电箱的作用是什么?
4. 电机控制器的作用有哪些?
5. 判断漏电的依据是什么?

任务 19　高压漏电检测

学习目标

❖ **知识目标**
1. 能描述新能源汽车高压漏电检测的目的;
2. 描述新能源汽车高压漏电检测的方法。

❖ **能力目标**
1. 能进行新能源汽车动力电池漏电检测操作;
2. 能进行新能源汽车高压线路漏电检测操作。

建议课时

6 课时。

任务描述

客户询问,新能源汽车在使用过程中高压是否会漏电? 如果漏电会产生哪些危害?

一、理论知识准备

(一)新能源汽车高压漏电检测目的

漏电监控主要是对电动汽车直流动力电源母线与其外壳、车身底盘之间的绝缘阻抗进行检测,新能源汽车通常检测与动力电池输出相连接的负极母线与车身底盘之间的绝缘电阻,来判断动力电池包的漏电程度,如图19-1所示。当动力电池包漏电时,漏电传感器发出一个信号给电池管理控制器,电池管理控制器接到漏电信号后,进行相关保护操作并报警,防止动力电池包的高压电外泄,造成人或者是物品的伤害和损失。

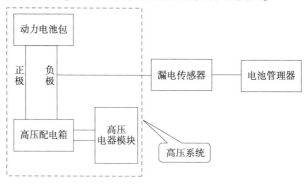

图19-1 动力电池漏电检测

(二)新能源汽车高压漏电检测方法

新能源汽车高压漏电常见故障主要有电池包漏电故障、高压线路漏电故障和漏电传感器故障。

1. 漏电原理

新能源汽车高压漏电检测主要由漏电传感器进行检测判断。以比亚迪e6车型为例,如图19-2所示,若漏电传感器监控到与动力电池输出相连接的负极母线与车身底盘之间的绝缘阻值为120~140kΩ时,判断为一般漏电;监控到绝缘阻值≤20kΩ时,判断为严重漏电。

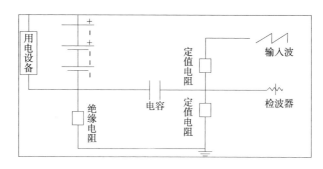

图19-2 漏电传感器漏电检测原理

2. 漏电检测

漏电监控如图19-1所示,可通过测量电池总电压V、电池包正极与托盘电压V_1、电池包负极与托盘电压V_2、定值电阻值R、并联电阻后正极与托盘电压V'_1、并联电阻后负极与托盘电压V'_2和式(19-1)和式(19-2)确定。

1)漏电检测流程

漏电检测流程如下：

(1)闭合维修开关,如图 19-3 所示。

(2)使用万用表测量动力电池总电压 V,检测示意图如图 19-4 所示。

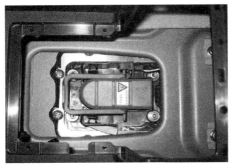

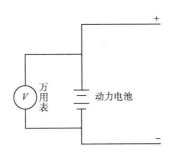

图 19-3　高压维修开关闭合状态　　图 19-4　测量动力电池总电压

(3)使用万用表测量正极与托盘电压 V_1,检测示意图如图 19-5 所示。

(4)使用万用表测量负极与托盘电压 V_2,检测示意图如图 19-6 所示。

(5)万用表笔更换为并联定值电阻表笔,并将挡位拨至电阻挡,测量定值电阻值 R,检测示意图如图 19-7 所示。

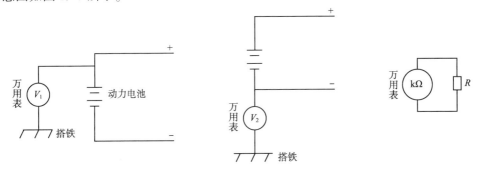

图 19-5　测量正极与托盘电压　　图 19-6　测量负极与托盘电压　　图 19-7　测量定值电阻值 R

(6)将万用表挡位拨回直流电压挡,测量并联电阻后,正极与托盘电压 V_1',检测示意图如图 19-8 所示。

(7)测量并联电阻后,负极与托盘电压 V_2',检测示意图如图 19-9 所示。

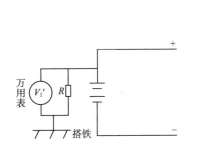
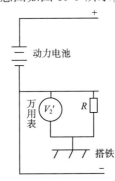

图 19-8　并联电阻后测量正极与托盘电压　　图 19-9　并联电阻后测量负极与托盘电压

（8）测量结束后断开维修开关，检测示意图如图 19-10 所示。

图 19-10　断开维修开关

2）计算公式

漏电计算公式如式（19-1）和式（19-2）所示。

$$R_1 = \frac{V_1 - V_1'}{V_1'} \times \frac{R}{V} \tag{19-1}$$

$$R_2 = \frac{V_2 - V_2'}{V_2'} \times \frac{R}{V} \tag{19-2}$$

计算过程中，V、V_1、V_1'、V_2、V_2' 的单位为伏特（V），R 的单位为欧姆（Ω）。

结果取最小绝缘电阻为 $\min(R_1, R_2)$，绝缘电阻值若小于 500Ω/V，则判断为漏电，需返回制作厂商进行修理。

3. 高压线路漏电检测

若上电失败报高压漏电故障，则采用逐一断高压插头的方法判断是高压插头或线路漏电，当确定漏电部位后，需用绝缘电阻表 1000V 量程检查高压线路插头两端线路与车身搭铁之间的电阻值，如图 19-11 所示，若检测结果大于 500Ω/V 为正常，否则为高压线路或高压部件漏电。

图 19-11　高压线漏电检测

4. 漏电传感器检测

1）漏电传感器系统框图

如图 19-12 所示，比亚迪 e6 漏电监测主要由漏电传感器监测与动力电池输出相连接的负母线与车身底盘之间的绝缘电阻，将监测到的漏电信号传输给 BMS，BMS 据此信号进行高压安全控制。

项目四 新能源汽车安全技术专业知识

图19-12 漏电传感器系统框图

2）漏电传感器安装位置

如图19-13所示，漏电传感器安装在右后排座位下方，一端与负极相连，一端与车身连接，检测动力电池与车身之间的电流和电压值，主要作用是监测电池总成与车身的漏电流。

图19-13 比亚迪e6漏电传感器和BMS位置

3）漏电传感器控制电路

比亚迪e6漏电传感器控制电路如图19-14所示，各针脚功能、含义见表19-1。漏电传感器的好坏可通过检测各针脚参数确定，检查时若动力电池包正常，各针脚参数正常，可判断为漏电传感器故障。

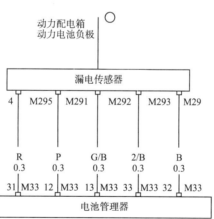

图19-14 比亚迪e6漏电传感器电路

比亚迪e6漏电传感器针脚含义　　　　　　　　　　　　　表19-1

插　线	含　义	颜　色	功　能	参　数
12－车身地	漏电传感器电源	P	起动	约－15V
13－车身地	一般漏电信号	G/Y	一般漏电	＜1V
31－车身地	漏电传感器电源	R	起动	约＋15V
32－车身地	漏电传感器地	B	始终	＜1V
33－车身地	严重漏电信号	2/B	严重漏电	＜1V

4）漏电检测标准

当漏电传感器监控到与动力电池和车身之间的绝缘阻值为120～140kΩ时，判断为一般漏电;监控到绝缘阻值≤20kΩ时,判断为严重漏电。

二、任务实施

(一)准备工作

(1)防护用品:车内五件套、绝缘鞋、绝缘手套。

(2)车辆:比亚迪 e6 或其他纯电动汽车。

(3)台架及总成:纯电动汽车台架。

(4)检测设备:万用表、绝缘电阻表、100kΩ 电阻。

(5)拆装工具:常用拆装套装工具。

(二)技术要求与注意事项

(1)正确、规范操作使用解码器,对于新型解码器在使用前需认真听课和查阅使用说明书,保证能独立操作使用。

(2)正确、规范操作使用绝缘电阻表,在使用前需认真听课和查阅使用说明书,保证能独立操作使用,防止被绝缘电阻表的高压电击伤。

(3)正确、规范操作使用万用表,在使用前需认真听课和查阅使用说明书,保证能独立操作使用,避免用电阻挡检测带电体。

(4)做好实训安全操作准备:如做好车辆举升、安全防护和提示、高压维修开关断开、准备好检测设备和拆装工具等工作。

(5)在整车实训时需先拆除后排座椅,便于进行高压漏电检测。

(6)结束后恢复实训场地:如解除车辆举升状态,收拾清洁检测和拆装工具设备,清洁清扫场地。

(三)操作步骤

本操作任务主要对电动汽车(以比亚迪 e6B 车型为例)动力电池、高压线路漏电及漏电传感器进行检测操作,从而加强了解漏电监控方法。

1. 动力电池漏电检测操作

(1)准备好高压防护用品(绝缘鞋和绝缘手套)和十字螺丝刀。

(2)断开高压维修开关,操作如下:

①打开前排座椅中央通道上的杂物箱盖,取下小盖板,如图 19-15 所示。

图 19-15　维修开关位置

②拆卸位于通道上的维修开关盖板螺钉及盖板,拔下对外输出电源插头和 USB 插头,如图 19-16 所示,并将线束置于中央通道的两侧。

图 19-16 拆卸维修开关盖板

③检查穿戴好绝缘手套和绝缘胶鞋。

④拉直维修开关手柄,如图 19-17 所示,拔下维修开关,将警示牌放置于维修开关座旁边。

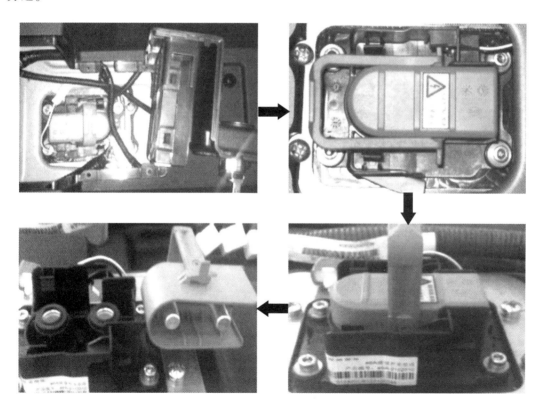

图 19-17 拆卸维修开关

⑤将维修开关保存在自己口袋中或置于比较安全的地方(别人拿不到)。

⑥盖好前排座椅中央通道上的杂物箱盖。

⑦收整高压防护用品和拆装工具。

(3) 脱开高压配电箱与动力电池的连接电源线,如图 19-18 所示。

图 19-18　拆卸高压配电箱正负接线

(4) 按图 19-19 所示顺序安装闭合高压维修开关。

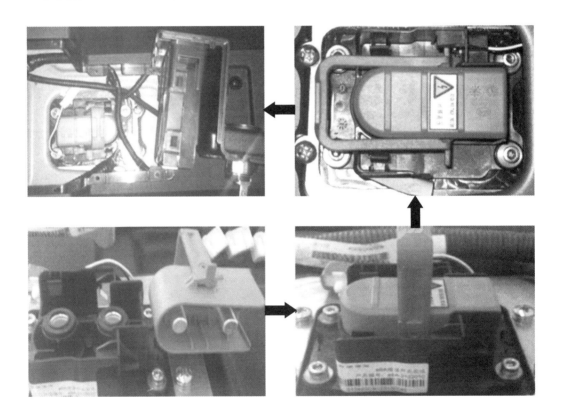

图 19-19　安装维修开关

(5) 使用万用表测量动力电池总电压 V,检测示意图如图 19-20 所示。

(6) 使用万用表测量正极与托盘电压 V_1,如图 19-21 所示。

(7) 使用万用表测量负极与托盘电压 V_2,如图 19-22 所示。

图 19-20　测量动力电池总电压　　　　　图 19-21　测量正极与托盘电压

（8）万用表笔更换为并联定值电阻表笔，并将挡位拨至电阻挡，测量定值电阻值 R，如图 19-23 所示。

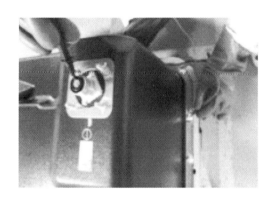

图 19-22　测量负极与托盘电压　　　　　图 19-23　测量定值电阻值

（9）将万用表挡位拨回直流电压挡，并联电阻后，测量正极与托盘电压 V'_1，如图 19-24 所示。

（10）并联电阻后，测量负极与托盘电压 V'_2，如图 19-25 所示。

图 19-24　并联电阻后测量正极与托盘电压　　　图 19-25　并联电阻后测量负极与托盘电压

（11）测量结束后断开维修开关，如图 19-26 所示。

2. 高压线路漏电检测

（1）断开蓄电池负极，如图 19-27 所示。

图 19-26　断开维修开关

图 19-27　断开蓄电池负极

（2）断开任意高压线路的连接插头。

（3）用绝缘电阻表检测插头端线路漏电情况，操作如下：

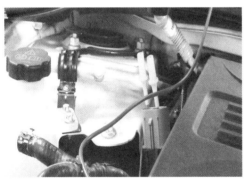

图 19-28　插入检测插片

①在检测高压线路插头端插入检测插片，如图 19-28 所示。

②按要求插接好绝缘电阻表与检测连线。

③绝缘电阻表正极表笔插入高压线检测端，绝缘电阻表负极与车身搭铁相连。

④选择绝缘电阻表 1000V 量程。

⑤按旋转方向按下检测按钮，如图 19-29 所示。

⑥读取并记录检测数值。

⑦重复操作检测高压插头其他高压线路。

图 19-29　检测高压线路漏电

（4）用绝缘电阻表检测高压部件端线路漏电情况，操作如下：

①按要求插接好绝缘电阻表与检测连线。

②绝缘电阻表正极表笔插入高压线检测端，绝缘电阻表负极与车身搭铁相连，如图 19-30 所示。

③选择绝缘电阻表 1000V 量程。

④按旋转方向按下检测按钮,如图 19-30 所示。

图 19-30　检测高压部件漏电

⑤读取并记录检测数值。
⑥重复操作检测高压部件其他高压线路。

三、技能考核标准

实操技能考核标准见表 19-2。

实操技能考核标准　　　　　　　　　　　　表 19-2

序号	项　目	操 作 内 容	规定分	评 分 标 准	得分
1	动力电池漏电检测操作	高压防护用品使用	5 分	(1)能正确、规范使用高压防护用品,未检查一项扣 1 分; (2)未穿戴扣 4 分	
		维修开关拆卸	5 分	(1)能按流程拆卸维修开关,安装操作顺序错一项扣 1 分; (2)未穿戴高压防护用品扣 5 分	
		动力电池正负极拆装	5 分	不能正确拆装动力电池正负极接线柱扣 5 分	
		维修开关安装	5 分	(1)能按流程安装维修开关,安装操作顺序错一项扣 1 分; (2)未穿戴高压防护用品扣 5 分	
		万用表使用	5 分	能正确、规范使用万用表,挡位错一次扣 1 分	
		电池包总电压检测操作	5 分	(1)能按要求检测电压,未穿戴高压防护用品扣 2 分; (2)不能正确检测扣 2 分	
		电池包正极与底板电压检测操作	5 分	(1)能按要求检测电压,未穿戴高压防护用品扣 2 分; (2)不能正确检测扣 2 分	
		电池包负极与底板电压检测操作	5 分	(1)能按要求检测电压,未穿戴高压防护用品扣 2 分; (2)不能正确检测扣 2 分	

续上表

序号	项目	操作内容	规定分	评分标准	得分
1	动力电池漏电检测操作	并联电阻检测	5分	(1)能按要求检测电阻,万用表挡位错一次扣1分; (2)不能准确检测扣2分	
		并联电阻后电池包正极与底板电压检测操作	5分	(1)能按要求检测电压,未穿戴高压防护用品扣2分; (2)不能正确检测扣2分	
		并联电阻后电池包负极与底板电压检测操作	5分	(1)能按要求检测电压,未穿戴高压防护用品扣2分; (2)不能正确检测扣2分	
		检测数据分析处理	5分	(1)能按要求分析计算检测数据,无数据记录扣4分; (2)结果计算错误扣2分	
2	高压线路漏电检测	高压防护用品使用	5分	(1)能正确、规范使用高压防护用品,未检测扣2分; (2)未使用扣4分	
		兆欧表使用	5分	能按要求使用绝缘电阻表,不会使用扣4分	
		高压插头漏电检测	10分	(1)能正确进行高压插头漏电检测,不会检测扣4分; (2)检测结果错误扣2分	
		高压部件漏电检测	10分	(1)能正确进行高压部件漏电检测,不会检测扣4分; (2)检测结果错误扣2分	
3	5S管理	工具收整	5分	(1)能按要求收拾、清洁工具,未收整扣3分; (2)未认真收扣2分	
		量具收整	5分	(1)能按要求收拾、清洁量具,未收整扣3分; (2)未认真收扣2分	
		场地清洁	5分	(1)能按要求收拾、清洁场地,未收整扣3分; (2)未认真收扣2分	
		总分	100分		

四、思考与练习

(一)填空题

1.漏电监控主要是对电动汽车_____与其_____、车身底盘之间的_____进行检测。

2.新能源汽车通常检测与动力电池输出相连接的_____与_____之间的绝缘电阻,来判断动力电池包的漏电程度。

3. 新能源汽车高压漏电常见故障主要有_____、_____和_____故障。
4. 漏电传感器一端与_____相连,一端与_____相连。

(二) 单项选择题
1. 以下( )不是新能源汽车高压漏电的常见故障。
   A. 电池包漏电故障　　　　　　　　　　B. 高压线路漏电故障
   C. 漏电传感器故障　　　　　　　　　　D. BMS 漏电故障
2. 当漏电传感器监控到与动力电池和车身之间的绝缘阻值为( )判断为严重漏电。
   A. 1200～1400kΩ　　B. 120～140kΩ　　C. ≤200kΩ　　D. ≤20kΩ

(三) 判断题
1. 漏电监控主要是对电动汽车直流动力电源母线之间的绝缘阻抗进行检测。(　　)
2. 绝缘电阻值若小于50Ω/V,则判断为漏电。(　　)
3. 当确定漏电部位后,需用绝缘电阻表确定是高压线路漏电还是高压部件漏电。(　　)
4. 检测电动汽车动力电池漏电时,需在维修开关断开情况下进行。(　　)
5. 漏电传感器的好坏可通过检测各针脚参数确定。(　　)

(四) 简答题
1. 简述电动汽车断开维修开关流程及注意事项。
2. 简述电动汽车高压线路和高压部件漏电检测方法。

任务 20　高压互锁检测

学习目标

❖ 知识目标
1. 能描述新能源汽车高压互锁检测目的;
2. 能描述新能源汽车高压互锁类型;
3. 能描述新能源汽车高压互锁原理;
4. 能描述新能源汽车高压互锁检测方法。

❖ 能力目标
1. 能判断电动汽车高压互锁故障;
2. 能进行新能源汽车高压互锁检测操作。

建议课时

6课时。

任务描述

客户询问,新能源汽车在使用过程中突然脱开高压插头会出现什么情况? 有没有什么危险?

一、理论知识准备

(一)新能源汽车高压互锁检测目的

(1)整车在高压上电前确保整个高压系统的完整性,使高压处于一个封闭的环境下工作提高安全性。

(2)当整车在运行过程中高压系统回路断开或者完整性受到破坏的时候,需要启动安全防护。

(3)防止带电捏拔高压连接器给高压端子造成的拉弧损坏。

(二)新能源汽车高压互锁类型

高压互锁主要有结构互锁、功能互锁和软件互锁三种,开盖检测属于结构互锁或软件互锁。

1. 结构互锁控制

电动汽车的主要高压接插件一般带有互锁回路,如图 20-1 所示,当其中某个接插件被带电断开时,动力电池管理器便会检测到高压互锁回路存在断路,为保护人员安全,将立即进行报警并断开主高压回路电气连接,同时激活主动泄放,在 5s 内将高压电降低到 60V 以下。

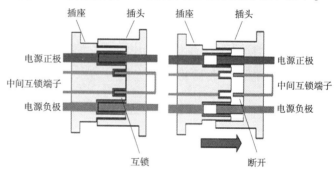

图 20-1 高压互锁结构原理

2. 功能互锁控制

如图 20-2 所示,当车辆在进行充电或插上充电枪时,新能源汽车的高压电控系统会限制整车不能通过自身驱动系统驱动,以防止可能发生的线束拖曳或安全事故。

图 20-2 高压功能互锁控制

3. 软件互锁控制

正常高压上电后,如果 PTC 或电动压缩机检测到高压侧电压异常,空调系统会将高压异常通过 CAN 发给 BMS 或 VCU,报出高压互锁故障,BMS 或 VCU 收到高压互锁故障信号后,将限制或中断 PTC 或电动压缩机功能。

4. 开盖检测

电动汽车的重要高压电控产品具有开盖检测功能,如图 20-3 所示。该功能属于高压结构互锁功能,如高压控制盒、DC-DC 等,当能量管

图 20-3 开盖检测

理控制系统发现这些产品的盖子在整车高压回路连通的情况下打开时,如同高压插头断开一样,会立即进行报警,同时断开高压主回路电气连接,同时激活主动泄放。

(三)新能源汽车高压互锁原理

新能源汽车的主要高压接插件,如高压电力电池总成、高压 BMS、高压配电箱、维修开关、驱动电机控制器及 DC 总成,均带有互锁回路,如图 20-4 和图 20-5 所示。当其中某个接插件被带电断开时,动力电池管理器便会检测到高压互锁回路存在断路,为保护人员安全,将立即进行报警并断开主高压回路电器连接,同时激活主动泄放。

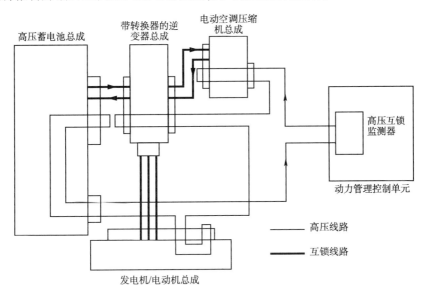

图 20-4 高压互锁电路

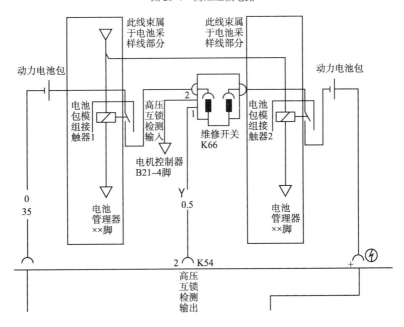

图 20-5 比亚迪新能源汽车高压互锁电路

(四)新能源汽车高压互锁检测方法

以比亚迪秦 DM 车型为例,高压互锁检查如图 20-6 所示,断开各插接件后,主要检查电池管理器 K620-07 和 K620-01。若电池管理器 K620-07 和 K620-01 导通,则高压互锁正常,若电池管理器 K620-07 和 K620-01 不导通,则为高压互锁故障。比亚迪秦 DM 高压互锁断开故障点主要在电池管理器 K620-07 和 K620-01、驱动电机控制器 B21-04 和 B21-20、紧急维修开关 K66-01 和 K66-02 及高压配电箱 K520-02 和 K520-06 处。若检测阻值大于 1Ω,据图 20-6 检查池管理器 K620-07 和驱动电机控制器 B21-20、紧急维修开关 K66-02 及高压配电箱 K520-02 之间阻值,检查电池管理器 K620-01 和驱动电机控制器 B21-04、紧急维修开关 K66-01 及高压配电箱 K520-06 处之间阻值,用逐段检查排除法判断故障点所在。然后再检查故障点插头针脚是否退针,接触片是否损坏。

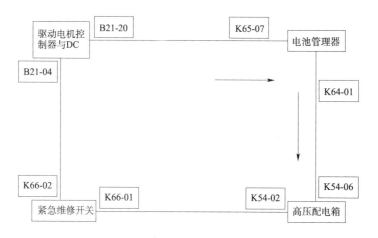

图 20-6　比亚迪新能源汽车高压互锁检测电路

二、任务实施

(一)准备工作

(1)防护用品:绝缘鞋、绝缘手套。

(2)车辆:比亚迪秦 DM 或其他新能源汽车。

(3)台架及总成:新能源汽车台架。

(4)检测设备:万用表、诊断仪 VDS1000 或 VDS2000。

(5)拆装工具:常用拆装套装工具。

(二)技术要求与注意事项

(1)正确、规范拆装 BMS 插头。

(2)正确、规范操作使用万用表,在使用前需认真听课和查阅使用说明书,保证能独立操作使用,避免用电阻挡检测带电体。

(3)做好实训安全操作准备:如做好车辆举升、安全防护和提示、准备好检测设备和拆装工具等工作。

(4)在整车实训时需先拆除后排座椅及行李舱装饰板,便于进行高压互锁检测操作。

(5)结束后恢复实训场地:如解除车辆举升状态,收拾清洁检测和拆装工具设备,清洁清扫场地。

(三)操作步骤

本操作任务主要对新能源汽车(以比亚迪秦 DM 车型为例)的高压线路互锁装置进行检测操作,从而加强了解新能源汽车设置高压互锁的功能和目的。

1. OK 挡电故障码和数据流读取

(1)插好无线诊断接头。

(2)上 OK 挡电。

(3)打开 VDS1000 或 VDS2000。

(4)连接好诊断仪和车辆之间的通信。

(5)选择比亚迪 e6 车型。

(6)进入整车模块扫描,如图 20-7 所示。

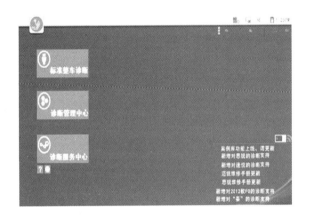

图 20-7　整车扫描

(7)选择 BMS 模块,进入 BMS 系统。

(8)选择 BMS 系统故障检测功能,运行读取 BMS 故障码。

(9)停止 BMS 故障码读取。

(10)断开空调压缩机电压插头。

①检查穿戴好高压防护用品。

②脱开空调压缩机电源插头。

(11)按下空调按钮。

(12)读取 BMS 故障码,应有空调系统高压互锁故障码。

(13)停止 BMS 故障码读取。

(14)读取 BMS 数据流,查看高压互锁数据流。

(15)读取 BMS 数据流,查看预充接触器、主接触器、负极接触器工作状态,如图 20-8 和图 20-9 所示。

(16)停止并退出 BMS 数据流读取操作。

(17)读取电机控制器数据流,查看电机控制器电压数据,如图 20-10 所示。

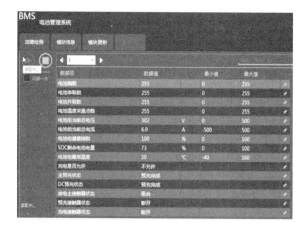

图 20-8　BMS 上电数据流

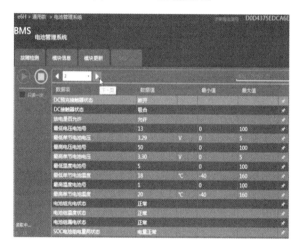

图 20-9　BMS 上电数据流

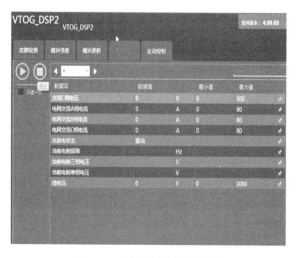

图 20-10　电机控制器上电数据流

(18)停止并退出电机控制器数据流读取操作。

2. 无高压互锁故障的故障码和数据流读取

(1)上 OK 挡电。

(2)读取 BMS 故障码,查看有无高压互锁故障。

(3)停止并退出 BMS 故障码读取操作。

(4)读取 BMS 数据流,查看预充接触器、主接触器、负极接触器工作状态。

(5)停止并退出 BMS 数据流读取操作。

(6)读取电机控制器数据流,查看电机控制器电压数据。

(7)停止并退出电机控制器数据流读取操作。

(8)退出解码器操作。

(9)退出 ON 挡电状态。

(10)对比 ON 挡和 OK 挡电时预充接触器、主接触器、负极接触器工作状态及电机控制器电压数据流的差异。

(11)收拾、整理诊断设备。

3. 高压线路互锁正常的检测操作

(1)打开左前门,拉动行李舱打开拉手,打开行李舱盖,如图 20-11 和图 20-12 所示。

图 20-11　拉动行李舱打开拉手

图 20-12　打开行李舱

(2)在行李舱右侧找到电池管理器 BMS,如图 20-13 所示。

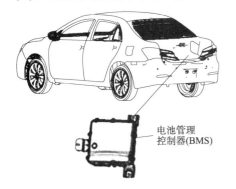
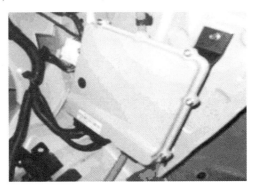

图 20-13　BMS 安装位置

(3) 脱开电池管理器 BMS 插头，如图 20-14 所示。

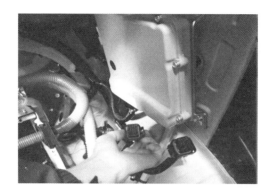

图 20-14　脱开电池管理器 BMS 插头

(4) 识别电池管理器 BMS 针脚顺序，如图 20-15 所示。

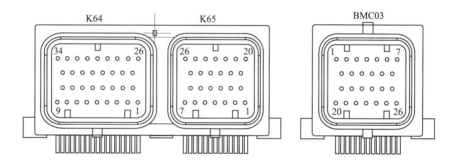

图 20-15　比亚迪秦 DM 电池管理器 BMS 针脚顺序

(5) 确定检测针脚并把检测用回形针插入电池管理器插头 K65-07 和 K64-01，如图 20-16 所示。

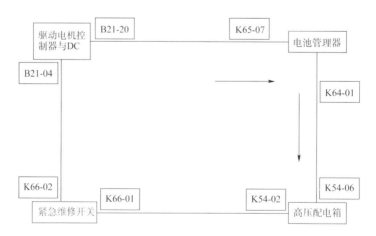

图 20-16　高压互锁检测针脚

(6) 打开万用表，用电阻挡检测 K65-07 和 K64-01 针脚，如图 20-17 所示。

(7) 关闭万用表电源。

图 20-17 高压互锁检测

4. 高压线路互锁不正常的检测操作

（1）断开高压维修开关，操作如下：

①检查并穿戴好绝缘鞋和绝缘手套，如图 20-18 和图 20-19 所示。

图 20-18 检查绝缘鞋　　　　　　　　　图 20-19 检查绝缘手套

②打开左后车门，找到高压维修开关，如图 20-20 所示。

③拔下维修开关并保管好，如图 20-21 和图 20-22 所示。

图 20-20 维修开关位置　　　　　　　　图 20-21 拉直维修开关拉手

④关闭左后车门。

（2）打开万用表，用电阻挡检测 K65-07 和 K64-01 针脚，此时电阻值应接近∞，如图 20-23 所示。

图 20-22　拔下维修开关

图 20-23　检测高压互锁

图 20-24　安装 BMS 插头

（3）关闭万用表电源并拔下回形针。

（4）插好电池管理器 BMS 插头，如图 20-24 所示。

（5）闭合高压维修开关，操作如下：

①打开左后车门。

②检查并穿戴好绝缘鞋和绝缘手套。

③安装闭合维修开关，安装顺序如图 20-25 所示。

④关闭左后车门。

（6）收整实训场地。

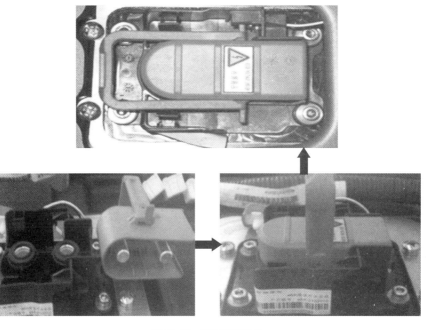

图 20-25　安装维修开关

(7)关闭行李舱。

(8)5S管理,操作如下:

①清洁、收拾高压防护用品。

②清洁、收拾万用表。

③清洁、收拾实训场地。

三、技能考核标准

实操技能考核标准见表20-1。

实操技能考核标准　　　　　　　　　　表20-1

序号	项　　目	操作内容	规定分	评分标准	得分
1	高压线路互锁正常的检测操作	电池管理器BMS识别	5分	能正确找到BMS位置和针脚顺序,不能准确找到BMS扣5分	
		电池管理器BMS插头拆卸	10分	能正确识别BMS位置和针脚顺序,不能正确拆卸一个BMS插头扣5分	
		电池管理器BMS针脚顺序识别	10分	(1)能正识别到BMS针脚顺序,不会识别扣10分; (2)识别错误一次扣2分	
		万用表使用	5分	能正确、规范使用万用表,挡位错一次扣1分	
		高压互锁检测操作	10分	(1)能找对检测针脚,找错一次扣2分; (2)能按要求检测互锁阻值,测量错误扣10分	
2	高压线路互锁不正常的检测操作	高压防护用品使用	10分	(1)会正确检查和使用高压防护用品,未穿戴高压防护用品扣5分; (2)不能正确检测扣5分	
		维修开关拆卸	10分	(1)能规范拆卸维修开关,安装操作顺序错一项扣2分; (2)未穿戴高压防护用品扣10分	
		万用表使用	5分	能正确、规范使用万用表,挡位错一次扣1分	
		高压互锁电检测	10分	(1)能找对检测针脚,找错一次扣2分; (2)能按要求检测互锁阻值,测量错误扣10分	
		维修开关安装	10分	(1)能规范安装维修开关,安装操作顺序错一项扣2分; (2)未穿戴高压防护用品扣10分	

续上表

序号	项 目	操作内容	规定分	评分标准	得分
3	5S管理	工具收整	5分	(1)能按要求收拾、清洁工具,未收整扣5分; (2)未认真收整扣2分	
		量具收整	5分	(1)能按要求收拾、清洁量具,未收整扣5分; (2)未认真收整扣2分	
		场地清洁	5分	(1)能按要求收拾、清洁场地,未收整扣5分; (2)未认真收整扣2分	
		总分	100分		

四、思考与练习

(一)填空题

1.高压互锁主要有_____、_____和_____三种,开盖检测属于_____或_____。

2.新能源汽车的主要高压接插件,如_____总成、_____、_____、_____、驱动电机控制器及DC总成,均带有互锁回路。

(二)单项选择题

1.电动汽车激活主动泄放时,在(　　)将高压电降低到60V以下。
　　A.10s内　　　　　　B.5s内　　　　　　C.1s内　　　　　　D.0.5s内

2.在比亚迪e6车型中高压互锁中开关检查属于(　　)。
　　A.结构互锁　　　　B.功能互锁　　　　C.软件互锁　　　　D.以上都不是

3.比亚迪电动汽车高压结构互锁一般在(　　)处检测。
　　A.维修开关　　　　B.驱动电机控制器　C.电池管理器　　　D.高压配电箱

(三)判断题

1.新能源汽车进行充电或插上充电枪时软件互锁起作用,高压电控系统会限制整车不能通过自身驱动系统驱动。(　　)

2.新能源汽车结构互锁一般用于高压部件的线路通断监控。(　　)

3.比亚迪秦开盖检查属于软件互锁装置。(　　)

4.当电动汽车某个接插件被带电断开时,动力电池管理器将立即进行报警并断开主高压回路电气连接。(　　)

5.新能源汽车软件互锁是通过高压线路电压的变化来监控线路通断,空调压缩机线路及PTC线路多用软件互锁进行监控。(　　)

(四)简答题

1.简述新能源汽车高压互锁检测的目的。

2.简述如何检测新能源汽车比亚迪秦的高压互锁线路的通断。

任务 21　新能源汽车安全充电操作

学习目标

❖ **知识目标**
1. 能说出充电桩的定义及类型；
2. 能简单介绍常用充电装置；
3. 能说出充电安全注意事项。

❖ **能力目标**
1. 能正确识别充电装置；
2. 能对实车进行充电。

建议课时

6 课时。

任务描述

电动汽车在行驶一段时间之后需要对其进行充电，就如同燃油汽车需要加油一样，那你是否能进行正确的充电操作？是否知道在充电过程中有哪些安全注意事项？

一、理论知识准备

（一）充电的定义及类型

1. 充电的定义

首先把电网中交流电的标准电压和频率转变成可调的电压/电流水平，然后以受控的方式（如通过充电桩）将能量传到电动汽车的动力电池组及车载的电气设备中，这一过程被称为充电，如图 21-1 所示。

2. 充电类型

充电的类型有多种划分方式。按照充电时间来划分，电动汽车充电方可分为普通充电（常规充电）、快速充电和机械充电（电池组快速更换）三种。按照连接方式和能量转换的方式不同，可以分为传导式充电和非接触式充电；按照充电地点实际使用情况来分可分为两大类，一种是采用公用充电站来充电，另一种则是通过家用充电设施进行充电。通常一般将低功率充电称为交流充电，大功率充电称为直流充电。

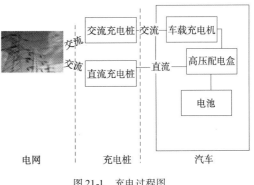

图 21-1　充电过程图

(二)常见充电装置

日常生活中,最常见的充电装置是充电桩,按充电电流的不同可分为直流充电桩和交流充电桩;而交流充电桩按安装位置的不同可分为落地式、壁挂式和便携式三种(交流充电桩一般指落地式)。

1. 交流充电桩

交流充电桩是指固定安装在电动汽车外、与交流电网连接,为电动汽车车载充电机提供交流电源的供电装置,如图21-2所示。

1)交流充电桩基本构成

交流充电桩由桩体、电气模块、计量模块等部分组成,如图21-3所示。桩体包括外壳和人机交互界面;电气模块包括接触器、控制引导电路、充电插座、电缆连接端子排、安全防护装置等。

图21-2 落地式充电桩

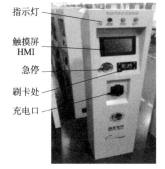

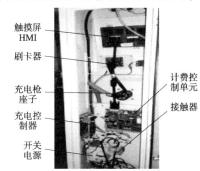

图21-3 充电桩结构组成

2)交流充电桩的功能

(1)人机交互功能。充电桩应能显示或借助外部设备显示各状态下的相关信息,显示字符应清晰、完整,没有缺损现象,不应依靠环境光源即可辨认。充电桩宜具备手动设置充电参数的功能。

(2)计量功能。充电桩宜具备电能计量功能,充电桩宜提供实施电能表,能现场检测充电电量。

(3)付费交易功能。充电桩应具备付费交易功能,实现充电控制及充电计费。同时,为了方便,可IC卡支付或扫二维码支付。

(4)通信功能。充电桩上应用与外部通信的接口。同时可以以多种方式与外界进行通信,LAN/WIFI/2G/3G/4G都能与外界进行通信。

(5)安全防护功能。安全功能包括以下几个方面:急停开关,在发生紧急状况时可按下急停开关结束充电,起到保护作用;过负荷保护、短路保护和漏电保护功能;D级防雷装置;电子锁止装置,锁止装置在充电过程中应保持锁止状态;接触器故障检测功能。

2. 壁挂式充电盒

1)壁挂式充电盒结构

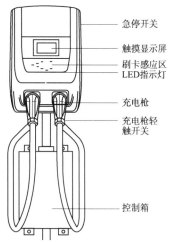

图21-4 壁挂式充电盒结构组成

壁挂式充电盒结构如图21-4所示,由触摸显示屏、刷卡感应区、LED 指示灯、急停开关、充电枪、控制箱和充电枪轻触开关等组成。

2）各组成部件功能

（1）触摸显示屏：功能操作和显示界面。用户在此观看充电盒的实时状态和提示，从而对充电盒进行操作。

（2）刷卡感应区：用户刷卡感应区域，根据屏幕提示在此刷卡。

（3）LED 指示灯：显示 5 种状态，包括电源、连接、充电、完成和故障，如图 21-5 所示。

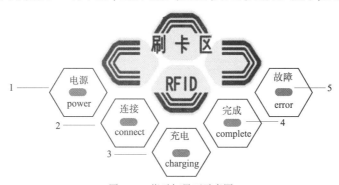

图 21-5 指示灯界面示意图
1-电源；2-连接；3-充电；4-完成；5-故障

（4）急停开关：紧急情况下，按下急停开关，即可断开充电和输入电源。使充电盒停止工作。恢复时需顺时针旋转开关至开关弹出。

（5）充电枪：充电盒和电动汽车连接装置。

（6）控制箱：充电盒进线输入连接装置，内置充电盒断路器。

（7）充电枪轻触开关：用于确认充电枪与电动汽车可靠连接。

3. 便携式充电盒

便携式充电盒作为插即用型充电设备，结构简洁、操作简单，支持直接从交流电网取电，满足电动车主随时充电的应用诉求。

1）便携式充电盒外观结构

便携式充电盒外观结构如图 21-6 所示，一端为三芯插头，在充电时连接外接电源插座；另一端为带有七孔的插头，在充电时连接车端交流充电插孔。中间为控制盒，上有 POWER 灯、CHARGING 灯和 FAULT 灯，如图 21-7 所示。充电时连接供电端三芯插头，POWER 灯、CHARGING 灯闪烁表示可充电，FAULT 灯闪烁表示没搭铁。

图 21-6 便携式充电盒外观结构

图 21-7　控制盒指示灯

2）控制盒内部结构

控制盒内部结构如图 21-8 所示，工频变压器把高压电转化成 12V 低压电，为低压模块供电；主控单片机内含充电逻辑控制，同时具有电气保护功能；电流互感器检测电流，具有启动过电流保护的作用；继电器充电回路主开关熔断丝具有启动电路保护的作用；而零序电流互感器具有启动漏电保护作用。

4. 直流充电桩

1）直流充电桩定义

直流充电桩是指固定安装在电动汽车外充电机、与交流电网连接，为电动汽车提供直流电源的供电装置。

2）直流充电桩结构

直流充电桩结构如图 21-9 所示。

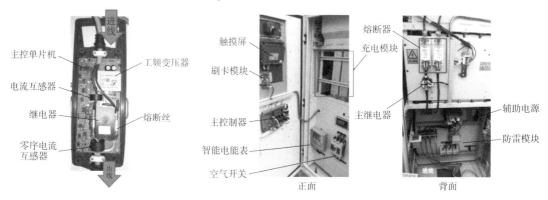

图 21-8　控制盒内部结构　　　　图 21-9　直流充电桩内部结构

3）直流充电桩电气原理

直流充电桩电气原理如图 21-10 所示，直流充电桩通过 DC-AC 逆变模块和 AC-DC 整流模块将外界交流电转化成直流电为动力电池充电。

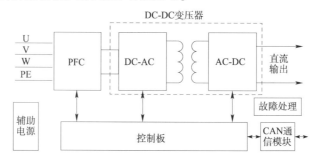

图 21-10　直流充电桩电气原理图

(三)充电桩安全使用注意事项

1. 充电的准备

(1)操作前必须确认工作服、安全帽、绝缘鞋、绝缘手套穿戴到位。

(2)操作前必确认直流充电桩插头不带电。

(3)操作前必须确认电动汽车电源已经关闭。

(4)操作前必须确认电动汽车动力电池和车上插座之间的开关已经断开,处于分闸的状态,车上充电插座不带电。

(5)确认车辆充电方式,且电动汽车的动力电池参数与充电机参数匹配。

(6)确认充电桩上充电插头和车上充电插座的插针和插孔定义正确、一致。

(7)确认车辆停靠在正确的车位。

(8)充电操作时必须一人操作、一人监护,且周围没有闲杂人员。

2. 充电前充电机的检查

(1)若接触器、液晶显示工作不正常,勿开机,等待维修处理。

(2)充电前,确认充电桩、车辆的连接插头是否连接可靠。

(3)确认该型号充电桩与车辆相匹配。

3. 运行中

(1)密切监控充电机的运行状态,包括充电电压、充电电流和电池温度等。

(2)充电过程中如发现异常应立即停机处理,记录故障现象并及时反馈给充电机技术人员,待相关人员处理。

(3)充电过程严禁将充电枪拔出或起动车辆。

4. 注意事项

(1)避免充电机故障运行,如发现充电机内部异响、电池电压显示异常、机内有不正常气味或烟雾产生、液晶屏显示异常、各信号指示灯显示异常等应立即停机处理,以避免造成更多的元件受损。

(2)按键操作时勿用力过大,严禁用硬物涂刮充电机外壳和液晶屏。

(3)充电机外壳应用电缆良好接地,禁止在充电过程中突然断开电源或充电电缆。

(4)如遇雷电天气,为保护充电机不受损害,建议停止充电。如下雨天气过后充电,湿度较大,应将充电机接通电源后,待里面风扇工作30min后才能开始充电。

(5)充电机在运行过程中如发生异常,应切断该设备电源后才能进行维修。严禁非专业人员拆开充电机,所有操作及维修人员需经专业培训后才能上岗。为避免充电机危及人身安全,故障发生后过15min才能拆开充电机维修,且应做好防静电措施。

(6)严禁在充电机周围堆放物品,现场应配备相应的灭火器材。

(7)充电过程中,应注意监视充电机的温升情况。在任何情况下,充电机的温度不能超过允许值。

(8)充电操作时,应检查充电机插头连锁装置或保护装置的操作连接,保证插销处于带电状态时不会从插座或连接器中拔出,或开关装置处于"ON"位置时不会被插入插座或连接器。

(9)在以整车方式充电时,充电机与电动汽车的连接,必须保证通信线插头确实插入插座并连接无误后,才能实现充电线的连接;充电机与电动汽车脱离时,必须保证充电线插头拔出后,才能断开通信线。

(10)当充电过程中遇到紧急情况时,请按下紧急停止按钮。

二、任务实施

1. 准备工作

(1)防护工具:绝缘防护工具。

(2)设备:BYDe5、BYDe6、BYD 秦、交流充电桩、直流充电桩、便携式充电盒、壁挂式充电盒。

2. 技术要求与注意事项

(1)遵守实训室规章制度。

(2)其余注意事项参照上文中充电桩安全使用注意事项。

3. 操作步骤

1)直流充电桩充电(车型为 e5)

(1)将车辆停至直流充电桩旁合适的地点,电源挡位置为 OFF 挡。

(2)解锁充电口舱门,打开充电口盖板(向上抬拉锁即可),如图 21-11 所示,松开快充充电插座塑料卡扣,打开塑料盖,充电口盖位置如图 21-12 所示。

图 21-11 充电口盖拉锁

图 21-12 充电口盖位置

(3)将直流充电桩用充电枪与车身上的快充充电插座相连接,如图 21-13 所示。此时组合仪表上充电连接指示打点亮,如图 21-14 所示。

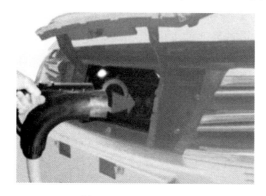

图 21-13 充电枪插枪图

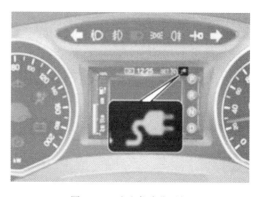

图 21-14 充电仪表指示灯

(4)充电柜设置(如刷卡)启动充电。

(5)充电过程中需要停止充电,刷卡或直接按下直流充电连接器上的开关断开充电连接器连接即可。车辆充满电,充电柜会自动结束充电。

(6)结束充电,断开车辆端充电连接器,整理好充电设备,并妥善放置。

(7)关闭充电口盖和充电口舱门,结束充电,如图 21-15 所示。

2)壁挂式充电盒充电(车型为 e6)

(1)将电动汽车停到合适位置,并使电动汽车(电源)挡位置于 QFF 挡,如图 21-16 所示。

(2)直接打开车身上充电口的防护盖,如图 21-17 所示。检查充电口,确保充电口无尘无水、无异物。

图 21-15 关闭充电口舱门

图 21-16 电动汽车停靠

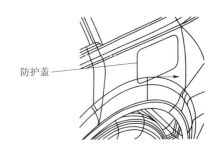

图 21-17 充电口盖位置

(3)将充电枪从充电盒正面的插座上取下(按住充电枪轻触开关按钮垂直往外拉)。

(4)连接充电枪与电动汽车充电口,如图 21-18 所示,连接后,连接指示灯(conect)点亮。

(5)插好充电枪,连接指示灯点亮后:触屏进入刷卡界面,在此界面可以选择不同的显示语言,如图 21-19 所示。

图 21-18 充电枪与电动汽车充电口连接

图 21-19 语言选择显示

(6) 刷卡后,系统进入启动界面,充电盒与电动车进行通信,如图 21-20 所示。

(7) 通信后进入充电界面。SOC 进度条闪烁进入充电状态,如图 21-21 所示,充电过程中,充电指示灯(charging)闪烁。

图 21-20 验卡显示

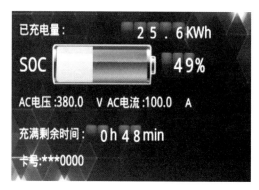

图 21-21 充电过程仪表显示

(8) 当充电完成时,充电盒自动停止充电,此时完成指示灯(complete)闪烁。

(9) 将充电枪从充电口中拔出(国家标准枪需按住充电枪轻触开关按钮),此时,触摸屏显示"谢谢使用"界面,如图 21-22 所示,待 3s 后背景灯熄灭,进入休眠状态。

(10) 将充电枪放回充电盒插座内。

(11) 盖上电动汽车充电口防护盖,完成一次充电。

3) 充电桩单相交流充电(车型为秦)

(1) 电源挡位置为 OFF 挡。

(2) 通过主驾门板内侧充电口舱按钮打开充电口舱(按一下按钮即可),如图 21-23 所示。

图 21-22 拔枪仪表显示

图 21-23 充电口舱解锁按钮位置

(3) 拨开塑料卡壳,打开交流充电口盖,如图 21-24 所示。

(4) 连接车辆端车辆插头。

(5) 充电桩设置(刷卡)启动充电。

(6)连接充电桩端供电插头,仪表点亮充电连接指示灯,如图 21-25 所示。控制盒点亮"Ready"指示灯。同示"Charger"指示灯闪烁。

图 21-24　交流充电口盖

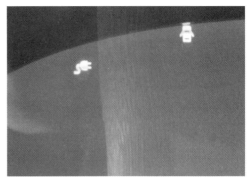

图 21-25　充电连接指示灯

(7)充电过程,仪表显示相关充电参数,如图 21-26 所示,同时显示充电动画,如图 21-27 所示。

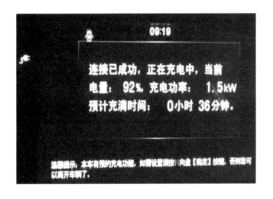

图 21-26　仪表充电参数

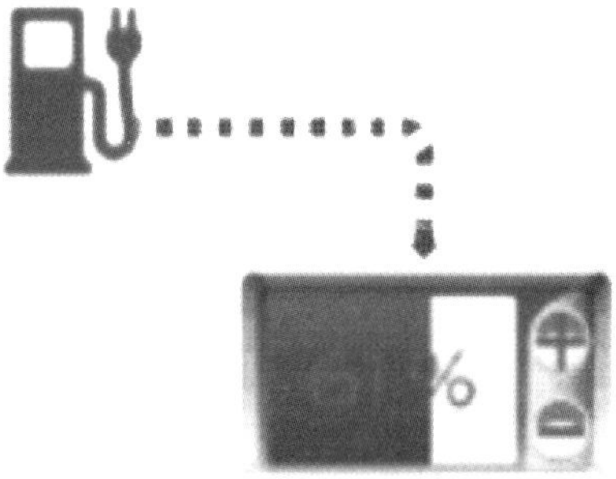

图 21-27　充电动画

(8)停止充电,充电盒设置结束充电,或充电已完成,充电盒会自动结束充电。
(9)断开车辆端供电插头,按下开关,拔出车辆插头。
(10)整理交流充电连接装置并妥善放置。
(11)关闭交流充电口盖,关闭充电口舱门,如图 21-28 所示,充电结束。

4)便携式充电盒

(1)电源挡位置为 OPF 挡。
(2)通过主驾门板内按钮打开充电口舱门。
(3)打开交流充电口盖。
(4)连接供电端三芯插头。
(5)连接车辆端充电插头,仪表点亮充电连接指示灯,充电连接装置上的控制盒点亮"POWER"指示灯,同时"CHARGING"指示灯闪烁,如图 21-29 所示。

图21-28 关闭充电口舱门

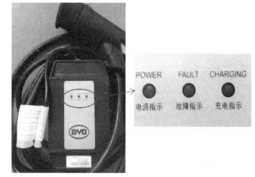
图21-29 控制盒上指示灯的位置

(6)充电过程,仅表显示相关充电参数,同时显示充电动画。

(7)结束充电,断开供电三芯插头。

(8)按下开关,拔出车辆插头。

(9)整理交流充电连接装置,妥善放置。

(10)关闭交流充电口盖,关闭充电口舱门,充电结束。

三、技能考核标准

技能考核标准见表21-1。

技能考核标准　　　　表21-1

序号	项目	操作内容	规定分	评分标准	得分
1	直流充电桩充电	(1)正确使用安全防护工具; (2)正确进行充电操作	25分	(1)正确使用安全防护工具得5分; (2)正确进行充电操作得20分	
2	交流充电桩充电	(1)正确使用安全防护工具; (2)正确进行充电操作	25分	(1)正确使用安全防护工具得5分; (2)正确进行充电操作得20分	
3	便携式充电盒充电	(1)正确使用安全防护工具; (2)正确进行充电操作	25分	(1)正确使用安全防护工具得5分; (2)正确进行充电操作得20分	
4	壁挂式充电盒充电	(1)正确使用安全防护工具; (2)正确进行充电操作	25分	(1)正确使用安全防护工具得5分; (2)正确进行充电操作得20分	
		总分	100分		

四、思考与练习

(一)填空题

1.按照充电时间来划分电动汽车充电方式,可分_____、_____和_____三种。

2.充电桩,按充电电流的不同可分为_____和_____;而交流充电桩按安装位置的不同可分_____、_____和_____三种。

3.交流充电桩由_____、_____、_____等部分组成。

4.交流充电桩具有_____、计量功能、付费交易功能、_____、安全防护功能等功能。

5.壁挂式充电盒由触摸显示屏、刷卡感应区、_____、_____、充电枪、控制箱和充电枪轻触开关等组成。

6. 便携式充电盒具有_____、_____的优点,支持直接从交流电网取电,满足电动车主随时充电的应用诉求。

7. 直流充电桩通过_____和_____将外界交流电转化成直流电为动力电池充电。

(二) 单项选择题

1. 按照( )的方式不同,可以分为传导式充电和非接触式充电。
   A. 充电时间　　　　　　　　B. 连接方式和能量转化
   C. 充电地点　　　　　　　　D. 功率

2. 便携式充电盒一端为三芯插头,在充电时连接外接电源插座;另一端为带有( )孔的插头,在充电时连接车端交流充电插孔。
   A. 5　　　　　B. 6　　　　　C. 7　　　　　D. 8

3. 直流充电桩通过( )逆变模块和AC-DC整流模块将外界交流电转化成直流电为动力电池充电。
   A. AC-DC　　　B. AC-AC　　　C. DC-DC　　　D. DC-AC

4. 如下雨天气过后充电,湿度较大,应将充电机接通电源后,待里面风扇工作( )后才能开始充电。
   A. 20min　　　B. 30min　　　C. 40min　　　D. 50min

5. 紧急情况下,按下急停开关,即可断开充电和输入电源。使充电盒停止工作。恢复时需( )。
   A. 顺时针旋转开关　　　　　B. 逆时针旋转开关
   C. 往里摁开关　　　　　　　D. 往外拔开关

(三) 判断题

1. 操作前必须确认工作服、安全帽、绝缘鞋、绝缘手套穿戴到位。( )
2. 可在电动汽车电源不关闭的情况下进行充电。( )
3. 只要确认车辆方式就可以立即进行充电。( )
4. 若接触器、液晶显示工作不正常,勿开机,等待维修处理。( )
5. 如有需要,可在充电过程中起动车辆。( )
6. 如下雨天气过后充电,充电机接通电源后,可立即进行充电。( )
7. 严禁在充电机周围堆放物品,现场应配备相应的灭火器材。( )
8. 当充电过程中遇到紧急情况时,请按下紧急停止按钮。( )
9. 充电前,确认充电桩、车辆的连接插头是否连接可靠。( )
10. 充电机外壳应用电缆良好接地,禁止在充电过程中突然断开电源或充电电缆。
( )

(四) 简答题

1. 简述充电类型。
2. 简述壁挂式充电盒的组成及各组成部件作用。
3. 简述充电机充电前的检查事项。

参 考 文 献

[1] 上海市安全生产科学研究所.低压电工作业人员安全技术与管理[M].上海:上海科学技术出版社,2017.
[2] 杨有启.低压电工作业[M].北京:中国劳动社会保障出版社,2014.
[3] 国家安监总局宣教中心.低压电工作业操作资格培训考核教材[JC].北京:团结出版社,2013.
[4] 徐三元.低压电工作业[M].徐州:中国矿业大学出版社,2015.
[5] 吴新辉,汪祥兵."十二五"职业教育国家规划教材 安全用电[M].3版.北京:中国电力出版社,2014.
[6] 李良洪,郭振东.电工安全用电[M].北京:电子工业出版社,2015.
[7] 黄威,陈鹏飞,吉承伟.电工技术问答丛书——防雷接地与电气安全技术问答[M].北京:化学工业出版社,2014.
[8] 谭影航.常用异步电动机绕组展开图与接线图[M].北京:金盾出版社,2010.
[9] 刘光源.低压电气设备操作[M].北京:电子工业出版社,2014.
[10] 邱勇进.电工基础[M].北京:化学工业出版社,2016.
[11] 王益全.电动机原理与实用技术[M].北京:科学出版社,2007.
[12] 葛宝明,等.开关磁阻电机控制策略综述[J].电气传动,2001(2).
[13] 詹琼华.开关磁阻电动机[M].武汉:华中理工大学出版社,1992.
[14] 李兴虎.电动汽车概论[M].北京:北京理工大学出版社,2005.
[15] 崔胜民.新能源汽车技术[M].2版.北京:北京大学出版社,2014.
[16] 王贵明,王金.电动汽车及其性能优化[M].北京:机械工业出版社,2010.
[17] 王震坡,孙逢春.电动车辆动力电池系统及应用技术[M].北京:机械工业出版社,2012.
[18] 陈清泉,孙逢春.现代电动车辆技术.北京:北京理工大学出版社,2002.
[19] 比亚迪汽车公司.比亚迪秦培训课件/技术资料[Z].2013-2016.
[20] 比亚迪汽车公司.比亚迪E6培训课件/技术资料[Z].2013-2016.
[21] 北汽新能源汽车公司.E160EV培训课件/技术资料[Z].2013-2016.
[22] 殷承良.新能源汽车整车设计.典型车型与结构[M].上海:上海科学技术出版社,2013.
[23] 敖东光.电动汽车结构原理与检修[M].北京:机械工业出版社,2017.
[24] 吴晓斌.新能源汽车概论[M].北京:人民交通出版社股份有限公司,2017.
[25] 曾鑫.新能源汽车动力电池与驱动电机[M].北京:人民交通出版社股份有限公司,2017.
[26] 赵振宇.混合动力电动汽车构造、原理与检修[M].北京:北京理工大学出版社,2015.